铃木大拙禅论集
之二

[日] 铃木大拙 / 著

徐进夫 / 译

海南出版社

·海口·

图书在版编目（CIP）数据

铃木大拙禅论集之二 / （日）铃木大拙著；徐进夫
译 . -- 海口：海南出版社，2017. 2（2025. 5 重印）.
　书名原文：Essays In Zen Buddhism（Vols 2）
　ISBN 978-7-5443-6628-1

　Ⅰ.①铃… Ⅱ.①铃…②徐… Ⅲ.①禅宗－文集
Ⅳ.① B946.5-53
　中国版本图书馆 CIP 数据核字 (2016) 第 322369 号

铃木大拙禅论集之二
LINGMUDAZHUO CHANLUNJI ZHI ER

作　　者：［日］铃木大拙
译　　者：徐进夫
责任编辑：张　雪
责任印制：郗亚喃
印刷装订：三河市祥达印刷包装有限公司
读者服务：张西贝佳
出版发行：海南出版社
总社地址：海口市金盘开发区建设三横路 2 号
邮　　编：570216
北京地址：北京市朝阳区黄厂路 3 号院 7 号楼 101 室
电　　话：0898-66812392　010-87336670
电子邮箱：hnbook@263.net
经　　销：全国新华书店
版　　次：2017 年 2 月第 1 版
印　　次：2025 年 5 月第 5 次印刷
开　　本：787mm×1092mm　1/16
印　　张：18
字　　数：250 千
书　　号：ISBN 978-7-5443-6628-1
定　　价：52.00 元

目录

第一篇　公案的考究——一种求悟的手段

第一部分

⑨ 译序

本书作者铃木大拙博士，他是什么人？对世界文化的影响如何？对人类精神的启导怎样？大凡读过一些宗教书籍的现代人，对他都有一个大概的认识，这里不必歌颂了；此处所要介绍的，是他赢得"世界禅者"之誉的主要著述——被世界各国学者、专家视为权威而加以援引的《禅学论丛》(*Essays in Zen Buddhism*)，可以说是他的禅学著作之中的"重镇"。

这套《禅学论丛》共分三个系列（序文中说要出第四系列，但未见于出版书目；但就这三个系列的内容来看，已够圆满了；就正宗禅法而言，可说的都在这里了；假如仍有什么"秘密"的话，那就全在读者心中了）：第一个系列，主要从历史的源流，析论禅的根本精神和发展，我们称它为《自性自见》，可说是后面两个系列的基础；第二个系列，以开悟为主要目标，纵述公案的参究，我们称它为《开悟之旅》，可说是现代禅的实践指导；第三个系列，从《华严经》和《般若经》两部大经谈到菩萨的理想和行处，我们称它为《菩萨行处》，所究的内容，主要是学者的归趣。

但这三个系列，既可各自独立，亦可彼此连环而相辅相成；因为它们不仅各个皆有历史的陈述和指归，而且各个皆以趣悟为第一目标（"以悟为则"），只是着眼点不同而已——可说处处指向这个目标，句句直指这个目标！这是这套《禅学论丛》

不同于一般禅学论著的地方（不说题外话）。此外，值得在此一提的是：本书作者铃木大拙有一个特别的优点——能以现代的学术用语解说本来不可解说的禅悟历程和经历，以使连门也摸不着的我们得以进而叩之，乃至登堂入室，可说为我们搭建了一座通达彼岸的桥梁，而其苦口婆心、横说竖说，从各种不同角度为我们指点迷津的精神，可说是一副菩萨的慈悲心肠！

为了分配上的便利，我们将第一系列后面所附的"十牛图、颂"移至第二系列，第二系列后面所附的"祖师西来密意——禅悟经验的内容"移至第三系列之末，而第三系列后面所附的"佛教，尤其是禅，对日本文化的影响"等篇略去，因作者已另有详备之专书《禅及其对日本文化的影响》（*Zen and Its Influence on Japanese Culture*）出版，俟有机会当予译出。又，第二、第三两个系列中所附若干禅画插图，因印刷欠佳，无法全部采用，只好另拣较佳者加以补充——非敢擅作主张，而是事非得已，尚祈读者谅之！至于这套《禅学论丛》的分量和价值，世界各地的学者早有定评，这里不必再加推重了——唯一可说的，只是一个希望：让我们大家期待它们尽快与我国的读者见面！（我们已经期待很久了！）

值得在此介绍的，是本书的编者——英国伦敦佛教协会会长韩福瑞（Christmas Humphreys, President of the Buddhist Society, London），他自从承受铃木大拙博士的禅学以来，就像我国古德接受菩提达摩之道，或如日本学者接受中国禅的禅学之后一样，一直努力从事吸收、同化，而至发扬、传播禅的事业。时至今日，单就其见于国际书志中的相关著作而言，已是相当丰富，可谓"著作等身"。编的不算，写的亦有下列多种了：

（一）《佛教在英国的发展》（*The Development of Buddhism in England*，1937，repr. 1973）；

（二）《英国佛教六十年》（*Sixty Years of Buddhism in England*，1968）；

（三）《如是我闻》（*Thus I Heard*）；

（四）《禅：一种生活之道》（*Zen : A Way of Life*，1971）；

（五）《探究佛教》（*Exploring Buddhism*，1975）；

（六）《禅到西方了：禅佛教在西方社会中的现在与未来》（*Zen Comes*

West: the Present and Future of Zen Buddhism in Western Society，2nd. ed.1977)；

（七）《西人参禅门径》（*A Western Approach to Zen*）；

（八）《佛教手册》（*Manual for Buddhist Student*，1972)；

（九）《韩福瑞自传》（*The Autobiography of Christmas Humphreys*，1978)；

（十）《佛教徒的行为规范》（*Buddhist Ways of Action*，1978)；

（十一）《佛教的智慧》（*The Wisdom of Buddhism*，1979)；

（十二）《前进！》（*Walk On！*，1980)；

（十三）《教你自己参禅：一种生活之道》（*Teach Yourself Zen，a Way of Life*，1980)；

（十四）《佛教徒的生活之道》（*Buddhist Way of Life*，1980)；

（十五）《一体两面》（*Both Sides of a Circle*，1981)；

（十六）《实用佛教思想中道研究》（*Studies in the Middle Way Being Thoughts on Buddhism Applied*，1982) 等等。

上列各书，译者虽然尚未有缘得睹真面，但从书名所暗示的内容及其作者在书志中所占的地位看来，可见涵盖很广，而且具有权威性——至少在欧美已是卓然一家了；又从韩氏为《禅天禅地》一书所写的"编序"和"铃木大拙博士行传"，以及《禅的世界》(以上二书皆由志文出版社印行) 中所收他的《禅到西方了》一文看来，我们亦可约略窥见他与铃木博士之间的亲密关系及其禅学思想。但愿拥有机缘向国人译介他的一些力作！

述于听风楼

译者附记：有留美学人某某（姑隐其名）博士者，妙人也，在《中国时报》撰文纵论禅宗真髓，不知居心何在，竟将本书作者铃木大拙英文禅学论著中所用"非逻辑的"或"非论理的"（illogical），"非理性的"或"无条理的"（irrational）两词译成"反逻辑"和"反理性"而大做文章，居然褒褒贬贬，洋洋洒洒，写成一篇连载四天的宏文，（后来还被"宗教哲学"等刊物转载，可能还要出书！）真是不可思议！铃木地下有知，或会摇头叹息："冤哉！枉哉！'反'逻辑、'反'理性，岂是我意哉！"是耶？否耶？读者读完这套《禅学论丛》，尤其是本书相关部分（如第一篇第一部分第三节第二十五页等处），当可有所裁决而莞尔一笑。

⑨ 编者序

　　日本京都大谷大学佛教哲学教授铃木大拙博士，生于 1870 年，可说是现存佛教哲学的最大权威，不用说，也是现代禅学的泰斗（译按：此序系写于距今三十余年之前——铃木博士已于 1966 年 7 月在日本逝世，享年 96 岁）。直到目前为止，他谈佛教的英文著述，重要的已有一打以上，而尚未为西人所知的日文著作，至少有十八部之多。尤甚于此的是，正如他的英文禅学著作年表所明白显示的，他是日本以外禅学的开山导师。因为，除了忽滑谷快天的《武士的宗教信仰》(*Religion of the Samurai*, Luzac and Co., 1913)，直到 1927 年《禅学论丛》(*Essays in Zen Buddhism*) 第一系列出版前，除了《东方佛徒》(*The Eastern Buddhist*, 1921 ~ 1939) 杂志的读者之外，一直没有人知道世上有被称为生活体验的禅的这种东西。

　　铃木博士以权威的资格写作。他不但研究了梵文、巴利文、中文以及日文的原文典籍，而且对于德文、法文以及英文西方思想著作，亦有一种最新的认识。尤甚于此的是，他不只是一位学者，同时也是一位佛教弟子。他虽不是任何一宗的法师，但他在日本的每一座寺院中皆受到尊崇，此盖由于他对精神问题所得的认识，不但直接，而且深切，这是大凡曾在他的座下亲聆教旨的人都可作证的事实。他一旦谈到高深的意境，他的发言吐气便如其中人一般，而他使得进入他的心灵边缘的人所得的印象则是：他是一位寻求知识符号、描述"非知可及"之悟境的学者。

对于无缘在他座下闻教的人而言，那就只有以他的著述作为一种补偿了。但所有这些，到了1940年，英国方面已经缺版了，而在日本的剩余存书，亦于1945年在一场焚毁京都四分之三的大火之中付之一炬了。因此之故，我于1946年偕同内人代表伦敦佛教协会到达日本时，便着手与铃木大拙博士商量出版他的文集事宜，一方面重印旧有的好书，一方面尽快印行他于战争期间隐居京都家中所写的许多新作的译品。

但这个工作所需资金甚巨，实非伦敦佛教协会的力量所可企及，因此，我们寻求"骑士出版公司"（Rider and Co.）的协助，他们有郝家（the House of Hutchinson）的庞大财源作为后盾，有能力支付此种重大工作所需的一切。

谈到禅的本身，我不必在此多言，有关这方面的专书，例如阿伦·瓦兹（Alan Watts）的《禅的精神》（*The Spirit of Zen*, Murray），我本人的《禅的佛教》（*Zen Buddhism*, Heinemann），以及一系列的中文禅籍的英译本，乃至本协会所印的一些著述等等书籍的日渐畅销，足以证明西方人对禅的兴趣，正在迅速上升之中。但因禅是一种极易引起误解的学科，是故，先请一位公认的高明说话，乃为当务之急。

我们计划将铃木博士的著作分为三组出版，只要可能，每一组皆含一部较大的作品，一部较小的作品，以及一部尚未用英文刊行的作品。首先入选的三部作品是他的《禅学论丛》第一系列，宝贵的《禅学入门》（*Introduction to Zen Buddhism*），附以罗尔菲女士（Miss Constance Rolfe）所译、荣格博士（Dr.C.G.Jung）为此书的德文版所作的长序，以及一本以《禅的无心论——六祖坛经的意义》（*The Zen Doctrine of No-Mind-The Significance of the Sūtra of Hui-nêng*）为名的新书。这部坛经的本身曾以《慧能的坛经》（*the Sūtra of Wei-Lang*）为名，托由罗札克公司（Luzac and Co.）为本社印行。

第二组入选的作品，除了这部《禅学论丛》第二系列之外，尚有《禅学手册》(*The Manual of Zen Buddhism*),以及一部全新的作品《禅的生活》(*Living by Zen*)。至于第三组要选的作品,则将视大众的需要而定。

伦敦佛教协会会长韩福瑞
1950 年

初版序言 🏵

本书第一系列于 1927 年出版时，我的打算是不久之后就写第二系列；但是在同一个时候，作为禅的重要课本之一的《楞伽经》研究，却也要求照顾，其结果便是《楞伽经研究》（ *Studies in the Lankāvatāra Sūtra* , 1930）梵本本身的译英（1932）及其梵、汉、藏文索引（1933）的出版。

第二系列的重点放在"公案参究"（The Koan Exercise）的探讨方面，这几乎是现代禅修的全部要件，尤其是在今日的临济宗中。此种公案作略的里面虽然是陷坑满布，但它的发展却也是无可避免的事情；如果不是它，禅也许就不会活到今天。我对公案参究所作的探讨，就其呈现于此一系列之中者而言，虽然不是很完全，但是我想我已让读者明白到它大概是个什么样的东西了。我希望心理学家和哲学家接下这件工作，将它当作在远东心灵中受到特别开发的经验事实，加以研究。

《达摩的密传信息》（ *The Secret Message of Bodhidharma* ），《两部禅学课本》（ *The Two Zen Text-books* ），以及《佛教生活中的被动性》（ *Passivity in the Buddhist Life* ）三篇文章，虽然已在《东方佛徒》杂志上发表过了，但每一篇文章，又经过了彻底的修正，加入了不少新的材料。

自从埋于敦煌石窟已达一千余年之久的若干珍贵的禅宗文献被相继发现之后，我们对于禅在中国的历史，特别是在六祖慧能（638—713）前后的情况，有了更多新的认识。待到第四系列，我打算就可得到的文献及可提供的资料写上一部新的中国禅宗史。（译按：此处所说的"第四系列"似乎并未写出、或未用英文发表。）第三系列已经准备好了，希望它不久即与大家见面。

我在这部第二系列中插入了一些出于日本和中国艺术家笔下的水墨画。其中数幅，在已习惯于西方艺术题材的人看来，也许会显出东方艺术作品的疯狂姿态来，但我们必须晓得的是：心灵通达和表现实相的方式可有多种途径；纵使是在本书的西方读者之中，也会有人以某种艺术欣赏的眼光领略这些画中的情趣或意境。

我的善友安宅弥吉这个名字，将在有缘选购本书的读者心中留下深刻的印象，因为，若不是他的话，这本书也许永远不会以现在这个样子出现于世哩。

跟以前一样，我对我的妻子碧翠丝（Beatrice Lane Suzuki）感激良多，因为她不但将我的手稿过目了一遍，同时还校正了它的校稿。

在这个科学与机械的强烈唯物主义时代，我们不能指望这一点东方人生哲学，成为一种轻松的福音而打开精神上的一种非理世界吗？

铃木大拙述于日本京都
1933 年 2 月

今日欣逢他的六十晋一华诞，谨以本书作为献礼，一则感谢他的长期友谊和全心鼓励，并祝愿他的菩萨生命继续住世多年，以便利导群生，同登觉岸。

献给安宅弥吉

（Yakichi Ataka）

公案的考究

—— 一种求悟的手段

第一部分

在禅学之中，公案乃必不可少的组成要素，它是指禅宗前辈祖师的言行规范。历代名盛一时的禅师，不乏受公案之影响而成顿悟者；而凡是参禅者，亦会潜心研究公案。那么，公案与禅悟之间有怎样的关系？公案对禅悟有什么促进作用？本节将对这些问题予以重点讲述。

一、超于知识的经验——禅悟

在这部《禅学论丛》第一系列中，我曾答应读者，待到第二系列时，将充分讨论"公案"① 的问题。实际说来，公案的体系不但在禅学里面产生了一种特殊的发展模式，同时也是禅在宗教意识史上所作的一种独特贡献。我们不妨说，一旦明白了公案的要义之后，我们对禅的认识也就思过其半了。

不过，禅师们却可宣称：我们这个宇宙的本身，就是一个向你的智慧挑战的大公案，你一旦发现了解开这个大公案之谜的钥匙，其他所有的一切公案，便成为迎刃而解的小问题了。因此之故，在习禅当中所要做的一件大事，就是认识这个宇宙本身，而不是解决老师们所提出的公案问题。另一方面，我们也可以这样说，这个宇宙公案以一种非常简单的方式压缩

---

① 所谓"公案"，中文读作 Gong-an，日文读作 kō-an，直译的意思是"公共案件""公共案例"，或"公共案版"。据说公案计有一千七百则之多，习禅的学者必须全部参透，始可称为完全合格的禅师。

在这一千七百则公案里的每一则之中，因此，你只要参透其中的一则，自然也就可以彻见宇宙的最大奥秘了。

我们不但可在天龙和尚的一只指头①中见出整个宇宙的奥秘，亦可在临济禅师的一"喝"中听出天体的和谐韵律来。且不论此意如何，让我在下面做一个适当的探究，包括公案对禅的历史意义，它在证悟方面的功能，它与佛教体验方式之一的"念佛"②之间的关系等等问题的探究。

关于禅修的究竟目标在于以"悟"（日文读作 Satori，梵文读作 Sambodhi 或 abhisamaya）为则的问题，我已在此前的拙作中做过解说。作为一种禅学教本的《楞伽经》，自然亦强调"悟"的意义，它在此处将"悟"界定为"自内身证智境界"（the svapratyātmāryajñāna-gatigocara），亦即"圣智证悟其自身内在本性的意境"之意。这种自证的内容便是禅的真理，亦即解脱（moksha）和自在（vaśavatin）的境界。为了便于阐明何谓"自证"的意义，且让我引用《华严经》（*The Avatamsaka Sūtra*）③的经文作为说明：

> 善财复言："圣者，此解脱门，云何现前，而能证得？"
>
> 妙月长者答言："现前当作般若波罗蜜④心，极令相应，随所见知，皆能证入。"
>
> 善财复言："圣者，为由听闻般若波罗蜜言说章句而现证耶？"
>
> 妙月长者答言："不也。何以故？般若波罗蜜见一切法真实体性而现证故。"
>
> 善财自言："岂不由于从闻生智，及思自性，得见真如，而自证悟？"

---

① 参见《禅学论丛》第一系列第三十二页注。

② 所谓"念佛"（梵文写作 Buddhānusmriti，中文读作 nian-fo，日文读作 Nembutsu），在日本佛教中含有特殊的意义，至于它与公案参究的关系，参见本文的第二部分。

③ 文见《四十华严》第三十二卷。此处所引的这段对话，不但不见于其他译本的《华严经》中，亦不见于梵本的《华严经》（*Gandavyūha*）里。此盖由于《四十华严》是一种晚出的本子，里面含有不少增补的材料。

④ "般若波罗蜜"（Prajñāpāramitā），直译"智度"，可视为"智证"（Aryajñāna）的同义语。

长者答言："不也。若从闻思，得自证悟，无有是处。善男子，我于此义，应说譬喻，汝当谛听。如大沙碛中无泉井。春夏热时，有人从西向东而行，遇有丈夫（男士）从东而来，即问之言：'我今热渴，何处有水、清凉树荫？我欲于中饮浴、休憩，除其热渴！'

"彼大丈夫，善知善说，而告之言：'从此东行，有其二路，一左一右，宜从右路，勤力而行，决定当得至甘泉所及庇清阴。'善男子，于意云何？彼热渴者，虽闻如是泉及树名，思惟往趣，能除热渴，获清凉不？'"

善财答言："不也。何以故？要依示（指）道，至彼泉池，休浴饮用，方除热渴，乃得清凉。"

长者复云："善男子，菩萨亦尔。不但唯以闻思慧解而能证入一切法门。善男子，言沙碛者，即谓生死；西来人者，谓诸众生；热谓众惑；渴即贪爱；东来知道大丈夫者，即佛菩萨，住一切智，得法真性平等实义是也；得清净水无热渴者，即自证悟真实是也。

"复次，善男子，我今为汝，重说譬喻，汝应谛听。善男子，假使如来住寿一劫，种种方便，以巧言辞，为阎浮人，说天苏陀，具足众德，柔软妙触，色香美味，于意云何？彼诸众生如是听受思惟之时，知天味不？"

善财白言："不也。"

妙月告言："此亦如是。不但闻思而能证入般若真性。"

善财复言："云何菩萨善巧宣说，令诸众生真实得证？"

妙月告言："善男子，菩萨所证般若真性，是彼言说，决定正因。为由证得此解脱故，能为众生善巧宣说。"

由上可知，具有解脱之功的般若波罗蜜，乃是经由吾人亲自体验的一种东西；只是听闻般若波罗蜜，无法使我们契合真实的内在自性。我们也许要问："这种自所证法为什么不能用求知的办法求得它呢？"对于这个问题，善知众艺童子在《华严经》①中的另一个地方作了如下的答复：

① 见《四十华严》第三十一卷。此段亦系后来加入其中。

自所证法，不一不二。由此力故，则能平等利益自他；犹如大地，能生一切，而无彼此；能所利心，然其法性；亦非有相，亦非无相；体如虚空，难知难解。

善男子，此法微妙，难以文字语言宣说。何以故？超过一切文字境界故，超过一切语言境界故，超过一切语业所行诸境界故，超过一切戏论分别思量境界故，超过一切寻思计度诸境界故，超过一切愚痴众生所知境界故，超过一切烦恼相应魔事境界故，超过一切心识境界故；无彼无此，无相离相，超过一切虚妄境界故，住无住处寂静圣者境界故。

善男子，彼诸圣者，自证境界，无色相，无垢净，无取舍，无浊乱；清净最胜，性常不坏；诸佛出世，若不出世，于法界性，体常一故。

善男子，菩萨为此法故，行于无数难行之行，得此法体，善能饶益一切众生，令诸众生于此法界中究竟安住。

善男子，此是真实，此不异相，此是实际，此是一切智体，此是不思议法界，此是不二法界，此是善知众艺圆满具足菩萨解脱。

由此向下浏览，我们将可在《四十华严》①中读到如下的问答：

善财言："云何是一切菩萨住处？"
文殊师利言："善男子，最胜第一义，是菩萨住处。何以故？善男子，最胜第一义，不生不灭，不失不坏，不来不去；如此语言，既非言境，言说不及，不能记别；非是戏论，思度所知；本无言说，体性寂静；唯论圣者，自内所证……"

在纯然的知解与现证之间，在被传授以及可以语言传授的东西、与完全非个人语言所可表现的内证经验之间，有着一种根本的差别，是佛陀向来坚持的一点；而他的所有弟子，亦从未忘记特别强调此点，以使他们向

①　文见第三十八卷，亦非其他汉译本和梵文本所可得见的文句。

往的自证境界不致走失。因此，他们奉教经常深自警惕，如救头燃，如拔毒箭。他们奉教忍受难忍的事情，行使难行的苦行，以便最后终于证得无上真理而得解除存有的束缚。

在佛徒的生活中，自证的要义就这样受到忠实的佛弟子们的重视，尽管教理上有大乘和小乘的差别，但对此点，总无异致。尽管此种自证的真理多么难解难说，但佛教的所有一切教义莫不皆以它为中心，而继承佛教整个内证经验的禅宗，则一向针对形式主义、广求知见以及种种纯然哲理推求的缺失，主张以悟为则，而将它的真传忠实地传承了下来。设使没有这个事实，佛陀出现于世，又有何益？所有一切的戒学、定学、慧学，又有什么意义？

下面所录黄龙死心悟新禅师（1044—1115）的上堂语句[1]，透露了每一个真禅者心中所想的事情：

> 诸位上座，人身难得，佛法难闻，此身不向今生度，更向何生度此身？
>
> 你诸人要参禅吗？须是放下着！放下个什么？放下个四大五蕴，放下无量劫来许多业识，向自己脚跟下穷推看：是什么道理？
>
> 推来推去，忽然心华发明，照十方刹；可谓得之于心，应之于手；便能变大地作黄金，搅长河为酥酪，岂不畅快平生！
>
> 莫只管册子上（书本上）念言念语，讨禅讨道！禅道不在册子上！从饶念得一大藏经，诸子有家，也只是闲言语，临死之时，总用不着！

二、禅悟的意义

由此可见，悟是禅的全部。禅以悟为始，以悟为终。没有悟，就没有禅。正如某位禅师所宣称的一样："悟是禅的尺度。"悟并不是一种纯然的

---

[1] 引自《禅关策进》。这是一本颇有教益的书，稍后还要述及。

寂静镇定状态，而是一种含有知性意味的内证经验；意识的相对境域之中，须有某种觉醒，从吾人的日常经验之中转过身来。它在大乘佛教中叫作parāvtitti[1]，意谓在意识的基底"转回"或"翻过"。一个人的整个心灵结构由此而有一番彻底的转变。一种悟的见地可使一个人的精神境界促成这样一种重建工作，可谓妙不可言。但禅的史传却可为此作证。因此之故，般若之智的觉醒——此系悟的别名——是禅的必备条件。

然而，有些禅师认为，悟是一种人为的建立；禅与此种有害的赘疣毫无关系；只要静坐，也就够了。以此而言，佛是无为无事人；对悟大惊小怪的人，不是达摩的真正门徒，尤甚于此的是，此等反悟派的禅师还更进一步地宣称：禅的究竟真理在于保持无心无念的状态；只要有一丝意识努力，便会损害到此种无心无念的完全表露；因此之故，此种究竟的真理绝对不可加以干扰；这便是某些反悟的禅者针对主悟的禅者所持的立场。他们既然反对开悟之教，自然也就反对公案的参究了。

这种反悟、反公案的运动，早在公元十二世纪之初，就已在当时的中国禅徒之间抬起头来，下面所引，是当时的大慧禅师[2]写给他的弟子吕机宜的一封信[3]，要他提防否定开悟经验的那些人：

> 近世丛林有一种邪禅，执病为药，自不曾有证悟处，而以悟为建立，为接引之词，以悟为落第二头，以悟为枝叶边事；自己既不曾有证悟之处，亦不信他人是证悟者；一味以"空寂、顽然无知"，唤作"威音那畔、空劫以前事"；逐日噇却两顿饭，事事不理会；一向嘴卢都地打坐，谓之"休去歇去"；才涉语言，便唤作落今时，亦谓之"儿孙边事"；将这黑山下鬼窟里底为极则，亦谓之祖父从来不出门，以己之愚返愚他人……

---

① 见拙著《楞伽经研究》（*Studies in the Lankāvatāra Sūtra*）第一八四页以及其他各处。

② 大慧禅师（1089—1163），是禅在中国土壤中栽培而成的最杰出的人物之一，他竭力反对寂静主义的教理与修法，永不疲厌地宣扬开悟的要义，认为禅若没有开悟这个事实，便一文不值。

③ 见《大慧普觉禅师语录》第二十一卷"示吕机宜舜元"。

这些寂静主义者所依凭的权威事实，有如下述的事例①：

且如释迦老子，在摩竭陀国，三七日中，掩室不作声，岂不是佛默然？毗耶离城三十二菩萨，各说不二法门，末后维摩诘无语，文殊赞善，岂不是菩萨默然？须菩提在岩中宴坐，无言无说，岂不是声闻默然？天帝释见须菩提在岩中宴坐，乃雨华供养，亦无言说，岂不是凡夫默然？达摩游梁历魏，少林冷坐九年，岂不是祖师默然？鲁祖见僧便面壁，岂不是宗师默然？——因什么却力排默照，以为邪非？

这就是大慧时代，亦即十二世纪时，中国禅中的寂静主义者所提出的论证。但大慧宣称：只是空心静坐，并没有什么益处。不能使学者的心中产生彻底的转变，带着前未之有的面目进入万象的世界。这些心量不能越过所谓深不可测的绝对寂静的默照邪师，躲在永恒的黑暗深坑之中摸索。他们不能睁开智慧之眼。这便是他们需要真正禅师伸手引导的地方。

大慧举了一些在善知识指导之下开悟的例子，指出学者亟须参见已悟之师，一脚将整个的默照机械踢翻，因为那是有害于禅心成长的东西。大慧借用某部经中的一个用语"入流亡所"来称这种彻底的掀翻，以达动静二相了不可得的境界。他举了如下的四个例子，并加著语云：

一、水潦和尚，因采藤次，问马祖曰："如何是祖师西来意？"祖曰："近前来向你道。"水潦才近前，马祖当胸一蹋蹋倒，水潦忽然大悟，不觉呵呵大笑。祖曰："你见个什么道理？"潦曰："百千法门，无量妙义，只向一毛头上，便识得根源去！"（大慧著语云：这个教中谓之"入流亡所"。所入既寂、动静二相，了然不生。才得个入处，便亡了定相。定相既亡，不堕有为，不堕无为。动静二相，了然不生，便是观音入理之门。）他既悟了，便打开自己库藏，运

---

① 语见《大慧语录》第十七卷"钱计议请普说"。

出自己家珍。乃曰："百千法门，无量妙义，只向一毛头上，便识得根源去！"又呵呵大笑。马祖知他已到这个田地，更不睬他，亦无后语。他后来住水潦庵，禅和家来参，才举拂，便卖弄这一蹋云："自从一吃马祖蹋，直至而今笑不休！"这便是第一个入流亡所、动静二相了然不生的样子。

二、云门问洞山："近离甚处？"山曰："查渡。"门曰："夏在甚处？"山曰："湖南报慈。"门曰："几时离彼？"山曰："八月二十五。"门曰："放（饶）你三顿棒！"（"你该立吃三顿棒！"）（大慧著语云：古人淳朴，据实只对。）自言："我此回实从查渡来，有什么过？便道放我三顿棒？大丈夫汉，须共这老汉理会始得！"至明日，山便去问曰："昨日蒙和尚放三顿棒，未审过在什么处？"门曰："饭袋子，江西湖南便这么去！"洞山忽然大悟，更无消息可通，亦无道理可拈出，只礼拜而已。既悟了，便打开自己库藏，运出自己家珍，乃曰："他后向无人烟处住个草庵，不蓄一粒米，不种一茎菜，接待十方往来，尽与伊出却钉，拔却楔，拈却炙脂帽子，脱却鹘臭布衫，教伊洒洒脱脱地做个衲僧，岂不后哉！"云门曰："你身如椰子大，开得许大口！"这个是第二个入流亡所、动静二相了然不生的样子。

三、鼓山晏国师在雪峰（会下）多年。一日，雪峰知其缘熟，忽起搊（抓）住曰："是什么？"晏释然了悟，唯举手摇曳而已。峰曰："子作道理耶？"晏曰："何道理之有？"（大慧著语云：后来杨大年收在《传灯录》中，谓之"亡其了心"。）此是第三个入流亡所、动静二相了然不生的样子。

四、灌溪和尚，一日见临济，济下绳床才擒住，溪便云："领，领！"这个是第四个入流亡所、动静二相了然不生的样子。

大慧举了上面四个例子并加著语之后，做了一个结语：这种事既无法阐示他人，更无法传授他人，而绝大多数学者所犯的毛病却是：一死更不再活！于是，他以自己为例，向他的座下现身说法云：

老汉（我）十七年参禅，也曾零零碎碎悟来。云门下也理会得些子，曹洞下也理会得些子，只是不能得前后际断！

后来在京师天宁（寺），见老和尚（吾师圆悟）升堂（上课），举二僧问云门："如何是诸佛出身处？"门曰："东山水上行。"（师云：）若是天宁即不然："如何是诸佛出身处？"（即云：）"薰风自南来，殿阁生微凉！"（我大慧）向这里忽然前后际断，譬如一线丝，将刀一截截断相似。当时通身汗出，虽然动相不生，却坐在净裸裸处得！

一日去入室（请益），老和尚曰："也不易，你到这个田地。可惜你死了不得活！不疑言句，是为大病！不见道：'悬崖撒手，自肯承当；绝后再苏，欺君不得！'须信有这个道理！"老汉自言："我只据如今得处，已是快活，更不能理会得也！"

老和尚却令我在择木寮作不厘务侍者，每日同土大夫须得三四回入室，只举"有句无句，如藤倚树（公案）"，（我）才开口，（他）便道："不是！"如是半年间，只管参。

一日，同诸官员在方丈药石（吃疗饥的餐点）次，我只把箸在手，都忘了吃食。老和尚曰："这汉参得'黄杨木禅'——却倒缩去！"我遂说个譬喻曰："和尚，这个道，恰如狗看着热油锅相似：要舐又舐不得，要舍又舍不得！"老和尚曰："只这个便是金刚圈，栗棘蓬！"

一日，因问老和尚："见（听）说和尚当时在五祖（法演）曾问这个话，不知五祖和尚如何答？"和尚不肯说。老汉曰："当时不可独自问，须对大众前问，如今说又何妨？"

老和尚乃曰："我问：'有句无句，如藤倚树'时如何？"祖曰：'描也描不成，画也画不就！'又问：'忽遇树倒藤枯时如何？'祖曰：'相随来也！'"

老汉才开举，便理会得，乃曰："某会也！"老和尚曰："只恐你透公案未彻！"老汉曰："请和尚！"

老和尚遂连举一络索请讹公案，被我三转两转断，如个太平无事时得路便行，更无滞碍！

三、禅悟的主要特性

大慧是一位以悟为则的伟大禅师，他常挂在口边的一句话是："我宗无言句，悟了便知一切。"因此，他的论证系以他的亲身经验为其后盾，这点已在前面述及了。在此之前，他曾想写一篇"无禅论"，否定禅徒对禅所吹嘘的一切——假如他不能亲证他们所说的悟境的话。但他见了他的老师圆悟之后，便推翻了他所做的决定，而成了一位最为热心的禅悟经验的拥护者和倡导者。下面继续研究此种公案参究，还有许多地方需要述及大慧。同时，我想在此列举悟的一些最大特色，因为，这对我们了解公案在禅的整个组织中所担任的角色，将有不少助益。

（一）**非理性（Irrationality）**：我用此词的意思是：悟并不是一种用推理办法可以求得的结论，故而亦非任何理智的测度所可得而晓了。大凡开悟的人，都无法以有条理或合乎逻辑的方式加以说明。设使加以说明的话，无论用语言还是用姿态表示，它的内容或多或少都会含有多层的意义。未入此门的人无法凭可见的外相体会它，而已有所证的人则可当下辨出真伪。因此之故，悟的经验总是以非理性，不可解性，不可说性，为其特性之一。

且再听听大慧所说的话："此事（亦即参禅也）如大火聚，如按太阿剑。近之，则燎却面门；拟之，则丧身失命。不近不拟，土木无殊——到这里须是个活铁汉始得！"① 这里没有作冷静推理、玄学解剖，或知识分析的余地，有的只是突破难关的意志——由某种非理性的或无意识的力量在背后推动的意志。因此之故，由此而得的结果，亦非知识或概念所可得而致之。

（二）**直觉性（Intuitive Insight）**：詹姆士曾在他所著的《宗教经验种种》（*Varieties of Religious Experience*）一书中指出，神秘经验里面含有一种"知"（noetic）的意味，而此语亦可用于禅的开悟经验。开悟的另一个名称为"见性"（日文读作 ken—sho），意思是"明见自性"，或"明见自己的佛性"，由此可见，悟的里面显然含有"见"或"知"的意味。不用说，这种"见"

---

① 见《大慧普说》第一卷上"李宜教请普说"。

与通常所说的知识或认识自然大为不同。二祖慧可所作的悟境报告，曾得初祖达摩的印可："（说到我的悟处）不成断灭，何以故？了了常知故，言之不可及。"关于此点，神会说得更为显然，因为，他说："'知'之一字，众妙之门。"①

如果没有这种"知"的特质，所谓"悟"便不成为悟了，因为这就是"悟"之所以为悟的道理。值得在此一述的是，"悟"中所"知"所"见"的东西，既是普遍的真理，同时又不离个体存在的一面。我举起一只手指，从悟的观点来说，这个"举"字所含的意思，并不只是"举起"这个动作而已。也许有人称之为象征，但悟所指的，并不是它本身以外的任何事物，因为它是究极的。悟既是"知"或"见"某一个别的事物，同时亦是"知"或"见"这个个别事物背后的实相——假如我可以这么说的话。

（三）权威性（Authoritativeness）：所谓"权威性"，系指由悟而得的"知"或"见"，具有最后、究竟或究极的决定性，不论你做多少的逻辑论证，都无法将它驳倒。它是直接亲证的经验，单凭这一点，就足以成立了。在此，逻辑所能做到的，只可予以解释，说明它与吾人心中所具的其他各种知见之间的关系。因此之故，悟是一种觉知——在最内意识之中发生的一种内在知觉。故有权威之意，亦即究极实在之意。因此之故，这才说禅悟是如人饮水的事情，因为水的冷暖只有饮者本人才能知道。悟的知见既是经验的究极要理，自然就非尚无此种经验的任何外人所可得而否定的了。

（四）肯定性（Affirmation）：凡是具有权威性和究竟决定性的东西，都不会是消极否定的。因为，消极否定不但对吾人的生活没有价值，而且会使吾人走投无路；它既没有鼓舞的力量，又不能给人以安身立命的境地。尽管悟的经验往往以否定的词语加以表述，但实在说来，它对万事万法所取的却是一种积极肯定的态度；它以平等无偏的态度看待万事万法。佛学家称

---

① 中文"妙"这个字，很难翻译，往往含有"优美""精巧""微密""深奥""难以解释"以及"无法说明的隐微"等意。就其在此处所含的意思而言，系指事理呈现于此种究竟之知之中之时的神秘状态。语见圭峰宗密的"禅门师资承袭图"。

这种态度为"忍"（kshānti），更适当地说，应该称之为"受"（acceptance），亦即接受法尔如然的万法——超于任何相对关系或二元分别的万法。

也许有人要说，这是一种泛神论的说法。但是，此词含有一个明显的哲学意义，因此，我不容让它用于此处。禅的经验一旦受到如此的解释之后，便会遭到无穷的误解和污染。大慧禅师在他写给妙总禅人的信中说："古圣云：'道不假修，但莫污染。'山僧道：'说心说性是污染；说玄说妙是污染；坐禅习定是污染；著意思惟是污染；只今怎么形于纸笔，是特地污染。除此之外，毕竟如何是着实得力处？金刚宝剑当头截，莫管人间是与非！'禅只如是，但怎么参。"而"禅只如是"——即是一大肯定。

（五）超然感（Sense of the Beyond）：尽管各种宗教皆有种种不同的术语，但开悟的经验里总是有着一种或可称之为超然之感的什么；此种经验确是属于我自己的，但我却觉得植根于别处。紧紧地囚着我本人的那个硬壳，在开悟的当儿忽然爆破了。这不一定是说，我与一个比我自己为大的东西合为一体或被吸入其中了，而是说，我感到紧紧绑在一起且跟其他个别之物明明分离着的那个，如今变得放松了，溶化而成某种难以形容的东西，成了与我一向习惯的那类东西完全不同的什么。随之而来的感觉，是一种完全释然或完全休息的感觉——一个吃尽了千辛万苦的人最后终于抵达目的地的那种感觉。禅者通常用的一句话是："归家稳坐。"《妙法莲华经》《金刚三昧经》和《新约圣经》中所说的浪子回家的故事，所指的都是一个人开悟时所得的这种感受。

单就开悟的心理而言，我们所能说明的，只是一种超然之感；但是，我们将这种感觉称之为"超然"，称之为"绝对"，称之为"上帝"，或称之为"一人"（a person），都是一种言过其实的话，超过了此种经验的本身而落入了神学或玄学的窠臼。纵使是"超然"一词，也是一种稍嫌过头的话。一个似乎恰当的表词，是某位禅师所说的："上无片瓦盖头，下无立足之地。"我曾在别处将它称为"无心"或"无意识"（the unconscious）——虽然，此词仍有一些心理学的色彩。

（六）无我调（Impersonal Tone）：禅悟经验最显著的一面，也许是没有像基督教神秘经验中所见的那种个人的调味。佛教的悟中没有像下列术语所指之个人的、往往是性的感受和关联，例如爱的火焰，一种发之于心的神奇之爱，拥抱，爱人，新郎，新娘，灵婚，天父，上帝，神子，天主的子女，如此等等。我们可以说，所有这些术语，皆是依据一种明确的思想体系所作的解说，与此种经验的本身并无真正的关系。且不论毕竟如何，不论是在印度、中国、还是在日本，都是一样，开悟的经验之中，与其说是具有个体的自我，毋宁说是具有高度的知性。

此种情形，是不是基于佛教哲学的特性？此种经验的本身是否沾有哲学或神学的色彩呢？且不论此话怎讲，禅悟的经验，比之基督教的神秘经验，尽管具有若干相似之点，但它没有任何人我的色彩，这是毫无疑问的。宋代的一位官员赵抃，是蒋山法泉禅师的在家弟子。某日，他将公务处理完毕之后，在公堂宴坐，忽因大雷震耳而豁然开悟。他所作的悟道偈描述了禅悟经验的某个方面：

> 默坐公堂虚隐几，心源不动湛如水。
> 一声霹雳顶门开，唤起从前自家底！

其后，复题偈斋中云：

> 腰佩黄金已退藏，个中消息也寻常；
> 世人欲识高斋老，只是柯村赵四郎！
> 复曰：切忌错认！

这也许是我们可在禅悟经验中看到的人我调味了，但"唤起从前自家底"或"只是柯村赵四郎"与"浑身荣耀是天主"之间的距离多么大啊！至于"基督至爱如天蜜"之类的感受，更是不用说了！禅悟的经验，比之基督教的神秘经验来，是多么贫寒、多么没有浪漫情调啊！

不仅是禅悟的本身是一种如此平凡而非荣耀的事情，就是触发开悟的情境似乎亦无罗曼蒂克的气息和独特的性感意味。禅悟多在日常生活中的任何平常情况之中得到体验，没有像基督教神秘典籍里面所说的那种超特现象可见。有人一把将你抓住，给你一记耳光，奉上一杯清茶，说些极其平常的话，讽诵一节经文，朗读一首诗词，如此等等，假如你的心扉已经到了洞开的程度，那么，你便可以一触而悟了。其中没有做爱的浪漫气息可见，没有圣灵的妙音可闻，没有神恩的充满可说，没有任何种类的荣耀可言。这里面没有任何高调的色彩，一切悉皆平淡无奇，没有任何逼人的威势，没有引人入胜的景象。

（七）高举感（Feeling of Exaltation）：开悟之后之所以必然会有此种感觉，系出于如下的一个事实：原本加于作为个体之上的那种拘限被打破了，而这种拘限的打破并不只是一种消极否定的事件而已，同时也是一种积极肯定的事情，具有无穷的意义，此盖由于这是个体的一种无限扩大之故。显示吾人各种意识功能的通常感觉，乃是一种拘束与依赖之感——虽然我们并非经常意识到它——此盖由于意识的本身乃是两种势力互相限制而成的一种结果。与此相反的是，悟的主要成因则在消除任何意义的两相对立——这种对立就是前面所述的意识原则，而悟的目的则在体验超越此种对立的无心境界。

因此之故，一个人一旦消除了这种对立的限制之后，自然就会产生一种超于一切的高举之感。一个一向不但受到他人亏待、而且受他自己轻视的流浪汉，如今忽然发现他是世间凡夫所可得到的一切财富和权力的拥有者了——试问，如果这事不能、还有别的什么可以给他一种高举的自得之感呢？曾有一位禅师说过："若端的得一回汗出（开悟），便向一茎草上现琼楼玉宇；若未端的得一回汗出（未悟），纵有琼楼玉宇，却被一茎草盖却。"

另一位禅师显然借用《华严经》的话宣布说："诸位禅德，看！看！一道祥光，光璨晃耀，照遍三千大千世界，一切诸国，一切海洋，一切须弥，一切日月，一切诸天，一切大地，其数百千万亿俱胝，一时俱现。诸位禅德，还见此光吗？"但禅的这种高举之感，毋宁说是一种默然的自我满足之感；等到它的第一道光热过去之后，就没有什么可以夸示于人的了。在禅的意识之中，此种无心的境界，尚不至于夸耀其本身的光彩。

（八）**刹那性**（Momentariness）：一个人一旦顿然大悟，便有一种刹那的经验。实际说来，如果没有这个顿然和刹那经验的话，便没有悟可言。这个"顿"字，乃是慧能一派禅的特色，自从它于七世纪提出之后，即是如此。他的对手神秀，坚持禅心的逐渐开展；慧能的门徒由于都是顿悟说的拥护者，故而与之有别。此种顿悟的经验可在一念（ekamukūrtena）之间展开一个崭新的境界，而从一个全新的观察角度重估整个的生命价值，已在别处引过的东山语句，可为这个事实作一有力的证明。佛光国师的优陀那（Udāna）① 在这方面亦可有所暗示。

四、悟前的心理经历——实例数则

在进一步探究公案的参究如何被视为禅门求悟的必要步骤之前，我想先将某些禅师在公案时期所用的心理武器做个探讨。当我将此点说成精通现代禅所不可或缺的东西时，也许有人要问：何以如此？在公案尚未发展之前，古代的禅师所做的，又是一些怎样的事情呢？公案的流行，系在公元九世纪之末——亦即六祖殁后一百五十年左右。

在这些年代之间，人们习禅，证悟，传佛心印，络绎不绝。禅师们无须运用公案训练他们的弟子。他们是怎样得到禅悟的呢？那个时候，必然有一种情况，与吾人今日所见者大为不同。不同的情况究竟有哪些呢？这种探究不可或缺——假如我们要阐明公案的性质，查明公案在禅悟的经验方面扮演什么样的心理角色，乃至看清它与净土要妙的念佛法门之间究竟有何关系的话。

我在这里想要明白的是：此等导人于悟境的心理装备或经历究系一些什么样的东西，如前所述。此种境界或可称之为禅意识，它的出现，与下面所列的极其平凡的琐事，例如举起一只手指，发出一声呼喝，舞动一根

---

① 见本论丛第一系列"谈悟"一文第七节佛光国师部分。

手杖，打人一个巴掌，如此等等，不无关联。所得的结果既与导引的情况明显不相符合，我们自然就会想到某些因此顿然成熟的内在心路历程。这些心路历程究系一些什么呢？且让我们就禅录所载的悟道因缘中拿出几个古例探究一下。

此等经历的探究至为重要，何以故？毫无疑问的是：它们不但可以确定此种经验的性质，而且，从实际的观点来说，禅师们亦可由此给他们的弟子以必要的开导。这里可能要问的问题，约如下述：在促进禅意识的成熟方面，究有哪些——假如有的话——理智的因素是什么？意志与禅悟的经历有无关系？有无任何接近自动暗示的情况存在其间？

在下面各节中，我想在禅悟的心路历程方向，尝试建立一些明确可解的东西。从某一方面来说，这并不是一件易事，此盖由于：在公案的参究流行之前，既无任何种类的自传记录可考，而在顿悟之前的意识发展方面，又无任何详确客观的观察报告可见。不过，即使是从中国古人流传下来的那些语焉不详且不相连贯的记录中，亦可组成富于建设性的东西——只要加以同情的分析即可。

（一）二祖慧可晋见中国禅宗初祖菩提达摩的故事，不但由于事实的疏漏而有些眉目不清，并且还因戏剧性的描述而受到一些损伤，然而，尽管有这些缺陷，对于此种晋见，我们仍可看出一篇隽智的叙述。因为，历史的准确性并非总是决定实际事实的必要条件。一件事情后来所得的文字记述，不论所受的待遇如何，总可帮助我们了解当时的情况。我们都很清楚，运用想象力以心理学的方法描述所谓的事实，往往比历史学家的客观叙述还要忠实。据《景德传灯录》所载：

> 有神光（慧可原名，487—593）者[1]，旷达之士也；久居伊洛，博览群书，善谈玄理；每叹曰："孔、老之教，礼、术风规；庄、易之书，未尽妙理。"近闻，达摩大士住止少林，至人不遥，当造玄境，乃往彼

---

① 参见本论丛第一系列"禅的历史"一文第三节。

晨夕参承。祖常端坐面壁，莫闻诲励。

光自惟曰："昔人求道，敲骨取髓，刺血济饥，布发掩泥，投崖饲虎。古尚如此，我又何人？（难道不能献身于真理的祭坛？）"

其年十二月九日夜，天大雨雪，光坚立不动，迟明积雪过膝。祖悯而问曰："汝久立雪中，当求何事？"

光悲泪曰："惟愿和尚慈悲，开甘露门，广度群品！"

祖曰："诸佛无上妙道，旷劫精勤，难行能行，非忍而忍，岂以小德小智、轻心慢心、欲冀真乘？徒劳勤苦？"

光闻祖诲励，潜取利刃，自断左臂，置于祖前。祖知是法器，乃曰："诸佛最初求道，为法忘形；汝今断臂吾前，求亦可在。"祖遂因与易名曰"慧可"。

可曰："诸佛法印，可得闻乎？"

祖曰："诸佛法印，非从人得！"

可曰："我心未宁，乞师与安！"

祖曰："将心来，与汝安！"

可良久曰："觅心（多年）了不可得。"

于此，大慧禅师著语云："二祖推穷三乘十二分教，知道这个不可以有心求，不可以无心得，不可以语言造，不可以寂默通：知不得，解不得；五蕴、十八界推穷寻趁不见有体，即依实供通云：'内、外、中间，觅心了不可得！'"

达摩于此肯定道："吾与汝安心竟！"

达摩的肯定，立即开了慧可的法眼。大慧复在此处评述云："二祖于言下豁然大悟：如龙得水，似虎靠山！当恁么时，祖师也不见，雪也不见；求底心亦不见，悟底心亦不见：一时空荡荡地！所以道：'终始觅心不可得，寥寥不见少林人！'既一时不见了，莫落空吗？忽然悬崖撒手，死中得活，方知道'满庭旧雪重知冷，鼻孔依前搭上唇！'"①

关于慧可这个案子，我要列举的要点是：他是一位饱学之士，但他不以纯然的学术为满足，更欲掌握内在的东西；他极其勤恳地追求一种可以使他安身立命的最内真理；为了达到这个目的，他准备牺牲一切；他用功多年，寻求他所谓的心，因为，显而易见的是，他曾依照传统的观点去做，以为他的生命当中有这么一个"心"，只要掌握到它了，便是达到他的目的了；慧可参见达摩这个故事，尽管说得好像只是一天或一个夜晚的事情似的，但慧可的痛下苦功和达摩的尽力策励，也许曾经经历数天乃至数月的时间；"觅心了不可得"这句话，并不只是一种事实的陈述，同时也是表示他已将整个身心放下了，这也就是说，到了此时，他已达到他那作为一个经常意识到本身自性的个别存在的生命尽头了；他的念头已经死了，但达摩的话则出乎意外地使他从死中复活过来——这可从上面所举的"终始觅心不可得，寥寥不见少林人"见出端绪。

这里所说的"寥寥"，乃是一种绝对的孤寂，其中没有有与无的二元对待。"觅心了不可得"这个呼号——这确是一种呼号，而不是一种提议——不到绝对孤寂的境地，是发不出来的。慧可之所以能够一闻达摩的肯定"吾与汝安心竟"而复活，也正出于此种体悟。如果我们以谨慎而又同情的态度追踪慧可踏上开悟之道的事迹，自然得以此处提出的办法弥补他的传录所留下的空隙。我的看法将会随着我们的逐渐深入而越来越为显明。

（二）如今已被视为中国禅宗第六祖的慧能大师（638—713）②，就其被塑造而成一位不识字的贩夫走卒而言，可说为我们提供了一个与慧可相反的对比。从某一方面来说，慧能受到如此描述，乃是一件颇有趣味或颇有意义的事情，因为这可使我们看出，无视学术和经教的禅徒之间，有了某种倾向。但就慧能本身的情况而言，其间也有一个历史背景，使他反对他

---

① 见《大慧语录》之"妙圆居士张检点祖灯请普说"。
② 参见本论丛第一系列"禅的历史"第四节。

那博学多闻的对手神秀①。实际说来，慧能并非像他的门人想要他出场的那样是个目不识丁的粗人，何以见得呢？因为，他那部被称为《坛经》的讲道语录里面，含有许多佛典的引喻。关于他的学问，我们所能确切知道的只是：他没有神秀那么博学。依据史传所载，他对禅的最初认识，来自《金刚经》。在他尚在负薪市售时，曾于偶然之间听到他的一位顾主读诵这部经典。这使他颇有感悟，因而决定到五祖弘忍座下习禅。当他晋见这位祖师时，后者问他：

"汝自何来？"

慧能答曰："岭南。"

祖问："欲须何事？"

能曰："唯求作佛。"

祖曰："岭南人无佛性，如何作佛？"

能曰："人即有南北，佛性岂然？"

设使慧能没有基本知识或佛教经验的话，他怎能作如上的对答？他被留下在那里做春米的工作，而不是做一名出家的僧侣。时经八个月之后，一天，五祖想看看座下弟子对他的教导认识如何，同时要找一位能够继承衣钵的法嗣，遂对大家说："汝等各自随意述一偈，若语意冥符，则衣法皆付。"当时五祖会下五百余人，其中学问最好的是神秀上座。他所作的偈子如下：

身是菩提树，心是明镜台；

时时勤拂拭，勿使惹尘埃。

慧能对于这个偈子表示不满，遂在它的旁边另外写了一首：

菩提本无树，明镜亦非台；

---

① 寂于 706 年。

本来无一物，何处惹尘埃？ ①

就我们对这两个偈子所能做到的判断而言，可以说，慧能的偈子与《般若经》中所说的性空之理完全相合，而神秀的偈子则尚未完全抓到大乘佛教的精神。由此可知，慧能的心灵自始就沿着他见弘忍之前所听到的《金刚经》所指的路线前进；但显而易见的是，如果他没有在自己身上体会到真空妙理的话，这首偈子也就无从写起了。他当初从《金刚经》所得到的启示，使他体会到真理的显示超于这个现象的世界。他求教于五祖弘忍，但他需使直观的能力受到相当的训练，才能契合《般若经》的精神，纵然是有慧能的根基和天分，亦非易事。他在做舂米的工作时，必然曾经痛下苦功，才能成功地参透他的自心的奥秘。

那八个月的卑微工作，说来一点也不卑微②；在这当中，慧能的心中经历了一次大大的精神变动。看了神秀的偈子，他才有机会表露他的内在见地。他在此之前所得到的学问、见解，以及教示，终于悉皆成熟而在这个偈子之中得到了圆满的表现。由此可见，他所读的《金刚经》已在他的身上获得了真实的生命。设使他对"般若"没有实际体验的话，他对他离开五祖后追赶上他的惠明上座，就说不出那样的话来。当惠明表示系为求法而来，请他开示时，他说："不思善，不思恶，正与么时，那个是你未生以前的本来面目。"

关于慧能的案例，我要说明的地方有以下各点：

甲、他虽不是一位很有学问的人，但实际上，他却通晓数部大乘经典；

---

① 据《六祖坛经》的敦煌手卷所载，其中第三句为："佛性常清净。"慧能弟子所编的这本书，已经受到了相当的增删，致使目前的流行本与敦煌本以及最近发现的日本京都与圣寺藏本有了很大的差异。

② 慧能在黄梅寺所过的生活，乃是一种极其平凡的工作，而非宗教的职务，以使他的心灵臻于开悟的境地，这岂不是一件颇富启示性的做法？他既没有持诵佛陀的名号，亦未依照院规崇拜佛陀的雕像；他既未向上帝告罪，请求宽恕，亦未投身于某座佛像之前、至诚祈祷，以求解除无穷的轮回之苦。他只是老老实实地舂米，以使他的同袍有饭可吃。慧能在寺院生活中所做的这种平凡至极的工作，可说是禅门锻炼的开始，也是使禅门不同于佛教其他各种社团的地方。

他绝对不是一位可为经论做深奥而又博识的注解之人；他的主要意旨在于契入经文的真义之中。

乙、最初使他感兴趣的一个考验，是在当时可能非常流行的《金刚经》。此经属于"般若部"，虽不是一本哲学著作，但它里面却含有深刻的宗教真理，为印度大乘精神的具体表现。此等真理说得非常微妙，几乎不是一般人所可得而理解，因为，这些真理，就其逻辑上的透彻性而言，似乎往往互相抵触。"般若部"诸经的执笔人，总是不惮其烦地警告他们的读者，不要因为其中随处皆见大胆的陈述而对它们的教义有所惊恐怕怖。

丙、慧能前往黄梅山的目的，并非为了舂米或砍柴，而是跟弘忍学禅，并吸取《般若经》的精神。但毫无疑问的是，他在工作之间曾经做了不少内省的功夫。弘忍必然曾经注意及此，并在公开教学之外给他一些个别指导，否则的话，让那里的五百名学僧各自去理解《金刚经》《楞伽经》，或其他禅典的深意，自然是难以想象的事。他必然曾经不时为他们上课讲禅，而慧能的心灵自然亦可在这当中臻于成熟。

丁、可能的情形是，神秀的偈子做了抛砖引玉的"引子"，致使慧能得以将正在内心深处盘旋的一切形于言表。他一直在追求究竟的真理或在心中体会"般若"的究极意义。神秀的偈子与它的意义相左，结果便在慧能的内心产生了一种对比的效应，而为"般若"打开了一个更为直接的法门。

戊、禅到慧能手里，便开始生出了它在当地的根茎，这也就是说，原是印度的东西，至此变成真正的中国产物了。禅已因慧能而服了中国的水土，而深深地根植于中国的土壤之中了。他接引惠明上座所用的手段和他在广州法性寺所做的讲述，可以证明他的创意。

己、对于慧能以及慧能一派而言，最富创意、因而使他不同于神秀以及神秀一派的地方，在于前者强调顿悟的教义，因而被称为"顿教"，与神秀的"渐教"相对；又由于前者盛行于南部，而后者流行于北部，故又有"南宗"和"北宗"之别；由于北宗比较重视学术的追求和渐进的实修，而南宗则高举"顿然"发生的般若直觉功能，亦即当下直悟而不诉诸逻辑推理程式的能力，故又有"南顿"和"北渐"之称。

就达到宗教所指的目标而言，以做学问的办法逐步前进，乃是一种缓慢而又冗长的旅程；而就算自以为已经达到目标了，仍然不出意识思维的概念范围。人类的心灵总是具有两大类型：直观型与推理型。通常以宗教天才为代表的直观型，对于学者那种概念性的倾向，总是不太耐烦。因此，慧能的顿派很早即与神秀的渐派、其后又与宋代某些禅师的默照运动发生教理的争战，自是再自然不过的事。正如禅宗历史所证明的一样，顿派更能忠实地表现禅意识的原则，自从菩提达摩以来，这在中国和日本，皆已获得了卓越的发展。慧能不但体悟到了禅的这种特殊原理，而且及时予以必要的强调，反对钻研经教和枯坐。实际说来，这两种倾向之间的对立状态，贯穿了禅宗的整个历史。

（三）以"入门便棒"闻名禅林的德山宣鉴禅师（780—865），在进入禅门之前，也是一位研习《金刚经》的学者，但他与他的前辈慧能不同的地方是：他对于此经的教理不但颇有所知，而且广读它的注疏，可见他对"般若"所得的此种知识较慧能更有系统。他听说南方禅宗鼓吹"直指人心，见性成佛"之义，便视之为魔说，而非佛教，故而决定南下。就以此点而言，他的任务与慧能的目的亦不相同：慧能北上的目的在于在五祖指导之下契会《金刚经》的精神，而德山南下的目的则在摧毁禅宗——假如可能的话。他俩皆是学习《金刚经》的得力学者，但他俩对于此经所得的启示却大异其趣。德山的心情使我们想到在夏日的炎阳之下一路走向大马士革的圣·保罗。

德山的第一个目的地是龙潭，因为那儿住着一位名叫崇信的禅师。他在上山的途中停在一家茶馆的门前，要买一些充饥的点心。但开茶馆的一位老太太，不但不拿点心给这位饥饿的行脚僧，却向他问道："你肩上担的是什么东西？"德山答云："'青龙疏钞'。"

又问："讲什么经？"

答云："金刚经。"

谈到此处，老太太说："我有一问，你若答得，施与点心；若答不得，且别处去，如何？"

德山表示同意了。

于是，老太太提出了如下的问题："《金刚经》上说：'过去心不可得，现在心不可得，未来心不可得。'未审上座点哪个心？"

这位显然不值一顾的乡下老太婆所问的这个出人意表的问题，完全打翻了德山所携的这一担子的学问，因为，他对《金刚经》所得的全部知识，加上关于它的种种注疏和解释，都没有给他任何富于启示性的答案。这位可怜的学者，只好饿着肚子走开了。不仅如此，他还放弃了想要击败禅门导师的大胆企图；因为，他甚至不是路边茶馆的老太太的对手，那又怎能指望制服一位专业的禅师呢？可见，在他尚未见到龙潭的崇信禅师以前，就不得不对他所自负的任务重加思考一番了。

待他到了龙潭，见了崇信禅师时，说道："久向龙潭，及乎到来，潭又不见，龙又不现！"

龙潭崇信禅师引身道："子（你）已亲到龙潭了。（——"只是不见"，或者，有眼无珠。）"

德山无言以对，于是便待了下来，在龙潭指导下习禅。一天晚上，德山在龙潭身边侍立着，龙潭说道："夜深了，何不下去？"德山便退了下来，随后却回头说："外面很黑！"于是龙潭便点了一支纸烛递给德山，德山刚刚伸手去接，龙潭忽然一下将它吹灭了，而这便使德山开了法眼，彻见了禅的真理，他恭恭敬敬地向龙潭磕头礼拜起来。

龙潭问他："你见个什么了？"

德山答道："从今以后，再也不怀疑天下禅师所说的话了！"

到了次日早晨，德山便将他一向宝惜、视之不可或缺、乃至随手携带的那套《金刚经》疏钞，搬到禅堂前面，当众点了一把火，将它全部烧了①。

上面所举的德山这个例子，显示了若干与六祖不同的特点。德山不但精通《金刚经》，对于佛教哲学的其他部门，例如俱舍论和唯识论等等，也

---

① 参见本论丛第一系列第二一八～二一九页及二二五～二二六页。

都通晓。但是，从一开始，他就反对禅宗，而他出蜀的目的，就在"搂其窟穴，减其种类"。然虽如此，这只是牵动他的表面意识的动机而已；至于在它下面活动的因子，他还完全没有发觉。毫无疑问的是，这种心理的相反律已经发生作用，而在他遇到一位完全出乎意外的对手以一个开茶馆的老太太的身份出现时，更是火上加油，以致反斥了他的表面动机。他到龙潭，与崇信禅师所作的一番关于"龙潭"的对话，完全粉碎了他的心理硬壳，将隐藏于他的意识中的一切力量悉皆放了出来。当那支纸烛忽然被龙潭吹灭之时，在此之前所被否定的一切，忽然得到了毫无条件的肯定。一次彻底的心灵激变发生了。原来曾被视为至宝的东西，如今变得一文不值了。

之后，德山本人做了禅师，于示众时说："道得也三十棒，道不得也三十棒！"有僧问他："如何是佛？"他答道："西方老和尚。""如何是悟？"他给问者一棒云："滚开，别在这里拉屎撒尿！"又有一僧，想请教什么是禅，他大吼道："滚，山僧这里无一法与人！"

比之他到龙潭之前曾在他心中鼓噪的那一切，这有多大的差别！我们只要稍加想象，即可看出，在他见了开茶馆的那位老太太之后，尤其是在侍立龙潭之后，他的心里究竟发生了一次怎样的革命。

（四）临济义玄（寂于 688 年），是黄檗禅师的弟子，也是临济宗的开山祖师。他的禅悟经验显示了不少有趣的特色，从某一方面来看，在系统的公案参究尚未流行的当时，不妨视为一种典型的正统禅。因他在黄檗禅师下习禅有年，当时的首座睦州问他："上座在此多少时了？"临济答云："三年。"睦州又问："曾参问否？"临济答云："不曾参问。""何不参问？""不知问个什么。""何不问老师：'如何是佛法的大意？'"

临济依言去问："如何是佛法的大意？"但话还没有问完，就被黄檗打了一顿。他返回之后，首座问他结果如何，他难过地说道："某甲问声未绝，和尚便打，某甲不会。"首座教他不要泄气，不妨再去请问。结果是：三度去问，三度挨打。

最后，临济终于自认因缘不契，想到别处去向另一位禅师求教。黄檗同意了，教他去见大愚和尚。临济到了大愚那里，后者便问他："甚处来？"

临济答云：“黄檗来。”

大愚又问：“黄檗有何言句？”（黄檗给你怎样的教导？）

临济答道：“某甲三度问佛法的大意，三度被打。不知某甲有过？无过？”

大愚云：“黄檗与么老婆心切！为汝得澈困，更来这里问有过无过！”

临济在大愚的指责下，忽然彻悟了黄檗的“恶毒”之意，乃云：“原来黄檗佛法无多子！”

大愚一把抓住临济的衣领骂道：“你这个尿床鬼子！刚才还说有过无过，如今却说黄檗佛法无多子！你见个什么道理？快说！快说！”

临济没有答话，却在大愚肋下打了三拳。大愚将他推开说道：“汝师黄檗，非干我事！”

临济辞别大愚，回到黄檗那里，后者立即问他：“这汉来来去去，有甚了期？”

临济答云：“只为老师老婆心切。”说罢，便礼拜后在一旁侍立。

黄檗问他：“甚处去来？”

临济答道：“昨蒙和尚慈旨令参大愚去来。”

黄檗问道：“大愚有何言句？”

临济将见大愚的经过说了一遍，黄檗说道：“大愚老汉多嘴，待来痛与一顿！”

临济说道：“说甚待来！即今便打！”接着便给了黄檗一个巴掌。

这一巴掌使他的老师黄檗开怀大笑了一阵。

临济这个案例，使我们感兴趣的一点，是他那三年的沉默，不知要向老师问个什么。在我看来，这是极有意义的一个问题。他到黄檗那里的目的，难道不是习禅吗？若果如此的话，在首座劝他参见老师之前这段时间中，他在做些什么呢？他为何“不知问个什么”？见了大愚之后，究系什么使他发生那样彻底的改变呢？在我看来，临济在黄檗座下那三年时间，是想以思维的方式推求禅的究极真理，结果自然是枉费工夫了。他很明白，禅非语言工具或理智分析可得而知，但他仍然企图以思维的办法力求自悟，他既不知道他真正追求的东西究系什么，更不知道如何用心。实在说来，如果他知道追求什么和怎样用心的话，那他就可说是已经有了某种明确的东西，而一个人一旦有了某种明确的东西之后，那他便是已距真正的禅悟不远了。

正当临济的心灵处于这种困惑的状态之中而在他的心路历程上面彷徨之际，当时的首座睦州凭自己的经验看出，对于这个已经精疲力竭的真理追求者，应该提出及时的忠告了。他给了临济一个指针，使他得以成功地达到他的目标。他在受到黄檗的痛棒时，既没有感到意外，更没有感到愤怒，只因为未能明白吃棒的意义而感到难过罢了。他在前往大愚那里去的途中，必然曾经尽心竭力地思索这个问题。在首座教他去向老师请问佛法大意之前，他那个困惑的心灵已在寻求某种可以倚靠的东西了；他似乎已经伸开两手在黑暗之中到处摸索，希望能够抓住某种东西了。正当他陷入这种走投无路的困境之中时，一个以"痛棒"的形式呈现的指标出现了，而大愚所说的"老婆心切"也跟着作为一种点拨发生了作用，结果，终于使他掌握了一切指标所指的那个东西。如果没有那三年的猛烈用心、精神困惑以及枉然的追求，这个危机或关头，就永远没有来到的时期了。那样多的矛盾观念，加上种种不同层次的心理感受，一下都进入互相乱战的局面，但这团难分难解的乱麻，终于忽然松开了，并以一种和谐的秩序得到了新的安排。

五、禅悟的决定因素

从上面由中国禅宗初期历史中随手挑出的几个案例中，我想观察一下与禅悟经验相关的几个主要事实：（一）其中有一种基本的知识装备，用以促进禅意识的成熟；（二）其中有一种超越自己的强烈欲望，这也就是说，真正的习禅之人，必须立志超越所有一切强加于他个人之上的限制；（三）其中往往需要一位导师的援手，为这个挣扎或奋斗的灵魂开导；（四）某个不知名的地方发生了一种决定性的剧变，在"悟"的名义之下进行。

（一）禅悟的内容大都是理智的，这一点颇易看出，此外还可看出的一点是，它有一种明确的无神论或泛神论的倾向——假如这些神学上的名词可以用于此处的话——这话仍有很大的保留余地。菩提达摩所说的，"将心来与汝安！"六祖慧能所说的，"不思善，不思恶，正与么时那个是你的本来面目？"南岳怀让所说的，"说似一物即不中！"马祖所说的，"待汝一口吸尽西江水即向汝道！"——所有这些语句，显然都是非情感的，"非宗教的"——假如是什么的话，只是高度谜样的，以及相当知性的东西——虽然，不用说，这里所指的意义，也不是特指的。如与"神的荣耀""上帝的爱""神的新娘"等类的基督教用语做一个对比研究的话，我们就不得不判定禅的开悟经验完全缺乏人类的情感了。正好相反的是，这里面却有着某种可以称之为冷静的科学证据或事实，存在其间。因此之故，我们不妨说，禅的意识里面没有相当于基督教徒对于一位人格神所怀的那种情热。

禅徒们对于所谓"犯罪""忏悔"以及"宽恕"等等事项，似乎不太关切。他们的心态更接近玄学一类，但他们的"玄学"里面没有抽象的思维，锐利的逻辑，以及毫发必争的分析，有的只是实际的智慧和具体的感觉事实。而这便是中国禅特别不同于印度大乘禅那的所在。如前所述，一般认为慧能不是一位很有学问的人，但他的心灵必然十分玄妙，才能体会到《金刚经》的微妙之处，因为这部经的里面随处皆见自信的玄学主张。他一旦体悟了《般若经》的妙谛之后，其中所含的那种高超的哲理便化成了"父母未生以前的本来面目"的实际问题，乃至变成了马祖所说的"一口吸尽西江水"等类的实际问题。

禅师们在将他们的注意力转向禅门之前，都是广义的哲学学者，唯所究的，不一定是佛教哲学。我在此处所说的"佛教哲学"，并不是指狭义的哲学，因为它并不是由推理而得的结论；尤其是像"性空"这样的学说，绝对不是理智思维的结果，只是心灵直接体会诸法的真性时所作的一种陈述，没有任何逻辑的媒介存在其间。"一切性空"（sarvadharmānām śūnyarā）

这种陈述，就是这样宣布出来的一种说法。

依照"玄学的"一面研究佛教的人忘了一点：这就是以经验为其建立基础的内在见地，而不是抽象分析所得的结果。因此之故，一位真正的真理追求者，研究"楞伽"或"金刚"这类经典时，对于在此所作的那些大胆而又确定的主张，不可轻轻略过；实在说来，他会感到大吃一惊，乃至感到畏惧；然虽如此，它们的里面却也含有某种东西在吸引着他。于是，他开始思考它们，进而想直接接触那个真理的本身，好让他自己确信他已亲眼见到那个事实。一般的哲学书籍不能将学者带向此种直觉境界，因为它们只是哲学而已；凡是哲学所说的真理都在它的本身里面说尽了，自然无法去为学者打开一个新的境界。但当一个人在研习含有至深宗教心灵所吐露的语句的佛教经典时，他的注意力便会被引向内在意识的深处，终而至于使他深切相信那些语句确是触及了实相的本身。

吾人在脑中想到或在书上读到的东西，总是介系词 of（属于）或 about（关于）所诠释的对象，而非就是那个东西的本身。单是谈水固然不能止渴，单是见泉也不能止渴，唯有实实在在地饮水，才能止渴。不过，首先读读经典，以便识得路途，知道到哪里去找那个东西的本身，这也不算分外。如果不明此种指标，我们也就不知如何集中以及怎样运用我们的心力了。所以经云："我既是导师，同时是真理。"

由此可见，使人深入禅悟境界的历程，不是礼拜，不是顺从，不是敬畏，不是忏悔，不是爱，不是信，不是虔诚的基督徒通常所想的任何事项，而是追求某种东西、消除种种矛盾、结合种种乱麻而成一条延续之线，以使我们的心灵得以安宁，精神得以和融。凡是有志禅者，都会勇猛精勤地去追求此种心灵的和平和统一。一般而言，大凡禅者，都会设法对他自己以及这个世界求得一种理智上的认识，但不可避免的是，这种认识总是使他无法得到彻底的满足，故而产生一种欲望，希望更进一步做更深一层的追究，以便终而至于踏上究竟实相的坚实根基。

就以前面所说的德山禅师为例，在他研究《般若经》时，曾经一度以理解性空之说为满足，但是，当他听说南方禅宗宣扬"见性成佛"之旨后，他那平静的心湖便波涛起伏了。他往南方的表面动机是摧毁异端的禅宗，但他的意识深处，一直有着一种潜在的不安之感，虽然，表面上，他决心以他的理智加以压制了。但是，他的压制失败了；他想加以压制的那个东西，在他受到开茶馆的老太太挑战的时候，忽然抬起头来，使他感到颇不舒服。最后，到了龙潭，吹灭纸烛的动作终于使他回到了最初的起点。在意识上，他绝未想到会有这样究竟的结果，因为，就这件禅悟经验而言，是无法以思虑加以设计出来的。自此之后，这也就是说，自从得了禅的直悟之后，他就认为行棒乃是导引学者进入禅悟经验唯一需做的事了。

他从不祈祷，从不为他的罪过请求宽恕，从不修习一般以宗教行为之名行使的项目^①；因为拜佛^②，烧香，诵经，以及念佛^③——所有这些，皆因向为诸佛所行而行，显然没有其他原因。禅师的这种态度，可以黄檗答复此种问题时所说的话^④作为证明。

（二）这种热切的追求^⑤，乃是禅意识的一种驱使力。"求则得之；叩则开之；寻即发现。"这也是通达禅悟经验的一种实际开示。但是，由于这种寻求完全是主体的事，而禅家的史传，尤其是禅宗的早期史传，却未在这方面提供太多的情报，因此，有关它的消息，只可从与禅悟经验相关的种种情况之中加以推断。此种追询精神亦即疑情的出现和热度，可从慧可立雪的故事看出端倪；他追求禅的真理的意欲实在太大了。慧能的传记作者们强调他的没有学问，使他的偈子侧重于"空"的一面，疏于描述他做舂米工作期间所过的内在生活。他不惜跋涉长途，历尽种种艰险，从南方前往弘忍所住的黄梅寺，以当时的情况而言，必然是一种伟大的壮举，而当

① 僧问赵州："如何是沙门行？"赵州答云："离行。"

② 僧问赵州："学人拟向南方学些子佛法去如何？"赵州答云："你去南方，见有佛处急走过，无佛处不得住。"

③ 僧问金山达观禅师："师还念佛否？"禅师答云："我不念佛。"又问："为何不念？"答云："恐污吾口。"

④ 药山之语，参见别处。

⑤ 此种热切的"追求"，有一个专门术语，名为做"功夫"。

我们知道他只是一个穷苦的农家子弟时，其伟大之处自然也就更加令人感动了。就他的传记所载而言，他的阅读或者听诵《金刚经》，必然曾在他的心中引发一种非常强烈的意欲，促使他要真真明白它所指陈的一切。否则的话，他就不敢踏上那种历险的途程；因此之故，他在槽厂工作时，他的心灵必然曾经处于一种强大的精神兴奋状态之中，无限热切地从事于追求真理的工作。

就临济的例子而言，他甚至连向老师"问个什么"都不知道。如果他知道的话，事情对他也许要容易得很多。他知道他自己有些地方错了，因为他已对他自己感到不满了；他在追求某种未知的真相，但不明白那是什么。如果他能加以界定的话，那就表示他已解决问题了。他的心只是一个没有特定对象的大问号；其心如此，宇宙亦然；只是一大问号，却无固定处所，因为还没有任何明确的东西在于任何地方。

如此在黑暗之中摸索，必然曾在某种极度绝望的情况之下持续了相当的时间。实在说来，使他不知如何向老师提出一个明确问题的，就是此种心境。在这方面，他跟他的前辈慧能不同，后者甚至在未见弘忍之前，就已有了一个需要解决的明确问题了，因为，他的问题就是体会"金刚经"的义理。因此，慧能的心灵也许要单纯得多，而且也较为广阔，而临济则如慧可一样，似乎已经受了太多的知识"污染"；因此，他俩内心所感的一切，都是一种大大的不安；因为他们不知如何对这一切纠葛行使快刀斩乱麻的手段；而他们的学问知解却使这种困境愈陷愈深。首座教临济去向老师请问"佛法的大意"，这真是一大帮助，何以故？因为，这终于使他有了某种明确的东西加以掌握了。他内心的焦躁达到了一个极点，尤其是在他被以"三十痛棒"斥退之际。他的心灵所追求的果实，终于到了瓜熟蒂落的程度。

黄檗使出最后的震撼——我们得承认这是一次非常厉害的震撼。在这最后的震撼与在大愚手下的最后脱落之间，临济的这个问号便指向了一个具体的事实，而这便是他三年以来不断努力所热切专注的所在。没有这种热切的专注，他也就不会脱口嚷出"黄檗佛法无多子"的话了。

在此略述一下关于自我暗示（auto—suggestion）的问题，也许不乏意义，因为，人们往往将此种自我暗示与禅悟经验混为一谈，必须稍加澄清才是。就自我暗示而言，其中既无理智的历程，更无热切的追求，当然不会伴有剧烈的焦躁之感了。在自我暗示的里面，接受暗示的人可有一个明确的前提，而那是他不加追问而一厢情愿地接受的。他可以预期某种实际的结果，而这也是想以那个前提在他自己身上制造的。在此，一切的一切，都在事先决定、规定，以及暗示出来了。

在禅的里面，对于究极的真理可有一种理智的追询，但这个究极的真理却非理智的追询能够得到满意的解答；学者本身必须更进一步，勇敢地跃入经验意识波涛的深处才行。这种纵跃之所以困难重重，乃因为他不知如何跳跃以及跳向何处。他完全不知怎样进行，直到有一天，他似乎蓦然击中了一个要点，展开了一个新的境界。此种心灵的困境，配以一种不屈不挠、勇猛精进的"叩击"，是达到禅悟境地的一个极其必要的阶段。就机械的作用而言，这里也许会有自我暗示的作用发生，但是，这种心理作用所投合的整个形态，比之此词通常所含的意义，却有天渊之别。

这种被视为禅悟意识的一种理智历程的玄学的追究，可在禅者的生活中产生一条新的道路。此种追究有一种强烈的不安之感，亦可以说，此种感觉被理智地解释为一种追究。不论此种追究是情感上的一种不安之感，还是此种不安是理智上的一种追寻（追求某种确实的东西）——不论情形如何，学者的全副身心都被用到了寻求某种可以安息的东西之上了。这种寻求之心，因为徒然的挣扎而逐渐达到焦急的极点，但当它一旦达到某一顶点时，它就会忽然折断或突然爆破开来。而使整个的意识结构产生一种全然不同的面貌。这就是禅悟的经验。此种追究，搜索，成熟，以及爆破，就是去向禅悟经验的历程。

此种追寻或追究，通常系以一种比禅定（dhyāna）较少理智活动的禅观（vipaśyanā）方式进行。学者依照讲述"如何坐禅"的"坐禅仪"一文所说的印度古法盘腿而坐。

学者以此种姿势（被印度教徒和佛教徒共同视为瑜伽行者所取的最佳

体位）集中全副精神，努力突破他已陷入的此种心灵绝境。理智既经证明无法达到这个目的，学者就只好动用另一种力量了——假如他能找到另一种办法的话。理智知道如何使他陷入此种"死巷"（cul-de-sac），却没有能力使他走出此种"绝境"。

起初，学者不知如何逃出此种困厄，但他必须以某种手段——不论好歹——达到这个目的。他已到了此路的尽头，眼前只有一道黑暗的深渊在张着呵欠的大口等待着他。既无光明为他照见一条可能越过的道路，又不知退路究在哪儿。他无可奈何，只有硬着头皮继续前进。到了这个关头，他唯一可做的事，只有跃入得救或死亡之境。这也许意味着某种死亡，但他感到活是不再可能的了。他是不顾死活了，但仍有某种东西将他拉回；他无法将自己完全交给那个未知之境。

等他到达禅定的这一阶段之时，所有一切的抽象推理活动也就完全停止了；因为到了此时，能思的人与所思的境已经到了不再对立的境地了。他的整个身心性命，至此皆已成了念头或思想的本身了——假如我们可以这么说的话。或者，换个比较恰当的词语说，他的整个身心性命都是"不思议""无心"或者"非心"（acitt）了。到了此际，对于此种意识，我们也就不再能用逻辑学或心理学的术语来加以描述。这里展开了一个唯证方知的新世界——不妨称之为"撒手"或"悬崖撒手"的境地。到了此地，所谓的蜕化期或潜伏期（the period of incubation）便告一段落了。

我们必须明白了知的是，介于玄学追究与禅悟经验本身之间的这种蜕化期，并不是一种被动的寂静，而是一种热切的奋斗，因为在这当中，整个意识都集在一点上面了。这整个的意识，对于所有一切障碍的理念保持一种艰苦的搏斗，直到真正达到此点为止。我们也许不会意识到此种战斗，但对那种无底的黑暗做一种热切的追求或沉着的俯视，也不亚于战斗了。内在的机转一旦成熟到迎接最后的剧变之际，便是达到集中一点的一行三昧（ekāgra）了。如果只从表面看来，此种情况的发生，系出于一种偶然的意外，也就是说，在鼓膜上面忽有一种叩击之时，或在某种语句说出之际，或在发生某种意想不到的事情时，这也就是说，在有某种知觉作用进行之际。

我们也许可以说，这里面有一种知觉，以其最最单纯、完全未被理智分析或观念反射污染的形态在作用着。但是，以一种认识论的方法解释禅悟的经验，对于禅宗行人并没有什么益处可言，因为他不但一向力求体会佛教教义（例如法身性空或本净之说）的义理，而且以此追求心灵的平静。

（三）当禅的意识逐渐热切之时，禅师的指导对于这种最后的爆破颇有助益。一个习禅的学者，往往不知如何是好，例如临济，在未悟之前，甚至连向老师问个什么都不知道。学者如果长此下去，也许会发生不堪设想的精神错乱现象。或者，他的体会也许无法达到最后的目标，这是因为在尚未达到完全成熟的阶段就蓦然放手了。正如常见的一样，学者往往得少为足；由于无知，往往将中途视为究极。禅师不但可以勉励学者继续升进，而且更可为他指出目标的所在。

就其可解的程度而言，这种指示并不是一般所谓的指示。黄檗给临济三十棒，龙潭吹灭纸烛，以及慧能问慧明未生以前的本来面目——所有这些指示，从逻辑的观点来看，可说都没有意义，何以故？因为它们悉皆不是推理的方式所可对待。我们不妨说，这些指示完全没有用处，因为它们不给我们任何便于推理的线索。不过，就禅与推理毫无关系而言，这种指示也就不必是一般意义的指示了。打一个巴掌，拍一下肩头，或说一句言辞，都可发生绝对可靠的指示效用——假如禅悟意识已经达到某种成熟阶段的话。

由此可见，成熟与指示两者，必须配合得宜才行；设使一边尚未到达相当成熟的程度，或者，假如另一边未能及时发出指示，所求的目标就无实现的可能了。雏鸡一旦成熟到即将出壳之时，母亲看得清楚，只要轻轻一啄，一个新生一代的小鸡就出现于世了。

关于此点，我们也许可以这样说：此种指示或指导，加上禅宗行人原有的或多或少的哲理装备，可以决定禅悟意识的内容；而这种内容一旦达到完全成熟的境地，即可作为禅悟的经验爆发出来。就以此点而言，这种经验的本身，可以说就是一种完全没有任何宗教（佛教或基督教、道教或吠檀多派）色彩的东西了——假如我们能够以最纯粹、最根本的形态得到它的话。因此，这种经验，不妨完全以与哲学、神学，或任何宗教义理毫无关系的一种心理事件加以看待。但问题是，假如其间没有哲学历程、宗教鼓舞，或精神不安的话，这种经验是否只能作为一种意识上的事实出现呢？

因此，这种心理是不能外于哲学或一套宗教义理加以看待的。禅悟经验之所以总是如此产生。最后之所以又作为一种禅的直观系统加以解说，主要原因就在老师的指示——不论看来那是多么难解的指示；因为，如果没有这种指导，此种经验的本身也就无法成立了。

这点不但说明了正统的禅悟经验何以需要禅师印可的道理，同时也说明了禅宗的史传何以特别强调正统传承的原因。因此，我们可在《六祖坛经》里面读到：

> 永嘉玄觉禅师（寂于713年）[1]，少习经论，精天台止观法门。因看《维摩经》发明心地。偶师（六祖）弟子玄策相访，与其剧谈，出言暗合诸祖。策云："仁者得法师谁？"曰："我听方等经论，各有师承；后于《维摩经》悟佛心宗。未有证明者。"策云："威音王[2]以前即得；威音王以后，无师自悟，尽是天然外道！"曰："愿仁者为我证据！"策云："我言轻。曹溪有六祖大师，四方云集，并是受法者。若去，则与偕行。"觉遂同策参……[3]

（四）、设使此种强烈的禅悟意识没有爆发而成开悟境界的话，我们不妨

---

[1] 参见本论丛第一系列第二〇四～二〇五页。

[2] "威音王（Bhishmasvara—rāja）以前"一语，不妨解作"在意识发端之前"或"在有任何有系统的宗教义理出现之前"。

[3] 以上所引的一段文字，完全不见于敦煌本的《六祖坛经》，或许是后代添附，但此一事实并不影响玄策所说的师承问题。

说那是因为强烈的程度尚未到达它的顶点；因为，一旦到达顶点之时，除了一发而为开悟的结果之外，没有别路可走。如前所述，此一事实曾被大慧禅师视为禅悟经验的特点。因为，他曾说过，没有悟就没有禅，有禅必然有悟。从悟在大慧时代乃至更早就被视为最优的禅学经验以及大慧与他那一派那样强调悟境，并以之针对在禅徒之中出现、且威胁禅宗生命的倾向看来，可见公案参究的发展，乃是禅悟意识史中不可避免的事情——真是不可避免：否则的话，禅的本身早就不再存在了。

六、禅悟的心路历程与内容

打从禅门初开以来，它的实践早就被人误解为一种纯然的寂静主义或定心的法术了，而这便是六祖提出告诫和南岳警告马祖的原因①。盘腿打坐乃是禅的一种外形，内在的禅悟意识必须加以培养，使其达到成熟的阶段才行。到它一旦完全成熟了，必然爆发而成一种彻见无意识境界的悟境。此种禅悟经验当中含有某种"知"（noetic）的成分，而这便是决定整个禅修历程的东西。大慧完全明白这个事实，故而这才永无疲厌地高举这个事实，并以此反对另一派的主张。

我们说，悟或禅悟的经验并不就是经由静坐或纯然的被动而来的结果，这可从大悟之后所说的话或所做的动作看出端倪，但人们往往将禅的训练与静坐或纯然的被动混为一谈，即连禅徒本身有时也会陷入这种错误。试问：对于临济悟后所说的"黄檗佛法无多子"，我们将如何解释？他在大愚肋下筑三拳，这种举动又怎样说明呢？此等语言和动作显然表示了他的开悟经验之中含有某种主动和知性的成分在内。他确确实实地抓住了某种得到他认可的东西。

毫无疑问的是，他找到了他一向追求的东西——虽然，他在开始追求的那一刻还不知道那是什么——他怎么会知道呢？假如他完全保持被动的

① 参见本论丛第一系列"禅的历史"第六节下部。

话，他就怎么也不会作出如此积极的肯定了。至于他的动作，那又是显得多么自信啊！因为那正是出于他的绝对信心哩！这里面什么被动的成分也没有①。关于此种情境，大应国师有很好的描述，他说：

> 所谓"教外别传"者，就是打破镜像，超越一切意识，不分迷之与悟，不管念之有无，不即、不离善恶二边，直悟这一句子也。要学者做工夫并求决了的这一句子，就是"你父母未生以前的本来面目"。
>
> 如欲解了这一句子，既不可思惟句义，亦不可背离句义；既不可推详审察，亦不可完全不推详审察；只可随问随答而不加着意，犹如钟之随叩而应，亦譬如人之被唤而答。设使不寻不究，不思不虑，不想设法了知句意，便无答案可得，也就无悟可言矣。

禅悟经验的内容虽然难以单从悟后无意发出的语句和动作加以决定——这种经验的本身真是一门学问哩——我仍从禅宗史传撷取了一些例子，附于下面的附录之中②。我们可从此等语句看出，所有说出这些话的人，都已有过一种内在的感受，使他们曾有的任何疑惑和焦虑悉皆烟消云散；尤甚于此的是，此种内在感受的性质本身，却非三段论法可以推演而知，此盖由于它与在此之前发生的种种情况并无逻辑上的关联之故。

---

① 某日，圣·弗朗西斯（St.Francis）正与他的同伴闲坐之间，忽然唉声叹气地说道："世间简直没有一个能够绝对服从长上的僧侣！"他的同伴听了，颇为讶异说道："神父，请你为我们说明一下：什么是绝对的服从？"于是，他将一个绝对服从的僧侣比作一具尸首，说道："你将一具尸体放在你要放的地方，它就不会做出反抗的举动：你将它放在某个地方，它不会牢骚；你将它拏开那个地方，它也不会反对；你将它置于讲坛上面，它就只会向下俯视；你为它穿上红衣，它就只会显得更加苍白。"（语见 Paul Sabatier's Life of St. Francis 第二六〇～二六一页）。弗朗西斯这席话的真正要旨究竟何在，颇难说明，不过，表面的意思似乎是说，他希望他的僧侣像尸首一般听话，然而，他所说的"将它置于讲坛上面"却又有一种幽默讽刺的意味含于其间。这席话若由禅者来解释的话，它的意思也许是要学者保持心灵的绝对澄明："花红柳绿"中红的看作红的、绿的看作绿的，而不将一己的主观色彩掺杂其中。这诚然是一种被动状态，然而亦有十足的主动性存在其间。我们也许可以称之为一种被动的主动（a form of passive activity）。
② 部分例子已在《禅学论丛》第一系列举过；我在彼处录了不少此等语句，都是本来的样子，未加更动。

一般而言，禅悟的经验都会自动地形诸语言，只是此种语言并非一般未悟之人所可理解而已；此等语言，只是描述此种经验的感受而已，因此，对于尚未有过此种内在感受的人而言，自然毫无意义可说。单就知解而言，悟前的问题与悟后的解答之间存在着一种难以超越的鸿沟；二者之间没有任何逻辑的关系可寻。临济向黄檗请问："如何是佛法的大意？"结果挨了三十痛棒。到他一旦开悟并明白了开悟的意义之后，他只是说："黄檗佛法无多子！"这个"无多子"的真意如何？就非我们尚未开悟的人得而知之了。当大愚问他："你见个什么道理？"临济只是在他肋下筑三拳而已。

对于禅悟经验的内容，局外人无法从此等语言和动作中得到任何线索。禅师们好像是以暗号交谈一般。此种逻辑线索的中断或分离乃是一切禅教的特色。僧问清平禅师[①]："如何是大乘？"答云："井索。""如何是小乘？""钱索。""如何是有漏？""笊篱。""如何是无漏？""木勺。"这些答语显然没有意义，但从禅的观点看来，却也颇堪玩味，因为，此种逻辑线索的中断却也因此得到衔接了。显而易见的是，禅悟经验打开了一扇关闭着的大门，揭示了门后全部财宝。它突然跃过了逻辑的另一边，展开了一套属于它自己的论理学。

从心理学上来说，此种悟境的达成，系在一种名为"撒手"或"悬崖撒手"之后。此种"撒手"意指一种冒险的精神勇气，投入一种非相对的理性知识所可找到的未知境域。这个非逻辑线索所可测得的未知境域，必须由学者本人亲自探测；而这便是逻辑学化为心理学的所在，也是观念作用让位于生活体验的地方。

但我们不能因为想这么做便可使自己"撒手"。这事看来颇易，但却是任何众生最难下手的一点，这是因为，唯有在我们绝对相信只有此路可行而别无他途可循的时候，才能办到。我们意识到了一条索子，虽然很细，但当我们想要将它割断时，它是显得多么坚韧啊！每当我们想要投身于一位慈尊的足下，想要与某个高尚的主义或任何大于小我的事物认同之时，

---

① 清平令遵禅师（845—919），关于他参翠微的情形，详见别处。

它便将我们拉将回来。在如此撒手之前，必须先作大量的"追究""考量"，或"思虑"①，才能办到。只有在这个历程达到成熟的阶段之后，"撒手"的情况才能产生。我们不妨说，这种"思虑"，就是一种净化。

等到自我的种种形迹悉皆淘净之后，等到生存的意志有效地放下之后，等到理智放开主客的执着之后——那时，所有一切的思虑自然停止，净化的作用即行完成，而"撒手"的情况即可出现②。

因此之故，所有一切的禅师，悉皆强调"参究"的历程，务令学者彻底完成。若要撒手撒得彻底，事前准备亦需彻底。所有一切的禅师悉皆教人知道此种继续"参究"的必要，要人有如面对死敌一般，如被毒箭射中要害，如被大火所困，如丧考妣，如欠人家千金而无力偿还一般。

东福寺的关山祖师圣一国师，劝人"自念如落古井之中，只想如何得出此井，拼命要求一个出路，从朝至暮让此一念占据整个八识心田"。说来奇怪的是，一个人的心灵一旦为一念所据之后，他的内心便会产生一种突然的觉悟。所有一切的"参究"停止了，随之而来的是一种从未有过的感觉，于人于己，一切顺当，从前的问题如今终于得到了成功而又满意的解决。中国人有这样的说法："绝处逢生。"（或者："山重水复疑无路，柳暗花明又一村！"）基督徒则说："人的绝境，神的时运。"（Man's extremity is God's opportunity.）

一个人一旦发现他自己陷入了这种精神上的绝境，唯一可做的事，是竭尽一切"追究"的能耐，这也就是说，将他的全副精力集中在一点上面，在这种正面攻击中作最大的发挥。不论他是在思考一个哲学上或数学上的难题，还是在设想一个逃避困境的办法，乃至从一个显然绝望的处境中寻

---

① 基督徒也许会说，"大大的追询，寻讨，叩击"。

② 威廉·詹姆士在他所著的《宗教经验种种》（原书第三二一页）中说了一个故事：一个名叫安多娃尼蒂的女士，发现她的精神障碍在于执着一文钱，将它抛开之后，便解除了世俗的牵挂，展开了漫长的精神旅程。这"一文钱"象征自我主义的最后一条线，使我们念念不肯放开相对的世界。这条线虽然很细很细，但它的韧度却足以系住我们每一个人。剪断此线的利器，系以一则公案的形态放在禅者的手中，关于此点，稍后即可谈到。

求一条生路，从心理学上来说，他那经验上的心灵，都会尽其最大的能耐，力求超越，但当这个限域一经突破之后，便有某种新的能源开辟出来。

从肉体上来说，便有一种连自己都会感到意外的非常精力或耐力表现出来；从精神上来说，在战场上面，一个士兵往往表现出大胆行为的勇气来；从理智上来说，一位真正伟大的哲学家，往往能发现一个看待实相的新方法来；从宗教上来说，我们时常发现种种精神现象——例如基督徒的皈依、信奉、悔改和得救，佛教徒的有省、开悟、灵感，以及转胜或利他，如此等等。

所有此等不同层次的现象，就心理学的一面而言，莫不皆可用同样的法则加以说明：蓄积、饱满，以及爆破。但宗教经验的特点在于：它涉及一个人的全副身心，乃至影响他的性格基础。除了这些之外，此种经验的内容，既可依照所经历程的性质，亦可依照当人所处的环境和教育程度，运用基督教信仰或佛教哲学所用的术语加以描述。这也就是说，当人可用与他本身求知手段一致的方式加以解释，而他这种解释，对他所掌握的事实而言，在他看来，不仅是再好不过的，同时也是唯一可以言之成理的一种。

他无法从其他观点接受这些，因为，如果这样做，无疑是视其为虚幻不实和没有意义而加以排斥。佛教徒由于没有像基督徒所怀抱的那些信条（基督徒之所以为基督徒，乃因为他们在知性上遵奉历代主教的神学和传统），因此，他们所说的宗教经验，也就大异其趣、而有完全不同的色彩了。尤其是禅宗的信徒，对于神恩、启示、神秘的结合等等的术语，不免总有一些陌生而不甚熟悉的感觉。佛教的或基督教的宗教经验，从心理学上来看，彼此之间的关系不论多么切近，但一经放到基督教或佛教的观念范畴之下，立即就显出了大大的差异。

如前所述，禅师们所指的经验历程，与基督教神学家所指的，可说完全不同。圣痕（stig-mata），带子（ligature），改正（expurgation），十字之路（road of the cross），以及爱的苦闷（the anguish of love）等等——所有这些术语，在禅悟的经验中，可说没有任何意义。禅悟经验所需的经历是集中，蓄积，忘我，撒手悬崖，越过生死的那一面，跳跃，放下，前后际断等等。对于只是熟知另一种宗派的人而言，这里面没有一样东西可以称之为宗教的名目。

为了进一步说明"忘我"和"前后际断"的历程，且让我略举几个典型的例子。

> 有定上座到参，问："如何是佛法大意？"师（临济禅师）下绳床擒住，与一掌，便托开。定伫立，傍僧云："定上座，何不礼拜？"定方礼拜，忽然大悟[①]。

以上所录，是临济语录中接引定上座的简单记述。此一记述虽颇简单，却也可使我们采集到所有一切必要的东西了，这也就是说，我们想知道的有关定上座开悟的一切，悉在其中了。首先，他参见临济，并非出于偶然，亦非随随便便，而是久久思量勤求真理的结果。在公案法门尚未流行之前，禅徒们大都不知该怎样向老师发问，前述临济即是一例。

知解上的难题到处都是，但难处在于如何提出一个事关紧要、为问者本人命运所系的问题。这样的一个问题一旦有了眉目之后，答案已有大半含于问话之中了。老师只要些许工夫，也许就可使得问者展开一种新的生活了。答案并非在老师的言辞或动作之中，而是在问者此时已经觉醒的自心之中。定上座请问佛法大意时，并非信口乱问，而是出于他的内心深处，因此之故，他也不会指望得到一种知识上的解答。

当他忽被临济抓住且吃一掌之际，就他大吃一惊而不知如何是好此点而言，他也许并未感到意外；但就他完全被推出他很可能仍然流连不去的逻辑窠臼（尽管他本人并未意识到此点）而言，他会感到非常讶异的。他被带出了他平常立足、同时也被束缚的处所；他被带进了他所不知的地方，只晓得他此刻已经抛开了这个世界和他自己。这便是他所以"伫立"

---

① 详见《临济录》。

的道理。他以前为这个问题求得一个答案而作的一切努力，悉皆成了徒然无益之举；他已到达悬崖的边缘，尽管他仍然挣扎着不肯撒手，但他的老师却毫不容情地将他推了下去。甚至到了听见傍僧叫他的名字时，他还没有从那种茫然的状态之中完全清醒过来；直到他去作常行的礼拜时，才恢复知觉——使得中断的逻辑得到衔接、并使他在内心之中体会答案的那种知觉——使他得以彻底了悟万法的究极意义而不再有所追求的那种知觉。

但是，这种结果，倘使没有经过集中、蓄积，以及撒手这种正规历程的话，也就没有达到的可能了。假如定上座的疑问只是一种抽象的概念，并未植根于他的生命之中的话，那么，他所体会的答案之中也就没有究极的真理可言了。

另举一例，并与定上座的案例作相关的考察，也许有助于此点的阐述。云门文偃禅师（寂于 949 年）① 是云门宗的开山祖师。他最初参见的一位老师，是怂恿临济向黄檗请问佛法大意的睦州和尚。云门系因对他自己从书本上求得的佛学知识感到不满而求见睦州，目的在于为此种知识的平衡表做一个最后的结算。下面是这个故事的记述：

> 初参睦州道踪禅师，睦州才见师来，便闭却门。
>
> 师（不知何意）乃扣（叩）门。
>
> 睦州云："谁？"
>
> 师云："某甲。"
>
> 睦州云："作什么？"
>
> 师云："己事未明，乞师指示！"
>
> 睦州开门，一见便闭却。
>
> （云门不知如何是好，走了开去。这真是一个大大的谜语，因此，隔了一段时间，他又去敲门，结果又吃了一次闭门羹。）师如是三日去

---

① 详见《云门录》。

扣门（拿定决心，不论如何，要与睦州对谈一番），至第三日，睦州才开门，师乃拶入（从打开的门缝中钻了进去）。

睦州便擒住（一把抓住他的衣领）云："道！道！"（快说！快说！）

师拟议，睦州拓（推）开云："秦时镀轹钻！"（没有用的家伙！）遂掩门，损师一足。

师（失声叫道："啊！啊！"）从此悟入（这使他开了道眼，明白了这整个历程的意义）。

我们不难从上面所引的这段记录之中推而知之的是：云门所得的此种禅悟经验，系由一段长久而又热切的预备课程而来——虽然，这段记录中并未述及他对这整个事件所持的心理态度究竟怎样。不用说，他的"参究"功夫并非在他获得此种经验之时才开始进行；而是，到他叩见睦州和尚时，他的准备工作正好告一个段落。他已知道他无法逃出他所陷入的困境；他已将他的希望完全集中在睦州身上了。但他从睦州身上得到了什么答复呢？"才见师来便闭却门"——这与他的勤恳请求指示未明的己事（他的内在自我）之间，究竟有什么关系呢？

他在吃了闭门羹怅然而返之后，必然曾经竭尽他的全部心力将这个新的境况好好思量了一番。这种思量——此种追究，必然曾因他的第二次叩见睦州而加倍热切，待到第三度求见时而达到顶点，乃至得到一个颇富戏剧性的结局，自然是再自然不过的事。睦州要他"道！道！"——假如他有话可说，有事需要表明的话，当此之时，他的禅悟意识已经完全成熟，只要轻轻一点，就可变化而成一种觉悟了。这里所需的一点，终于以一种剧烈的疼痛来到了。他的失声呼叫，"啊！啊！"同时也是开悟的一种呼叫——对他本身的生命根本所得的一种内在觉知：他有生以来第一次亲自摸到了它的根本源底，这才能够真正地说道："我明白了，因为我就是它呀！"

（上面所述的心路历程，虽然略带推断的性质，不过，待到下面依照禅师们留下的种种记录及其对学者所作的各种开示描述到公案参究的心理时，将会使读者感到愈来愈为信服。)

七、早期禅修所用的法门

从上面所述的禅悟心理情形看来，我们不难想象，将禅的意识培养到此种圆成的阶段，实在并不是一件轻而易举的事情。在中国禅宗早期历史中，心怀创意、力求亲身体验、不畏任何艰险而深入禅的未知境域（terra incognita）的禅者，颇不乏人。

那时的大师们尚无特殊的系统方法引导他们求得究竟的禅悟经验——除了给他们一些语言或动作方面的指示之外，但因此等语言或动作的指示均皆无法接近，故而对于这些真理的追求者而言，与其说是可有吸引之功，毋宁说是颇有排拒之力。布满在这条路上的，并非奇花异草，而是荆棘丛林；所以，他们一旦涉入其中，便会艰险重重。因此之故，在一位大师身边的众多弟子中，只有少数几位能够达到开悟的境界。据史传所载，在进入山寺、围绕一位完全合格禅师的五百或一千弟子之中，得到开眼印可、窥见禅的秘宝者，往往不到十个。那时候，禅可真是一种贵族的佛教哩。它的理想是得到一位鹤立鸡群的崇高大师，而不是拥有许许多多的平庸之辈。

职是之故，大师们尽可能使其禅道陡峭而门风高峻，以致唯有死心塌地的人才能爬到它的顶点。当然，这并不是他们存心为难；他们并无恶意或私心，硬是秘不示人；不用说，他们自然希望他们的大教得到尽可能多的同道的体认；他们似乎一直不厌其烦地宣扬他们的教旨，但当他们忠于本派的见地时，就无法投合大众的趣味了，这也就是说，他们不能仅仅为了廉价的声誉和欣赏而背叛他们的神圣使命。长沙景岑禅师曾说过："我若举扬宗教（禅的绝对真理），法堂前须草深一丈！"

另一方面，人间到处都是仿造家，伪造者，以及旧货贩卖者；此等情形，不仅是在工商世界而已，宗教圈中亦复如此。后者也许更加恶劣，为什么呢？因为这里面的真伪比前者更难辨别。当禅的固有难题遇到外在的现实环境而使它本身遭受排斥、孤立、乃至逐渐自世间消失之时，我们不难想见，面对此种情形的禅师，内心该是如何的感伤！这也就是说，他们不能在山中静静地坐观禅宗的精神逐渐衰颓下去。当时吞咽禅家文学作品、无视禅宗精神的模仿者实在太多太多了！

此外，自从六祖慧能之后，禅宗文学作品日渐增加，而禅的表现方式亦跟着愈来愈纤微，愈来愈驳杂。渐渐地，慧能一派的禅宗，到了宋初，亦即十一世纪，终于分成了数支，盛行于当时的，计有五宗。不久之后，禅师们终于不能坐观成败，听随禅悟意识自行发展下去，乃至走上自生自灭的一途了。他们看出，必须运用某种方式或体制促其发展，加强健全的宣扬，以使其继续繁荣下去了。他们认为，使禅悟的经验师资代代相传下去而不致中断，乃是他们的天职。不过，在说到此种方式或体制之前，且让我们先看看早期的禅家怎样指导学者。

我们已从前面所举的临济、云门、定上座以及德山诸例之中得知，当时的禅师并没有特定的手段或方法，用以促使弟子的心灵成熟而得禅悟的经验。毫无疑问的是，每一位禅师都不时在他的法堂之中上课说禅，而且还以种种极为实际的方法加以举示，以使他的弟子得到法益。对他们而言，禅并不是一种观念的游戏，而是一种与生活本身具有密切关系的重大事实——纵使是在举起一根手指、啜饮一杯清茶、彼此招呼问候等等日常琐事之中，亦不例外。职是之故，对于禅师们而言，在日常生活中运用每一个可能的机会，借以唤醒弟子的意识，使其亲证禅悟的真理，当然是再自然不过的事情。下面所引古德接引学者的记录[1]，将可充分表明我所指陈的意思：

> 南岳怀让禅师礼见六祖慧能。
>
> 祖问："何处来？"
>
> 让曰："嵩山来。"
>
> 祖问："什么物恁么来？"

---

[1] 节自《传灯录》。

让无语，遂经八载（英译六年），忽然有省，乃白祖曰："某甲有个会处！"

祖曰："作么生？"

让曰："说似一物即不中！"（说它像个什么就错了！）

× × ×

僧问盐官齐安国师："如何是本身卢舍那佛？"

师云："与我将取（拿）那个净瓶来！"

僧取净瓶来，师云："却送原处安置！"

僧便送原处已，再来问道："如何是本身卢舍那佛？"

师云："古佛过去久矣！"

× × ×

汾州无业禅师谒马祖，祖睹状貌奇伟，语音如钟，乃曰："巍巍堂堂，其中无佛！"

师礼，跪而问曰："三乘文学，粗穷其旨。常闻禅门'即心是佛'，实未能了。"

祖曰："只未了底心即是，更无别物！"

师问："如何是祖师西来密传心印？"

祖曰："大德正闹在（你现在想的东西太多了）！且去，别时来！"

师才出，祖召曰："大德！"

师回首，祖曰："是什么？"

师便领悟，乃礼拜。

祖曰："这钝汉！礼拜作么？"

× × ×

五台山隐峰禅师①，石头大师划草时，师在左侧叉手而立。头飞

---

① 隐峰于五台山金刚窟前，将示灭，先问众曰："诸方迁化，坐去，卧去，吾尝见之。还有立化也无？"曰："有。"师曰："还有倒立者否？"曰："未尝见有！"师乃倒立而化，亭亭然，其衣顺体。时众议异就茶毗，屹然不动，远近瞻睹，惊叹无已。师有妹为尼，时亦在彼，乃推而咄曰："老兄，曩昔不循法律，死更茭惑于人！"于是以手推之，偾然而踣，遂就阇维，收舍利建塔。

子向师前划一株草。

师曰："和尚只划得这个，划不得那个！"

头提起划子，师接得便作划草势。

头曰："汝只划得那个，不知划得这个！"

师无对。

沩山灵祐禅师，一日侍立于百丈大师之侧。

丈问："谁？"

师曰："某甲。"

丈曰："汝拨炉中有火否？"

师拨之，曰："无。"

丈躬起，深拨，得少火，举以示之曰："汝道无，这个呢？"

师由此发悟。

× × ×

长庆大安禅师，受业于黄檗山，习律乘。尝自念言："我虽勤苦，而未闻玄极之理（佛教的究极真理）。"乃孤锡游方，至南昌，造百丈，礼而问曰："学人欲求识佛，何者即是？"

丈曰："大似骑牛觅牛！"

师曰："识得后如何？"

丈曰："如人骑牛至家。"

师曰："未审始终如何保任？"

丈曰："如牧牛人，执杖视之，不令犯人苗稼。"

师自兹领旨，更不驰求。

× × ×

澧州高沙弥，初参药山。

山曰："甚处来？"

师曰："南岳来。"

山曰："何处去？"

师曰："江陵受戒去。"

山曰："受戒图什么？"

师曰："图免生死。"

山曰："有一人，不受戒，亦无生死可免。汝还知否？"

师曰："恁么，则佛戒何用？"

山曰："这沙弥犹挂唇齿在！"

师礼拜而退（自此悟入）。

× × ×

石室善道禅师，参石头，一日随头游山次，头曰："汝与我斫却面前树子，免碍我。"

师曰："把将刀来。"

头乃抽刀倒与。

师曰："何不过那头来？"

头曰："你用那头作什么？"

师即大悟。

从上面由最早的禅宗史传《传灯录》随手拈取的这些典例看来，我们不难看出，禅师们所用的开导手段虽很实际，但还没有明确的设计。设使学者自己没有问题可问，禅师就会设法从他身上引出，但不是用抽象的理论，而是在他们的实际生活之中逗引。那时候，已有一些现成的问题被禅徒们用来请教禅师，而禅师们也有一些常用的问题，以之逗引学者。但那时候，无论是禅师还是禅徒，都还没有一种系统化的方法，作为入禅的一种手段。

禅徒最常请教的一个问题，是菩提达摩来到中国的原因："如何是祖师西来之意？"这是非常自然的事情，因为禅在中国创立，系由菩提达摩从印度前来为始，因此，大凡踏着他的足迹前进的人，都情不自禁地想要知道达摩的伟大福音究系什么。另一方面，被禅师们经常用来征问每一个新到禅徒的问题，则是："甚处来？""何处去？"这种问题并不只是因为好奇而问；因为，我们一旦真正明白了自己的来处和去处，我们也就成为禅师了。

　　除了真诚的禅徒之外，尚有许多佛教哲学家，尤其是在初唐时代，由于偏执自宗所讲的哲理，往往与禅师们争论孰是孰非的问题。此等晤谈的记录给我们提供了一个有趣的场面，不用说，这里面的牺牲者总是专讲玄理的哲学家。

　　……

　　南阳慧忠国师，有座主来参次，师问："作什么事业？"

　　对曰："讲《金刚经》。"

　　师曰："最初两字①，是什么字？"

　　对曰："如是。"

　　师曰："是什么？"

　　座主无对。

×　×　×

　　有讲僧来问马祖大师："未审禅宗传持何法？"

　　师曰："未审座主传持何法？"

　　主曰："忝讲得经论二十余本。"

　　师曰："莫是狮子儿否？"

　　主曰："不敢。"

　　师作"嘘嘘"声。

　　主曰："此是法。"

　　师曰："是什么法？"

　　主曰："狮子出窟法。"

　　师乃默然。

　　主曰："此亦是法。"

---

① "如是我闻"四字，是一切佛经的开头语，而"如是"两字则是一经的"最初两字"，当然，这只是字面的意义而已。

师曰："是什么法？"

主曰："狮子在窟法。"

师曰："不出不入，是什么法？"

主无对（百丈代云："见么？"）遂辞出门。

师召曰："座主！"

主回首。

师曰："是什么？"

主亦无对。

师曰："这钝根阿师！"

× × ×

有讲华严座主问大珠慧海禅师："禅师信无情是佛否？"

师曰："不信。若无情是佛者，活人应不如死人；死驴死狗，亦应胜于活人。经云：佛身者，即法身也，从戒、定、慧生，从三明、六通生，从一切善法生。若说无情是佛者，大德如今便死，应作佛去。"

× × ×

又讲华严志座主问："何故不许'青青翠竹，尽是法身；郁郁黄花，无非般若'？"

师曰："法身无相，应翠竹以成形；般若无知，对黄花而显相：非彼黄花翠竹而有般若法身也。故经云：'佛真法身，犹若虚空；应物现形，如水中月。'黄花若是般若，般若即同无情；翠竹若是法身，翠竹还能应用。座主。会吗？"

曰："不了此意。"

师曰："若见性人，道'是'亦得，道'不是'亦得；随用而说，不滞是非。若不见性人，说翠竹，著翠竹；说黄花，著黄花；说法身，滞法身；说般若，不识般若。所以皆成诤论！"

……

以上所述，是直到十世纪时人们学禅的大概情形。为了便于说明那些年代的一般状况，且让我以汾阳善昭禅师所列的"十八问"①作为举示的例子。汾阳是首山省念（926—993）的弟子，出生于十世纪之末。此种分类可说不合科学要求，但这些"问"的本身颇富阐示作用，可以表明人们如何学禅的情形。

（一）请益问：学者有所请益而问也，例如僧问马祖："如何是佛？"祖云："即心是佛。"州云："殿里底。"（英译复举"祖师西来意""佛法的大意"以及"如何是法"等等例子，但只引问题，未附答语。）

（二）呈解问：学者自呈见解而问也，例如，僧问龙牙："天不能盖，地不能载时如何？"牙云："道者合如是。"（英译举例云：僧问赵州："一物不将来时如何？"州云："放下着！"）

（三）察辨问：审察辨别而问也，例如，僧问临济："学人有一问在和尚处时如何？"济云："速道！速道！"僧拟议，济便打。（英译举例云：僧问桐峰庵主："忽遇猛虎来时如何？"主作虎啸势，其僧便作怕势，主大笑。）

（四）投机问：相投针窍而问也（问者对他自己的悟处仍有所疑而表示请求印证之意也），例如，僧问天皇："疑情未息时如何？"皇云："守一非真。"

（五）偏僻问：偏枯僻执而问也（学者急于查出师家的态度也），例如，僧问："鹤立枯松时如何？"，等等。（英译举例云：僧问赵州："万法归一，一归何处？"州云："我在青州做一领布衫重七斤。"）

（六）心行问：表心行而问也（学者不知如何进修而问也），例如，僧问兴化："学人皂白未分，乞师指示！"化随声便打。

（七）探拔问：探求寻拔而问也（当禅刹遍布各地、禅僧到处寻师访道之时，此种问法必然曾经流行一时），例如，僧问风穴："不会的人为什么不疑？"穴云："灵龟行陆地，争免曳泥踪？"

（八）不会问：不会个事，直呈而问也（此与第六项似乎无甚差别），例如，僧问玄沙："学人乍入丛林，乞师指示！"沙云："你还闻门外水声

---

① 见《人天眼目》第二卷。

吗？"僧云："闻。"沙云："从这里入！"

（九）擎担问：自擎担所见而问（学者对禅已有自己的见地，想看看师家如何看待他的见地），例如，僧问老宿："世智辨聪，不要拈出，还我话头来！"宿便打。

（十）置问：自置一问头而问也，例如僧问云门："瞪视不见边际时如何？"门云："见。"（亦作"鉴。"）

（十一）故问：设为一故而问也（内含经意之问也），例如，僧问首山："一切众生皆有佛性，为什么不识？"山云："识。"

（十二）借问：别借一端而问也（借一个已知的事实而问也），例如僧问风穴："大海有珠，如何取得？"穴云："罔象到时光灿灿，离娄行处浪滔天！"（你愈想抓住它，它走得愈远；你愈想看清它，它显得愈模糊。）

（十三）实问：以其实真理而问也（从直接观察而得的一个事实为端而问也），例如，僧问三圣："学人只见和尚是僧，如何是佛、是法？"圣云："是佛，是法。汝知之乎？"

（十四）假问：假此一端而问也（含有一个假定例子的问话也），例如，僧问径山："这个是殿里底（佛像），那个是佛？"山云："这个是殿里底。"

（十五）审问：审察其理而问也（具体发现一个真正的疑惑而问也），例如，僧问祖师："一切诸法本来是有，那个是无？"师云："汝问甚分明，何劳更问吾？"

（十六）征问：征考而问也（带有挑战意图的问题也），例如，僧问睦州："祖师西来，当为何事？"州云："你道：为何事？"僧无语，州便打。

（十七）明问：明白直接而问也，例如，外道问佛："不问有言，不问无言。"世尊良久，云云。外道云："世尊大慈大悲，开我迷云，令我得入！"

（十八）默问：默然不语而问也（不以语言表示而问也），例如，外道到佛处，无言而立。佛言："甚多，外道！"外云："世尊大慈大悲，令我得入！"

从上面所引略嫌混乱的类目中，我们不难看出，在由达摩而下的最初五百年稳定发展期中，禅门师资之间所问所答的问题是多么庞杂。此在如今已被公认为禅宗六祖的慧能之后三百年间，尤其显然。

八、公案制的发展及其意义

毫无疑问的，在禅宗悠久的历史岁月中，禅徒之间曾有一种真正的禅悟意识的成长，但此事跟其他任何事情一样，这里面也会产生另一种倾向，使得禅悟经验气化而成一种概念之论。倘若此种情形长此发展下去的话，真正的禅悟经验就会完全颓败下去，而主由禅师语录构成的一切文学，不是变得不可理解，就是变成哲学讨论的一种话题。

此种退化——如此背离生活和体验，乃是宗教史上随处可见的一种现象。开始时总会出现一位富于创造力的天才，而一种体制总会从他的经验之中产生出来。能力较次的人们于是聚到他身边，而他则努力使他们能够体会到他自己所得的经验；他的努力使某些人获得了成就，但失败的比例通常都多于成功。由于我们绝大多数的人都没有足够的创造力，因此，也就只好以跟随高明的领袖为满足了。于是，此种体制遂逐渐僵化起来，除非来上一个复兴时期，否则的话，原始的经验便只有迅速颓败了。就中国的禅宗历史而言，这个衰退的时期，可以说就是来自公案参究的发明——虽然，说来非常真实的是，此种发明乃是禅悟意识发展史中一件不可避免的事情。

此种公案参究所要做的工作，在于以权巧的方法或系统的体制，在禅徒身上开发早期大师们以自动自发的精神在自己身上造就的禅悟意识。此外，它还立意要在心灵之中培养此种禅悟的经验，就像早期大师所希望的那样。因此，公案一则要使禅的天地通俗化、普及化，同时也成了保存真正禅悟经验的有效工具。原是贵族化的禅，一变而成了民主化的禅，制度化的禅，乃至机械化的禅。毫无疑问的是，这或多或少是一种退化；但是，话说回来，如果没有这种创新的话，禅也许早就衰败得不堪设想了。依我看来，将作为远东文化的这种独特财产的禅挽救下来的功臣，就是此种公案参究的法门。

为了更进一步看清公案兴起的背景，且让我引用十一世纪时的一两位大师的话，作为说明。因为，我们可从他们的话中看出，其中至少有两个倾向在挖禅的命根：其一是绝对寂静主义的理论与修法，其次是从四面八方的外界强加于禅的那种知解的习气。一直受到大师们抗拒的绝对寂静主义，自有禅史以来就被视为禅宗教学的精髓；此种倾向，由于是禅修不可避免的衍生意识，因此，往往动不动就抬起头来，自作主张。

至于对禅作知解上的认识，局外人固不必说，就连禅的拥护者或辩护者中，也有人经常不顾禅悟经验的本身而率意从之。毫无疑问的是，禅的最大死敌，就潜伏在此种倾向之中。如果不以有效的办法将它们推倒的话，它们定会不时抬起头来作祟，尤其是在禅的本身露出任何衰退的征候之时。真净克文禅师（1025 — 1102）曾经说过：

> ……所以此个事，论实不论虚；参须实参，悟须实悟；若纤毫不尽，总落魔界！
>
> 岂不见古人道："平地上死人无数，过得荆棘林是好手！"如今人多是得个身心寂灭，前后际断——一念万年去，休去歇去，似古庙里香炉去，冷湫湫地去，便为究竟！
>
> 殊不知却被此胜妙境界障蔽，自己正知见不能现前，神通光明不得发露……

大慧禅师在一封信中对他的一位比丘弟子真如道人说：

> 今时学道人，不问僧俗，皆有两种大病：一种多学言句，于言句中作奇特想；一种不能见月忘指，于言句悟入。而闻说佛法禅道，不在言句上，便尽拨弃，一向闭眉合眼，做死模样，谓之静坐，观心，默照，更以此邪见，诱引无识庸流曰："静得一日，便是一日工夫！"
>
> 苦哉！殊不知尽是鬼家活计！去得此两种大病，始有参学分，经云："不着众生所言说、一切有为虚妄事；虽复不依语言道，亦复不着

无言说。"又云："观语与义，非异非不异；观义与语，亦复如是。若语义异者，则不因语辨义，而以语入义，如灯照色……"

在大慧时代的禅师语录中，除了大慧本人所说之外，尚有其他许多语句，表明了与此相类的观点，而我们亦可从这些语句中看出：他们如果让禅如此自行发展下去，听其自生自灭的话，不用说，它早就衰落恶化而成纯然的静坐默照、或只是记诵许多禅语和对话了。为了挽救此种颓势，拟定一种更为健全的发展计划，禅师们没有别的更好的办法可施——只有提出一套公案参究的新方法、新制度了。

什么是公案呢？

所谓"公案"，据一位权威说，意思就是"建立评判标准的公共案例"，而禅的体悟是否正确，即以此作为测验的准则。一般而言，公案就是古代禅师所作的某种陈述，或对学者所做的某种答语。下面所引诸例，通常是派给初学参究的公案：

（一）僧问洞山："如何是佛？"山云："麻三斤！"

（二）僧问云门："一念不起时还有过也无？"门云："须弥山！"

（三）僧问赵州："狗子还有佛性也无？"州云："无！"（此"无"的字面意思是"没有"，但当此字被当作一个公案运用时，它与这种字面的意义就没有关系了；它只是一个纯净而又单纯的"无"。）

（四）惠明追到离开黄梅寺的慧能，说道："望行者为我说法！"慧能便说："不思恶，不思善，正恁么时那个是明上座来生以前的本来面目？"

（五）僧问赵州："如何是祖师西来意？"（初祖菩提达摩来到中国干吗？）州云："庭前柏树子。"

（六）赵州在南泉座下习禅时，请问："如何是道？"泉云："（你的）平常心是道。"

（七）僧问赵州："万法归一，一归何处？"州云："我在青州做一领布衫重七斤。"

（八）老庞初参马祖时问道："不与万法为侣者是什么人？"祖云："待

你一口吸尽西江水时即向你道。"

禅师将诸如此类的问题交给初学的禅者去求解决，目的何在呢？目的是在初学者的心中展开禅的心理，进而复造此等语句所表现的意境。这也就是说，学者一旦体悟了此等公案，也就体悟了禅师的心境，而这便是"开悟"；如不开悟，禅便是一本密封的书。

在禅宗展开它的历史之初，学者拿一个问题去请教禅师，禅师则以此测知学者的心境，进而给他必要的帮助。这种帮助，有时一下就可使得学者进入开悟的境地，但往往亦可使他感到难以言喻的困惑，结果使他的内心愈来愈为紧张，或更加努力"参究"，关于此点，前面已有所述。但在实际情况下，禅师往往得等上一段时间，学者才能开始提出问题——假如有问题出现的话。第一个问题一旦出现，问题的解答也就已经完成大半了，因为，此乃学者经过一番极其热切的用功，使他的心境达到某个关头之后而得的一种结果。这个问题表示了：此种关头已经达到，而心灵亦已成熟到可以将它丢开了。有经验的禅师多半知道如何将学者导入某种关头，并使他能够成功地通过那个关头。此系公案流行之前的实际情况，关于此点，我们已在前面以临济、南岳等人为例进行说明了。

师徒之间的此种"问答"，随着时代的发展而愈来愈多；而在禅学文献的日渐增多之下，禅徒尝试以知识解决或以理智解释禅的问题，也就成了一种十分自然的事情。师徒之间的"问答"既然不再是禅悟意识的体验和直观的自觉，自然也就要变成逻辑探讨的论题了。这真是一种大大的不幸！但也是一种不可避免的事情。因此之故，希望禅悟意识得到正常发展，希望禅门正统得到蓬勃成长的禅师们，自然不能不审察实际的情势，进而设计一种以达到禅悟为终究目的的手段。

这种可以适应环境所需的手段或方法，就是选择古代大师们的某些言句，作为指标加以运用。因此，这种指标需有两大功用才行：（一）遏止理智的作用，或让理智本身看个清楚，它自己究有多大本领，进而让它知道，这里有一个是它永远无法到达的境地；（二）促进禅悟意识的成熟，使其终于爆发而成一种开悟的境界。

当公案在第一个功用方面发生作用时，便产生一种被称为"参究"的情形。一个人要全副身心，而不是以构成生命的一部分理智，投入公案的解决之中。当此种非常的精神紧张状态在一位有经验的禅师指导之下达到成熟的阶段时，公案的本身便自动发生作用而变成了被称为禅悟经验的境界。到了此时，对于禅的真理便达到了一种直观的自觉，直到此时为止，学者一直徒然叩击的那道墙忽然倒塌了，而一个完全崭新的景象便在他的眼前展开了。没有这个公案，禅悟的意识便没有了指标，开悟的境界也就永远没有出现之期了。心理上的困境是开悟的一个必要的经历。在此之前，亦即在有公案参究这个法门之前，此种指标，系由学者用他自己的热烈精神在他自己的意识之中创造而成。但是，当禅因了禅宗文献的累积而以"问答"的形式成了系统或制度化的东西之后，公案的参究就成了禅师们一致公认的不可或缺的法门了。

禅悟经验的最大死敌，是执着主客之分的理智——至少是在开始之时。因此之故，若要使得禅悟意识能够自行展开的话，势非将这个执着分别的理智予以隔断不可，而公案设计的意旨，就在达成这个目的，非常出色。

我们只要略加检视，便可看出公案里面没有容许理智插足的余地。理智这把刀子虽然非常锋利，但仍不足以剖开公案的本身而窥见它里面的内容。因为，公案并不是逻辑上的一种前提，而是从禅修而得的某种心境的表现。例如，佛与"麻三斤"之间、佛性与"无"之间，或者，祖师西来意与"庭前柏树子"之间，究竟有什么逻辑上的关系可说呢？在一本叫作《碧岩集》的著名中文禅学课本①中，圆悟克勤禅师为"麻三斤"这个公案作了如下的开示，举示出未悟禅心的相似禅流对于这个公案做了怎样的理智解说：

　　这个公案，多少人错会，直是难咬嚼，无你下口处！何故？淡而

---

① 此系禅徒最喜爱的必携丛书之一，有"禅门第一书"之称。读者欲知其详，不妨参见下面的说明。

无味！古人有多少答"佛"话，或云"殿里底"，或云"三十二相"，或云"杖林山下竹筋鞭"，乃至洞山，却道"麻三斤"，不妨截断古人舌头。人多作话会道："洞山是时正在库下称麻，有僧问，所以如此答。"有底道："洞山问东答西。"有底道："你是佛，更去问佛，所以洞山绕路答之。"

死汉！更有一般道："只这'麻三斤'便是佛！"且得没交涉！你若恁么去洞山句下寻讨，参到弥勒佛下生，也未梦见在！何故？言语只是载道之器。殊不知古人意，只管去句中求，有什么巴鼻？不见古人道："道本无言，因言显道；见道即亡言。"

若到这里，还我第一机来始得！只这"麻三斤"，一似长安大路一条相似，举足下足，无有不是。这个话（公案），与云门"糊饼"话是一般，不妨难会。五祖先师颂云："贱卖担板汉，贴秤麻三斤；千百年滞货，无处着浑身！"你但打叠得情尘、意想、计较、得失、是非、一时净尽，自然会去！

推而究之，公案派给初学参究的目的，在于"断命根"，在于"死偷心"，在于"死却无量劫来识心"，如此等等。这些话听来不免有些残忍，但究竟的目的却在超越理智的限域，而此等理智的限域，只有运用全副的精神力量，使自己孤注一掷，才有跨越的可能。此等限域一旦跨过之后，理则学就成了心理学，而理智作用就成了意愿和直觉。到了此时，原本无法在经验意识层面解决的问题，便转到了心灵的内在深处。因此，有一位禅师曾说："除非汗流浃背一回，别想见到一帆风顺的境致。""除非浑身汗透一番，莫想一茎草上现宝王刹。"

公案无法在轻易的情况下求得解决。但一经求得解决之后，公案便如敲门砖一样；门既敲开了，砖头也就可以丢掉了。只要心门尚未打开，公案就有用处，但心门既开，公案也就置诸脑后了。门开之后所见的景象，将是吾人全未料到的东西，连做梦也没有想到过的东西。然而，到了此时，如从这个新得的观点重加检查的话，你将会看出，公案的构成，是多么适切，它的暗示作用，又是多么奇妙！虽然，它的里面，什么斧凿的痕也找它不出！

九、公案参究的实际指导

下面所述，是历代禅师对于公案参究所提出的一些实际提示；真从这些提示之中，我们不但可以看出公案对于禅悟意识的发展究竟有些什么功用，而且可以看出公案参究与时代发展的趋向究有什么关系。正如稍后将要看出的一样，公案参究的逐渐成长，在明代禅师间导致了一种新的运动，与净土宗的念佛①法门互相结合（谓之"禅净双修"）。此系参禅与念佛的心理机能之间具有一个共同的分母之故（关于这个论题，稍后再详加讨论）。

筠州黄檗山的一位运禅师（大概是宋初人），对于习禅的问题，提出了如下的开示：

> 预前若打不彻，腊月三十日到来，管取你热乱！有般外道，才见人做工夫便冷笑："犹有这个在！"我且问你：忽然临命终时，你将何抵敌生死？须是闲时办得下，忙时得用，多少省力！休待临渴掘井，做手脚不迭！前路茫茫，胡钻乱撞。苦哉！苦哉！
>
> 平日只学口头三昧，说禅说道，呵佛骂祖，到这里都用不着；只管瞒人，争知今日自瞒了也！
>
> 劝你兄弟家，趁色力康健时，讨取个分晓处！这些关捩子甚是容易，自是你不肯下死志做工夫，只管道："难了又难！"
>
> 若是个丈夫汉，看个公案。僧问赵州："狗子还有佛性也无？"州云："无！"但去二六时中看个"无"字，昼参夜参，行、住、坐、卧，着衣、吃饭处，屙屎、放尿处，心心相顾，猛着精彩，守个"无"字。日久岁深，打成一片，忽然心华顿发，顿悟佛祖之机，便不被天下老

---

① 所谓"念佛"，简言之，就是持念佛陀的名号。

和尚舌头瞒，便会开大口："达摩西来，无风起浪！世尊拈华，一场败阙！"到这里说甚阎罗老子？千圣尚不奈你何！不信道：直有这般奇特！为甚如此？事怕有心人！①

佛迹颐庵真禅师所提出的忠告是：

"信有十分，疑有十分；疑有十分，悟有十分。"可将平生所见所闻、恶知恶解、奇言妙句、禅道佛法、贡高我慢等心，彻底倾泻，只就未明未了的公案上，据定脚头，竖起脊梁，无分昼夜，直得东西不辨，南北不分，如有气底死人相似！

心随境化，触着还知。自然念虑内亡，心识路绝。忽然打破髑髅，元来不从他得！那时岂不庆快平生者哉！

大慧禅师是十二世纪时的一位伟大的公案提倡者，他最常举示的公案之一是赵州的"无"字，但他自己也有一则。他常拿一根竹篦，对大众说道：

唤作竹篦则触（肯定），不唤作竹篦则背（否定）。不得下语，不得无语，不得于意根下卜度，不得扬在无事甲里，不得于举起处承当，不得良久（默然），不得作女人拜绕禅床，不得拂袖便行——一切总不得，速道！速道！

如果有人想说话，他便将他打一顿赶出，"罕有善其机者"。后来有位僧人听了对他说道："夺却你竹！"他却说道：

夺却竹篦，我且许你夺却，我"唤作拳头则触，不唤作拳头则背"。你又如何夺？更饶你道个："请和尚放下着！"我"唤作露柱则触，不唤作露柱则背"。你又如何夺？我"唤作山河大地则触，不唤作山河大地则背"。你又如何夺？

当时有一位叫做舟峰的长老出来说道："某甲看和尚竹篦子话，如籍没却人家财产了，更要人家纳物事！"大慧听了答道：

> 你譬得极妙！我真要你纳物事，你无所从出，便须讨死路去也！或投河，或赴火，拼得方始死得，死了却缓缓地再活起来。唤你作菩萨则欢喜，唤你作贼汉则恶发，依前只是旧时人！所以古德道："悬崖撒手，自肯承当；绝后再苏，欺君不得！"到这里始契得竹篦子话。

在下面所引、录自祖庆所编的《大慧普说》（1190年）的一节文字中，有给他座下一位叫做净恭的园头参究的一则公案：

> 法不可见、闻、觉、知[1]：若行见、闻、觉、知，是则见、闻、觉、知，非求法也——原来这个法不在见、闻、觉、知处。如今才教你离却见、闻、觉、知，你便空劳劳地，无摸索处，无着意处。何故？眼、耳、鼻、舌、身、意都不到：若是眼、耳、鼻、舌、身、意到底，思量得底，觑得见底，这个是生灭法。
> 要你塞却眼、耳、鼻、舌、身、意，如木头忔恒相似，忽然木头忔恒会作声！知到这里，如狮子王游行自在，不求伴侣；如象王渡水，直下截流而过，更无周由者也。这个道理，便是平田和尚道：

> 神光不昧，万古徽猷。
> 入此门来，莫存知解！

> 当知见、闻、觉、知，亦能令人入道，亦能令人障道。何故？你

---

[1] 见、闻、觉、知（drista—śruta-mata-yñāta）。

若于见、闻、觉、知处得杀人刀、活人剑时节，便能使得见、闻、觉、知；你若不得杀人刀、活人剑，却被见、闻、觉、知使得来七颠八道，障却道眼，脚跟下黑漫漫地，不得自在！

如今要绝却见、闻、觉、知，得自在时，须是歇得个猢狲子教贴贴地。歇来歇去，行、住、坐、卧，语、默、动、静，如一条线子，莫要放却：你才放却这一条线子时，便被见、闻、觉、知走作。正走作时，还有药医得吗？且道：什么药医得？

僧问云门："如何是道？"门云："干屎橛！"这个药便医得。你但行也"干屎橛"，住也"干屎橛"，坐也"干屎橛"，卧也"干屎橛"，作务时也"干屎橛"。举来举去，忽然心无所之，到这个如老鼠入牛角境地，一下便了。若得"喷"地一下时，便好看一大藏教；（儒、释、道）三教圣人所说之语，尽是屋里事，不干别人事，尽是这"喷"地一下底。

大慧不厌其烦地要他的弟子重视非语言和推理可及，但可以超越意识的限制，而从意识之中爆出的开悟境界。他的书信和语录中，随处皆见教人直趋此一目标的忠告。他如此坚持此点，证明他那时候的禅已经退化了——不是堕落而成纯然的寂静主义，就是降格而非古德公案的知解分析。

习禅须以悟入为目的。此事如节日赛舟，虽在静处举行，要以夺标为目的。古德悉皆如此，因为我们知道，悟了才是真得。须是悟了始得，但静默自处，如死人一般坐地，亦不得。何故？不见祖师道："止动归止，止更弥动？"任你怎么压制乱心，若不放弃推寻的习惯，结果总是适得其反。

放弃此种推寻的习惯，将"生死"两字贴在额上，专心参究一则公案，心头纳闷，如欠人家重债相似。举起一则公案，不论做什么，不分昼夜。偿问赵州："狗子还有佛性也无？"州云："无！"尽力看这个"无"字，看它里面究竟有些什么。如此用功下去，不久便会发现，这个公案全无滋味（亦即没有任何可供推寻的线索可得），但在同时，会有一种喜悦之感偷偷进入你的心中，但不久之后，又有一种感觉出现，而这个感觉却是一种不安不稳之感。且不要理会这些，只管向前参去，自有老鼠入牛角地时节到来。至此须是转身始得，优寡柔断则不成。

大慧又在另一个地方说道：

> 但自时时提撕。妄念起时，亦不得将心止遏。"止动归止，止更弥动。"只就动止处，看个话头。须是行也提撕，坐也提撕，喜、怒、哀、乐时，应用酬酢时，总是提撕时节。提撕来，提撕去，没趣味，心头恰如顿一团热铁相似！那时便是好处，不得放舍。忽然心华发明，照十方刹，便能于一毛端现宝天刹，坐微尘里转大法轮！①

空谷景隆对他的徒众亦曾作过相似的忠告，他说：

> 赵州"无"字，未悟之时，如银山铁壁。今日也"无！无！"明日也"无！无！"一朝水到渠成，始知铁壁银山，元非别物。只贵退步休心，切切要明生死大事，不可呆蠢蠢念个"无"字虚延岁月，亦不可推详计较，义理曲会，但于二六时中愤愤然要明这个"无"字，忽尔一朝悬崖撒手，打个翻身，方见孤明历历，如是现成！

《禅家龟鉴》②的作者，将上面所引各种公案做了一番肯定之后，接着将公案参究的心路历程做了一番充分的描述：

---

① 大慧的语句节自他的一部由书信、上堂、升坐以及名叫"普说""示众""书"（信）等构成的文集。他精通"华严"，引用之处颇多，此处所录最后一语，即是其例。
② 明代（1368—1650）高丽僧退隐编辑，于1579年出版。

大抵学者，须参活句，莫参死句①。凡本参公案上，切心做工夫，如鸡抱卵，如猫捕鼠，如饥思食，如渴思水，如儿忆母，必有透彻之期。

参禅须具三要：一有大信根，二有大愤志，三有大疑情。苟缺其一，如折足之鼎，终成废器。

日用应缘处，只举狗子无佛性话。举来举去，疑来疑去，觉得没理路，没义路，没滋味，心头热闷时，便是当人放身命处，亦是成佛作祖底基本也。

话头不得于举起处承当，不得思量卜度，又不得将迷待悟。就不可思量处思量，心无所之，如老鼠入牛角，便见倒断也。

又，寻常计较安排底，是识情；真随生死迁流底，是识情；怕怖惶底，是识情。今人不知是病，只管在里许头出头没！

此事如蚊子上（咬）铁牛，更不问如何若何，下嘴不得处，弃命一攒，和身透入！②

上面所引权威之言，不但说明了公案在被用于求悟方面的功能为何，同时也表明了禅师在用公案促使弟子心灵成熟之初所定的目标为啥了。

---

① 据该书编者退隐解释："话头（公案）有'句''意'二门。参'句'者，径截门，活句也——没心路、没语路、无摸索故也（没有思维、理解的线索可寻）；参'意'者，圆顿门，死句也——有理路、有语路、有闻解思想故也（有逻辑或哲理可以从而学知和记持）。"

② 关于学者对于公案应有的态度，我已在后面的某些附录中，提出了另外一些忠告，对于研究禅悟意识的心理学者，当是一种不仅有趣、而且颇富举示性的材料。退隐以如下十点警告参究公案的学人云："话头有十种病：（一）曰意根下卜度（凭想象揣摩）；（二）曰扬眉瞬目处垛根（让你的注意力被老师的面部表情吸住）；（三）曰语路上做活计（从公案的语意上求取解会）；（四）曰文字中引证（引经据典，附会其意）；（五）曰举起处承当（以为公案的意义可以从其被举出来作为思维的目标之处得到理解）；（六）曰扬在无事甲里（以为禅只是一种纯粹的被动或寂静的状态）；（七）曰作有无会（拿'有'与'无'等二元论、二分法的标准判断公案）；（八）曰作真无会（以为公案指的是绝对的空无）；（九）曰作道理会（以为公案可以思维推理而知）；（十）曰将迷待悟（不下工夫，只是等悟，犹如守株待兔的一般）。离此十种病者，但举话时抖擞精神，只疑'是个什么？'"公案的参究如今已与所谓的打坐混为一谈，但我们仍可从这些警告里面看出，禅显然并不只是一种枯坐或静态的修法。学者（不论东方与西方）如欲认清禅的真正面目，对于它的此一特点，必须有充分的了解。禅自有其明确的目标，而这个目标乃是使得我们"悟解心开"，因此，若要达到这个境地，必须在我们的心眼之前举起一则公案，但既不得思量卜度，更不可存心等悟——只可用公案作为一种跳杆，越过相对的鸿沟而至绝对的彼岸。而禅的最大特色便是：不必倚靠原罪、信仰、上帝、神恩、得救，以及来生等等观念，即能达成这个目标。

下面，我想从现代日本临济禅之父白隐禅师的著述中引用两段文字，作为本节的结语，因为，这将可使我们明白看出，自从六祖慧能及其中国门徒以后一千多年以来，禅的心理何以一直没有多大改变的原因。下面是白隐的话：

> 倘欲了澈无我正理，须得悬崖撒手，再活现成，而得常、乐、我、净四德。如何是"悬崖撒手"？譬如有人，流浪荒山僻谷人迹罕到之处，来至万丈悬崖，崖上满布青苔，其滑无比，无可立足之处。当此之时进又不能，退又不得：真是死路一条！唯一希望，是两手所抓之藤，生命全系于此；万一失手，必然粉身碎骨！
>
> 参禅亦然，一手抓住公案，紧张达于极点，而至绝处，如悬崖下，完全不知如何是好，除了偶觉焦躁绝望之外，简直如死一般！当此之时，身心以及所参公案忽然脱落，而得绝处逢生，这便名为"悬崖撒手"。待汝活转来吸一口气，便晓"如人饮水，冷暖自知"的道理。不亦快哉！

十、公案参究的各种通则

以要言之：公案参究这种发明之所以不可避免，出于下列情况：

（一）禅的修习如果听其自然而不加管带的话，不久就会因为它那种贵族式的训练和体验性质而自行消失了。

（二）禅自从六祖慧能过后，经过两三百年的发展，终于逐渐失去了它那种创发的动力，因此之故，如果要它继续生存下去，就得运用某种可以激发禅悟意识的手段，从而唤起一种新的生命才行。

（三）积极创发的时代一旦过去之后，便有许多名为"话头""机缘"或者"问答"的材料累积起来，成了禅宗史传的主要部分，而这些东西则可引发一种知识解会的活动，对于禅悟经验的培养至为有害。

（四）禅宗自有历史以来，就有一种寂静主义流行其间，威胁到活的禅悟经验，至为危险。寂静主义或所谓的"默照禅"与主知主义或所谓的"看活禅"这两种倾向，自始就互相交战，纵非明争，亦是暗斗。

由于上述种种情况，十与十一世纪时的禅师们，这才采用公案参究的办法，使其发挥下述的功能：

（一）使禅通俗化，以便抵消它的贵族倾向而免于自行灭绝；

（二）给禅悟意识的发展来一次新的刺激，以便加速禅悟经验的成熟；

（三）遏止禅的知解风气；

（四）挽救禅的生命，以免被活埋于寂静主义的黑暗深坑之中。

从上面所录有关公案参究的各种引文看来，可得如下的事实：

（一）公案派给学者参究的目的，主要在于体现高度精纯的意境。

（二）遏阻意识思维的作用，这也就是说，制止较为表浅的心识作用，以使更为深切、更为中心、但通常埋于心灵深处的部分出而发挥它的固有功能。

（三）促使有效的意欲中枢（此系一个人的人格的真正基础）尽其最大能力解决公案的问题。这就是禅师们在将"大信"与"大疑"称为真正禅者所不可或缺的两大原动力时所指的意思。所有一切伟大禅师皆曾为了得到悟境而不惜牺牲身心性命这个事实，不仅证明了他们对于究竟实相的信心极为宏大，同时也证明了他们那种"探讨"的追究精神亦极强烈，真乃是不达目标绝不中止，这也就是说，直到证得佛性的本身，方才罢休。

（四）此种精神的统合一旦到达了最高的程度，便会达到一种中道的意境。研究宗教意识的心理学者称此种意境为"忘形"或"出神"（ecstasy），这是一种有欠正确的说法。禅的这种意境不同于忘形或出神的地方，根本在于：忘形乃是心灵在被动的冥想中出神，致使心识作用暂时不行之际的现象；与此相反的，禅的这种意境则是热切主动发挥吾人一切根本功能而致的一种境界——由集中全副力量于一点而得的一种名为"一行三昧"

(ekāgra) 的境界，亦称为"大疑"[①] 的一种境界。

这就是经验意识及其意识与潜意识的一切内容即将翻过它底界线，与未知的、那边的、无意识的境域建立知性关系的所在。"忘形"或出神的当中则没有这种翻身或转移的作用，此盖由于它是一种静态的结果，根本不容许作进一步的开展。"忘形"或出神的里面根本没有相当于"撒手"或"悬崖撒手"的情况存在其间。

（五）最后，各种精神功能，起初似皆暂时悬宕，至此忽然充满了从未梦见的新能力。此种突然的转变，往往可因一种声音，一种影像，或某种动作的侵入而形成。一种新的生命源头一旦打开，而公案的秘密一旦揭晓之际，便有一种透彻的洞视能力从意识的内在深处产生出来。

对于此等心灵事实，禅宗学者提出了如下的哲理解释。不用说，禅既不是一种心理学，更不是一种哲学，而是一种充满深切意义，含有高尚生活内容的经验。此种经验不但究竟决定，而且有其本身的权威性。它是可以完全满足整个人类要求，但非出于相对知识的究极真理。这个真理必须在当人自己的心中直接体会，没有任何外在的权威可以仰赖。纵使是佛陀的言教和祖师的言句，不论多么深刻真实，如果没有吸收、消化、融合到自己的身上，如果不能使它出于自己的生活经验，皆非自己的东西。此种体会名之为"悟"。所有一切的公案，都是开悟之言，因其不含理智的思维，故而不可以意识认知，不可以意想推知。

禅师并非故意使他的开悟之言变得不可知、不可解；此等语句出于他的内在生命，就像花朵开放或太阳放光一样。因此，我们若要了解它们，就得像花朵或太阳一样才行；我们必须进入它们的内在生命里面。我们一旦有了与禅师说出此等公案相同的心境，自然就会明白它们了。因此之故，禅师们避免做任何语言的解释；因为那只能在他的弟子心中引起一种知识上的探秘心理而已。知解是一种最大的障碍，甚至是一种不可妥协的死敌，因此，必须将它从心里放逐一阵子，至少是开始习禅之初。因了这个缘故，

① 参见本论丛第一系列"谈悟"第七节。

禅这才重视此种精神的事实甚于观念的摆弄。此等事实一旦得到了直接的体验而证实十分满意，对于禅者的"探讨"之心自然有不可抗拒的魅力。

由于禅特别重视亲身经验的事实，故而才有云门"干屎橛"、赵州"柏树子"、洞山"麻三斤"这一类的公案，因为这里所说的都是每一个人的生活中常见的东西。与"一切皆空""不生不灭""超于因果"或"大千世界在于一微尘中"等等的印度说法相较，中国人的说法是多么亲切啊！

因了这个事实，禅宁可排除知解的活动，将悟的经验意识导入更深的源头。若要求得一种决然不同的知性经验，休息所有一切的寻讨活动，就得设计一种完全不属于知解范畴之内的东西。更明白一点地说，非逻辑可解，非推理可得，非知识的追究可以得而问津，是为禅的特色。因此，在人类努力达到究竟境地的奋斗史上，此种公案的参究，乃是禅悟意识的自然发展。吾人整个的精神系统，可因公案的关系而对悟境的促成发挥最大的效用。

十一、现身说法谈参禅

下面所录的一些亲身记述，说明了公案参究促进禅悟意识成熟的功用。这样的例子，已在本论丛第一系列举过三个。它们的本身虽是一种心理学的研究，但我这里的目的却是举示公案参究在禅修里面所担任的角色和倡导此种体制的宋代大师们的智慧。

五祖法演（寂于 1104 年）下第八代法孙蒙山德异禅师 ①，说了如下的一个关于参禅经验的故事：

> 某年二十知有此事（参禅求悟），至三十二，请益十七八员长老，问他做工夫，都无端的。后参皖山长老，教看"无"字："十二时中，

---

① 此处所有引文，悉皆录自《禅关策进》；此中所引禅师的传记资料，可以查看一本叫作《会元续略》的禅宗史传。

要惺惺如猫捕鼠，如鸡抱卵，无令间断。未透彻时，如鼠咬棺材，不可移易。如此做去，定有发明（开悟）时节。"

于是，昼夜孜孜体究，经十八日，吃茶次，忽会得"世尊拈花，迦叶微笑"（公案）。不胜欢喜，求决三四员长老，俱无一语，或教"只以海印三昧一印印定，余俱莫管"。便信此说。过了二载，景定五年（1265 年）6 月，在四川重庆府患痢，昼夜百次，危剧濒死，全不得力；海印三昧也用不得；从前解会的，也用不得：有口说不得，有身动不得，有死而已——业缘境界，俱时现前，怕怖惊惶，众苦交逼！

遂强作主宰，分付后事，高着蒲团，装一炉香，徐起坐定，默祈三宝龙天，悔过从前诸不善业，"若大限当尽，愿承般若力，正念托生，早早出家！若得病愈，便弃俗为僧，早得悟明，广度后学！"

作此愿已，提个"无"字，回光自看。未久之间，脏腑三、四动，只不管他。良久，眼波不动；又良久，不见有身，只话头不绝。至晚方起，病退一半；复坐至三更四点，诸病尽退；身心轻安。

八月，至江陵落发（为僧）。一年，起单行脚，途中炊饭，悟得工夫须是一气做成，不可断续。

到黄龙归堂。第一次睡魔来时，就座抖擞精神，轻轻敌退；第二次亦如是退；第三次睡魔重至时，下地礼拜消遣，再上蒲团。规式已定，便趁此时打并睡魔：初用枕短睡，后用臂，后不放倒身。过二三夜，日夜皆倦，脚下浮逼逼地，忽然眼前如黑发开，自身如新出浴一般轻快。

心下疑团愈盛；不着用力，绵绵现前；一切声色、五欲、八风，皆入不得；清净，如银碗盛雪相似，如秋空气肃相似。却思："工夫虽好，无可决择。"

起单入浙。在路辛苦，工夫退失。至承天（寺）孤蟾和尚处归堂，自誓："未得悟明，断不起单！"月余，工夫复旧；其时偏身生疮，亦不愿。舍命趱逐工夫，自然得力。又做得病中工夫。

因赴斋出门，提话头而行，不觉过斋家。又做得动中工夫。到此却似透水月华，急滩之上，乱波之中，触不散，荡不失，活泼泼地！

三月初六日，坐中正举"无"字，首座入堂烧香，打翻香盒作声，忽然"囥"地一声，识得自己，捉败赵州（"无"字公案的推出者），遂颂云：

没兴路头穷，踏翻波是水。

超群老赵州，面目只如此！

秋间，临安见雪岩、退耕、石帆、虚舟诸大老。舟劝往皖山，山问："'光明寂照遍河沙'，岂不是张拙秀才语？"某开口，山便喝出。自此，行坐饮食皆无意思。

经六个月，次年春，因城回，上石梯子，忽然胸次疑碍冰释，不知有身在路上行！乃见山，山又问前语，某便掀倒禅床，却将从前数则极谵讹公案一一晓了。

诸仁者，参禅大须仔细！山僧若不得重庆一病，几乎虚度！要紧在遇正知见人。所以，古人朝参暮请，决择身心，孜孜切切究明此事。

无准师范（寂于 1249 年）的弟子袁州雪岩祖钦禅师（寂于 1289 年），叙述他的参禅经验说：

山僧五岁出家，在上人（老师）侍下，见与宾客交谈，便知有此事（参禅悟道），便信得及，便学坐禅。十六为僧，十八行脚。在双林远和尚会下打十方，从朝至暮，不出户庭；纵入众寮（大通铺）至后架，袖手当胸，不左右顾；目前所视，不过三尺。

初看（参）"无"字，忽于念头起处，打一个返观，这一念当下冰冷，直是澄澄湛湛，不动不摇，过一日如弹指倾，都不闻钟鼓之声！

十九岁在灵隐挂搭，见处州来书记说："钦禅，你这工夫是死水，不济事；动、静二相，打作两橛。参禅须是起疑情；小疑小悟，大疑大悟。"被他说得着，便改了话头，看（参）个"干屎橛"（公案），一味东疑西疑，横看竖看，却被昏、散交攻，顷刻洁净也不能得！

移单过净慈，结甲（结伙）七个兄弟坐禅，封被胁不沾席（将被单封起，决定不倒身而卧）。外有修上座，每日在蒲团上，如个铁橛子相似；地上行时，开两眼，垂两臂，亦如个铁橛子相似；要与他亲近说话，更不可得！

因两年不倒身，捱得昏困，遂一放都放了。两月后，从前整顿，得这一放，十分精神。元来要究明此事，不睡也不得；须是到中夜熟睡一觉，方有精神。

一日，廊下见修，方得亲近，却问："去年要与你说话，只避我，为何？"修云："真正办道人，无剪爪之工，更与你说话在！"因问："即今昏散，打屏不去（如何是好？）"修道："你自不猛烈。须是高着蒲团，竖起脊梁；尽浑身作一个话头，更讨甚昏散？"

依修（指示）做工夫，不觉身心俱忘；清清三昼夜，两眼不交睫。第三日午后，在三门山如坐而行，又撞见修，（他）问："你在此做什么？"（我）答云："作道。"修云："你唤什么作道？"遂不能对，转加迷闷！

即欲归堂坐禅，又撞见首座，（他）道："你但大开了眼，看是什么道理？"又被提这一句。只欲归堂，才上蒲团，面前豁然一开，如地陷一般！是时呈似人不得，非世间一切相可喻。便下车，寻修。修见，便道："且喜！且喜！"握手，门前柳堤上行一转。俯仰天地间，森罗万象，眼见耳闻，向来所厌所弃之物、与无明烦恼，元来都是自己妙明真性中流出。半月余动相不生。

可惜不遇大手眼尊宿，不合向这里坐住，谓之"见地不脱"，拟正知见，每于睡着时打作两橛。公案，有义路者，则理会得；如银山铁壁者，却又不会！虽在无准先师会下，多年入室升座，无一语打着心下事；经教语录上，亦无一语可解此病。

如是碍在胸中者十年。一日，在天目佛殿上行，抬眼见一株古柏，触目省发，向来所得境界、碍膺之物，扑然而散，如暗室中出在白日，从此不疑生，不疑死，不疑佛，不疑祖，始得见径山老人（无准禅师）立地处。好与三十拄杖！

蒙山德异的弟子铁山琼禅师，有如下的记述：

山僧十三岁知有佛法，十八出家，二十二为僧。先到石霜，记得祥庵主教时时观见鼻头白，遂得清净。后有僧自雪岩来，写得岩"坐禅箴"，看我做工夫却不曾从这里过。因到雪岩，依彼所说做工夫，单提"无"字。至第四夜，通身汗流，十分清爽。继得归堂，不与人说话，专一坐禅。

后见高峰原妙，敬："十二时中，莫令有间：四更起来，便摸索话头，顿在面前；略觉困睡，便起身下地，也是话头；行时，步步不离话头；开单、展钵、拈匙、放箸，随众等事，总不离话头；日间、夜间、亦复如是，打成片段，未有不发明者！"依峰开示做工夫，果得成片。三月二十日，岩上堂云：

"兄弟家，久在蒲团上瞌睡，须下地走一遭，冷水盥漱，洗开两眼，再上蒲团，竖起脊梁，壁立离仞，单提话头。如是用功，七日决定悟去。此是山僧四十年前已用之工。"

某即依彼所说，便觉工夫异常。第二日，两眼欲闭而不能闭；第三日，此身如在虚空中行；第四日，曾不知有世间事！其夜倚栏干少立，泯然无知；检点话头，又不打失。转身复上蒲团，忽觉从头至足，如劈破髑髅相似！如万丈井底被提在空中相似！此时无着欢喜处！

举似岩，岩云："未在！更去做工夫！"求得法语（开示），末后云："绍隆佛祖向上事，脑后依前欠一槌！心下道'如何'，又欠一槌！"不信此语，又似有疑，终不能决。每日堆堆坐禅，将及半载。

一日，因头痛煎药，遇觉赤鼻，问"哪吒太子析骨还父、析肉还母'

话①。记得被悟知客问，不能对，忽然打破疑团！

后到蒙山，山问："参禅到什么处是毕工处？"遂不知头。山教："再做定力工夫，洗荡尘习。"每遇入室下语。只道："欠在！"一日，晡时坐至更尽，以定力挨拶，直造幽微。出定见山，说此境已，山问："那个是你本来面目！"正欲下语，山便闭门。

自此，工夫日有妙处。盖以离岩太早，不曾做得细密功夫。幸遇本色宗匠，乃得到此，原来工夫做得紧峭，则时时有悟入，步步有剥落！

一日，见壁上三祖"信心铭"②云："归根得旨，随照失宗。"又剥了一层。山云："个事如剥珠相似，愈剥愈光，愈明愈净；剥一剥，胜他几生工夫也！"

但下语，犹道："欠在！"一日定中，忽触着"欠"字，身心豁然，彻骨彻髓，如积雪辛然开霁，忍俊不禁，跳下地来，擒住山云："我欠少个什么？"山打三掌，某礼三拜。山云："铁山，这著子几年，今日方了！"

汝州香山无闻思聪禅师，得法于铁山琼，下面是他的习禅经验谈：

山僧初见独翁和尚，令参"不是心，不是佛，不是物（这个公案）"。后同云峰、月山等六人，立愿互相究竟。次见淮西教无能，令提"无"字。次到长芦结伴炼磨。后遇淮上敬兄，问云："你六、七年来有甚见地？"某答："每日只是心下无一物！"敬云："你这一络索甚处山来？"某心里似知不知，不敢开口。敬见我做处无省发，乃云："你定中工夫不

---

① 这是一个著名公案，意在教人悟见剥除身心外物的"本来身"。其大略是："哪吒太子，析肉还母，析骨还父，然后现本身，运大神力，为父母说法。"对于这个公案，佛眼禅师提唱云："肉既还母，骨既还父；以什么为身？学人到这里若见得去：廓清五蕴，吞尽十方！"接着颂曰：骨还父，肉还母，何者是身？分明听取：

山河国土现全躯，十方世界在里许。万劫千生绝去来，山僧此说非言语！

② 全文见本论丛第一系列第一七九至一八五页。

失，动处便失。"某被说着，心惊，便问："毕竟，明此大事，应作么生？"敬云："你不闻川老子道：'要知端的意，北斗面南看？！'"说了便去。

某被一问，直得行不知行，坐不知坐，五、七日间，不提"无"字，倒只看"要知端的意，北斗面南看！"忽到净头寮，在一木上与众同坐，只是疑情不解，有饭食顷，顿觉心中空、亮、轻、清、见、情、想破裂，如剥皮相似！目前人、物，一切不见，犹如虚空！

半时省来，通身汗流，便悟得"北斗面南看"。遂见敬，敬问："什么人这么来？"某答："非自非他。"又问："非自非他，毕竟是什么？"答云："饥来吃饭，困来打眠。"自是下语作颂，都无滞碍，唯尚有向上一路，不得洒落。

后入香岩山中过夏，被蚊子咬，两手不定，因念：古人为法忘躯，何怖蚊子？尽情放下，咬定牙关，捏定拳头，单提"无"字。忍之又忍，不觉身心归寂，如一座屋倒却四壁，体若虚空，无一物可当情！辰时一坐，未时出定，自知佛法不误人，自是工夫不到。

然虽见解明白，尚有微细隐秘妄想未尽，又入光州山中习定六年；六安山中又住六年；光州山中又住三年，方得颖脱。

十二、疑情的要义与功能

如前所述，学者在接下公案参究之前，必须先有如下的装备：

（一）发起一种至诚的意欲，誓必解除业力的缠缚和生活的痛苦不可；

（二）切要明白，佛徒生活的目的在于悟道，以使悟的意境臻于圆熟；

（三）切要明了，一切知解努力皆无法达到这个目的，这也就是说，必须以一种最最灵活的办法解决存在的究极问题；

（四）深信开悟就是觉醒埋藏吾人内心深处的佛性；

（五）要有一种强大的追询精神（疑情），不到体验自身的佛性，绝不罢休。

学者如果没有上列五重装备，要使公案的参究达到成功的目标，恐无指望。

纵使是在性情上有此资格了，他也许因为不信公案为达到这个目标最有效的利器而无法踏上成功的道路。可能的情形是，华严宗或天台宗的修法，净土宗的念佛或日莲宗的"题目"（the Daimoku），也许对他更有吸力。这便是由于前世业力的牵引而起，可以称为宗教秉性（reli-Gious idiosyncrasies）的特性当家的地方了。倘果如此的话，他便因为不能作为一个成功的禅徒而另寻解脱之道了。

即使是在禅者之中，也有视公案为虚构之物而不加采信的人；岂止如此，他们甚至还更进一步宣称，悟的本身是一种多余的外物，不在禅的本来系统之内。日本曹洞宗下的绝大多数信徒，都属于这种公案抨击者的一类。人们对于公案效果和开悟经验之所以有如此分歧的看法，主要出于曹洞和临济宗下的信徒对于禅作了不同的哲理解说。单就习禅而言，曹洞和临济两宗的学者都是达摩和慧能的子孙。

且不论说法如何，一个人如果要参究公案，并以公案求得开悟经验的话，那他就得相信公案可以使他达到这个目标才行。现在的问题是：一则公案——至少是第一则公案——究竟怎样打入一个人的意识境域之中，乃至在他努力解答它的意义的时候占据意识的中心呢？显而易见的，公案的里面并无逻辑的义理可说，因为，它的显著目标就在切断每一条思维和想象的路线。举例言之：学者接到"无"这个公案之后，他该怎样对付它呢？毫无疑问的是，他是不可思考它的，因为，逻辑的思考这条路对它是行之不通的。"无"这个公案，就其既不可与狗子的关系着想，亦不可与佛性的关系着想而言，是不会产生任何意义的；它只是个纯一无杂的"无"。这个公案既不否定，亦不肯定狗子有无佛性——尽管赵州在答复这个问题时用了"无"字。这个"无"字一旦被作为一则公案交给初学参究之后，它便成了一个独立无倚的东西；而这便是将它作为一种开眼之器加以利用的禅师们自始就宣布了的。

"柏树子"公案亦然。它只是个"柏树子"，与"如何是祖师西来意"这个问题，没有任何逻辑上的关系。此外，它与泛神论的存在观亦无任何干涉——尽管人们往往认为那是佛教徒的世界观。那么，请问：当这个公案被作为一把开启禅家奥秘的钥匙交给我们运用时，我们对它应该抱持怎样的心态呢？

大体而言，对于一则公案，被用以描述此种心态的中国文字和片语，约有下列几个："提起"（意指 to lift），"提撕"（to hold up），"提掇"（to raise），"看"（to see, to regard, to hold before the eye）；"参"（to be concerned with, to refer to）；"参究"或"体究"（to investigate, to inquire into）；"做工夫"或"做功夫"（to seek a clue, to search for a solution, to exercise one's mind on a subject）；"崖"或"涯"（to examine）。所有上述术语的用意，皆指："将一则公案继续不断地置于一个人的心眼之前，以使他继续不断地努力寻出一条线索而得看清它里面所含的秘密。"

"举起"和"参究"这两个方法，不妨视为一种；因为，将一则公案举起在心眼之前的唯一目的就是看清它里面的意义。当你坚持如此用功时，以客观的方式在"无""柏树子"或"麻三斤"等等公案之中寻求的这种意义，便会自动使它自己剥脱而出——当然，并非从这个公案剥脱而出，而是从学者自己的心中剥脱而出。这就是公案与参究的心灵完全合而为一，而它的意义亦有由此种合一（打成一片）自动呈现出来的时刻。

因此，如果说，公案是让人体会的，这话也许不太适当。为什么？因为，在体会的当儿，公案与心灵是不分的。但如果说，心灵理解它自己，这话也不适当。为什么？因为，这种理解是一种反映，是一种事后的结果；因为，心灵乃是理解的重建作用。此时，其间还没有判断，没有主词，没有宾词；此时只有这样的一个惊叹："啊！"这里所用的中文术语十分生动："团地一下"或"喷一地一发"，含有"冲口而出"的意思。当此之际，便是"打失布袋""打破漆桶""忽然曝地断""忽然啐地折""爆的一声"，以及"烁破太虚空"等等的时节。

公案参究中经常用"凝注"或"集中"（concentration）一词，但实际说来，"凝注"或"集中"并非公案参究的真正要点——虽然，这种情况自然会随之而来。参究公案，最最紧要的东西，是契会公案意义的意志或意欲——对于此点，目前尚无适当的表词可用。这个意欲或疑情一旦发生了坚强而又持久的作用，所参的公案必然就会毫无间断地呈现在学者的眼前，而所有一切其他的意念自然就被扫出意识的境域之外。此种排他和扫除作用，乃是一种副产品，或多或少有些意外收获的性质。这就是公案参究与纯然的凝注以及印度禅那（亦即止观）不同的所在。

现在，我们可以看出有两种不同的集中或凝注方式了：其一似以机械的作用而致，其一系以凝情的强化而成，虽是不可避免的必然现象，但本质上亦属意外的结果。无论用哪一种方式，集中或凝注一旦达到了合一的境地，其必然的结果，便是悟的终于爆发。但纯正的禅离不了疑情的升起，这可从下面所引的记述见出端倪。

公案的早期提倡者之一——大慧禅师，曾经不断地强调此点，因为，我们可从他那名为《大慧普说》的讲录中看出他不时提出此点。试看下面的语句："拈出你的平生疑处，贴在你的额头上。""毕竟是圣？是凡？是有？是无？将你的话头推到极处。不要怕落空：看看那个会怕的是什么。毕竟是空？非空？"

大慧从未教我们只是将一则公案举起在心上；相反，他教我们以一种纯然的疑情之力占据注意力的中心，借用他的话说，"此事如大火聚，能烧太末虫，婴之则丧身失命！"如果没有这种富于哲学色彩的疑情作为推进之力，无论什么公案都无法举到它在意识前面的位置上面。因此，禅师们几乎异口同声宣称的一句话便是："参禅之要，在起疑情；大疑大悟，小疑小悟；不疑不悟；是以，应从致疑一则公案开始。"

下面，我们且听听高峰原妙（1238—1295）的说法：

山僧寻常教人做工夫，看个"万法归一，一归何处"公案。看时须是发大疑情："世间一切万法，总归一法。'一'毕竟归在何处？"向行、住、坐、卧处、着衣、吃饭处、屙屎、放尿处，抖擞精神，急下手脚。但怎么疑："毕竟一归何处？"决定要讨个分晓！不可抛在无事甲里，不可胡思乱想：须要绵绵密密，打成一片——直教如大病一般。吃饭不知饭味，吃茶不知茶味，如痴如呆，东西不辨，南北不分！工夫做到这里，管取心华发明，悟彻本来面目；生死路头，不言可知！

到了十五世纪末期的古音净琴禅师，对于公案参究的用功，则作如下的开示：

> 学道人当截断诸缘，摒息杂念，单提本参话头，于行、住、坐、卧、苦、乐、逆、顺，一切时中，不得忘失：
>
> 善恶境缘，皆由不正思惟；但只瞑目静坐，心不精采，意顺境流；半梦半醒，或贪着静境，致见种种境界。
>
> 若是正因衲子做工夫，当睡便睡，一觉便醒；起来抖擞精神，摩挲两眼；咬定牙关，捏紧拳头；专心正念，切切偲偲；疑来疑去，到山穷水尽时节，忽然疑团迸散，顿见自己一段本地风光，非从人得！

天琦本瑞禅师[①]，教人参禅的话则是：

> 除去心中诌曲，截断人我，贪、瞋，直教一念不生，万缘顿息，然后向此干干净净处提个话头："万法归一，一归何处？""一归何处？毕竟一归何处？"
>
> 或上下通参，或前后考究，或单追"何处"，举定不令浮沉；字字明白，句句皆参；其目如睹，其耳如听；审定参详，念念相续，心心无间，绵绵不绝，密密常然。若有一句不参，只这一句便是妄念；唯其不参，所以为妄，亦名狂念。
>
> 今时学者，一味去念，齐声啰喊，只图其熟，故不肯参。若然不参，直饶念到弥勒下生，也只讨得一场口滑！又不识羞，更道："我不提自提，不举自举！"如何不得开悟？

---

① 语见《皇明名僧辑略》。

大众，决不是教你念话头，决不是教你炼昏沉。纵然不睡，又中何用？也只是个精魂！

这段生涯，决不是这个道理！你莫错用其心！吾今告汝：莫生疑谤！我终不以狂言诈语，图名受利，误赚诸人！

不是教你不念话头，不是教你不炼昏沉。你若不参话头，炼到尽未来际，又且如何？终是蒸砂作饭，纵经尘劫，只名热砂，决不成就！

欲求开悟，须是大起参情，参究："一归何处？"念中起参，参中起念；一挨一拶，一拶一挨；无缝无隙，无空无缺。因其参情绵密，日用之中，自然行不知行，住不知住，坐不知坐，卧不知卧，东、西不辨，南、北不分，不知有六根、六尘，大忘人世，昼夜一如！

若不参情结秀，凭何得个废寝忘餐，至此境界？倘到这地面，不可便为工夫；猛著精彩，更加一拶，直得虚空粉碎，万象平沉；又如云消日出，世间、出世间，独露无私；信手拈来，无有不是；千圣万贤，笼罩不住；复看生死涅槃，果如作梦！到这里，方信说话苦口相劝，元来的实不虚！

大众，但办肯心，必不相赚！

楚山绍琦说：

但将平日所蕴一切知见扫荡干净，单单提起一句"阿弥陀佛"，置于怀抱，默然体究，当时便起疑情："这个念佛的毕竟是谁？"反复参究：不可作"有无"卜度，又不得将心待悟；但有微尘些许妄念存心，皆为障碍，直须打并，教胸中空荡荡无一物，而于行、住、坐、卧之中，乃至静、闹、闲、忙之处，都不用分别计较——但要念念相续，心心无间；久久工夫纯一，自然寂静轻安，便有禅定现前！

倘正念不得纯一、昏散起时，亦不用将心排遣：但将话头轻轻放下，回光返照，看这妄想、昏沉从什么处起？只此一照，则妄想昏沉当下自然顿息！日久坚持此念，果无退失，蓦然工夫入妙，不觉不知一拶，疑团粉碎，历劫尘劳当下冰消瓦解，只个"身心"二字亦不可得矣！于这不可得处豁开顶门正眼，洞彻性空源底，自常点首一笑，始知涅槃、生死、秽土、净邦，俱为剩语！到此，始信山僧未曾有所说也！

更须向真正钳锤下搂空悟迹，掀翻窝臼，然后证入广大、甚深、无碍、自在、不思议解脱三昧境中，同佛受用：以斯治国泽民，则可以垂拱无为而坐致太平者矣！以此超脱生死，则应用施为而无不可者也！

毒峰季善① 出世于十五世纪的下半叶，经常提倡由疑起悟的法门，略见下面所引：

果欲了脱生死，先须发大信心，立弘誓愿：若不打破所参公案，洞见父母未生前面目，坐断微细现行生死，誓不放舍本参话头，远离真善知识、贪逐名利！若故违此愿，当堕恶道！发此大愿，防护其心，方堪领受公案。

或看"无"字，要紧在"因甚狗子无佛性"上著力；或看"万法归一"，要紧在"一归何处"；或参究念佛，要紧在"念佛的是谁"，回光返照，深入疑情。

若话头不得力，还提前文，以至末句，使首尾一贯，方有头绪可致疑也。疑情不断，切切用心，不觉举步翻身，打个悬空筋斗，却再来吃棒！

空谷景隆禅师（传见袾宏所编的《皇明名僧辑略》），似乎是一位提倡参禅与念佛的宗匠，但就其劝令弟子力参公案而言，他则主张以疑情

---

① 他的传记载于袾宏所编的《皇明名僧辑略》。他因闻钟有省，说偈曰：

沉沉寂寂绝施为，触著无端吼似雷。

动地一声消息尽，骷髅粉碎梦初回！

为其持续之力，因为他曾表示公案必须"默默参究"，"无"字必须"愤愤然"决定"要明"，学者必须如此自念："因有心身，此心存活；死了烧了，何处安身？"若要切知"一归何处？"学者必须回光返照，切实究明究在何处[①]。

所有上列各位禅师，都是元末明初、公案制度成为一种定法的时代的人；他们都一致同意，对于公案的意义，或如此追询精神本身，保持一种坚强的"疑情"，是参禅的要点。公案并不只是像磁石一般，将吸住一个人全部心力的东西举在他的心眼之前而已；这种举起的作用必须得到强而有力的精神潜流的维持和支援才行，否则的话，如果没有此种后援，这种"举起"就变成一种机械作用而失去它的创造之力了。

我们也许要问：这种机械的方法为何没有与禅的精神完全相合呢？为何偏重此种疑情的办法呢？在参究公案的过程当中何以要一直保持疑问的精神呢？这与由此而来的开悟本身的性质有何关系呢？禅师们之所以一致强调疑情的重要性，在我看来，是因了如下的一个事实：公案参究的最初目的，在于唤起曾在早期禅者心中自然成熟的那种禅悟意识。此盖由于，这些早期禅者，在尚未习禅之前，几乎全都是优秀的佛教哲学的学者；而正因为他们对教理实在太熟了，这才终于无法感到满足；因为，他们终于体会到，除了纯然的分析和知识的理解之外，尚有更深一层的东西含在它的教义里面。因此之故，他们想要窥探幕后真相的意欲，大都十分热切。

总是藏在万象背后，但可在吾人心中体会到的那个"心""佛性"，或者"潜意识"，究系什么呢？他们极欲以直觉或直观的办法直接体会到它，就像一切诸佛所做的一样。在这种求知意欲的驱使之下，亦即在这种"究系什么"的疑情的驱策之下，他们那样热切而又坚持不懈地回光返照，结

---

① 袾宏对景隆的"念佛"观作有如下的评述："诸师多教人参'念佛是谁？'唯师云：'不必用此等法。'随病制方，逗机施教，二各有旨，不可是此非彼！"此盖由于空谷曾在一封信内作此表示，并教人"只用平常念去。"

果，终于叩开了封闭秘密的大门而得到了恍然大悟。如此持续不断地叩门，乃是使他们的禅悟意识得以成熟的一种先决条件。

参禅的目的就是以一种方便的办法促成这种强烈的意境，因为，禅师们总不能坐着等待禅的天才自动自发地、因而难得一见地从他们那些魄力较次的弟兄之间脱颖而出啊[1]！除非禅的贵族性得到相当的调和，以使中等根基的人亦可得有禅师的生活境界，否则的话，禅的本身很快就会从菩提达摩及其门徒苦心孤诣地加以培植、使之根深蒂固的这个国土上面消失了。由此可见，禅必须民主化了，这也就是说，必须系统化或体系化了。

保宁仁勇禅师[2]，在他的一篇讲录中表示：

> 山僧二十余年挑囊负钵，向寰海之内参善知十数余人。自家并无个见处，有若顽石相似；参底尊宿，亦无长处可相利益。自此一生，作个有无所解底人。幸自可怜生，忽然被业风吹到江宁府，无端被人上当，推向十字路头，住个破院，作粥饭主人，接待南北。事不获已。随分有盐有醋，粥足饭足。且怎么过时。若是佛法，不曾梦见！

设使所有的禅师，都将他们对禅的看法提得那么高不可攀的话，那又有谁能够继承他们的衣钵，将他们的经验和教法传给后代而"毋令断绝"呢？

---

[1] 空谷景隆有言："不参（公案）自悟，上古或有之；自余（如今的人），未有不从力参而得悟者。"

[2] 保宁仁勇禅师，是杨岐方会（寂于 1046 年）的弟子。他在习禅之前，已通天台哲学。后谒雪窦明觉禅师（云门宗下的一位重要角色），后者认其可成禅门大器，故意刺激他，称之为"央庠座主"（讲经的大学教授）。他听了这话，心里非常气愤，下山后向雪窦（寺）拜云："我此生行脚参禅，道不过雪窦（禅师），誓不归乡！"待到他自己终于如雪窦所想的一样，果真成了一位禅师之后，某次上堂说道："看！看！山僧入拔舌地狱去也！"说罢，以手拽舌云："啊耶！啊耶！（这个地狱系为说谎者而设！）"另一次，在上堂时，他见侍者烧香（禅师正式上课之前的一种仪式）之后，便指侍者对大众说道："侍者已为诸人说法了也！"说罢，便径自下座，一句法也没有讲。

石田法薰（1170—1244）说：

> 能行祖道何其少，陡而且深超陷坑。
> 若不伸手助行人，庭前绿苔任其生！①

不用说，禅的这种看法，正是我们不得不祈望于真正禅师的地方，但当禅院的绿苔没有任何人类来踩时，禅的命运将会怎样呢？这条道路必须弄得可以行走、有人问津才行，至少也要弄到相当可行的程度才行：必须设计某种方便的办法，才能吸引一些有心之人，因为，这些人也许有一天会成为禅的真正传灯者哩②！

公案参究一法的兴起，可说是禅宗史上的一种自然发展。因此之故，第一则公案的功用就是以权巧的办法唤起早期禅者以较自发的方式体验到的那种意境。这话的意思是说，使此追究的精神（疑情）达到"集中"或"凝注"的一点。公案没有逻辑的线索让你以知解的办法加以掌握，因此，尚未入道的初学者就只有从逻辑转向心理，从观念转向经验，从他的表面转向他的最内生命了。

诚然，公案确是不用推理的办法，这也就是说，它并不以外力加以阻止；但当公案像"银山铁壁"一样摆在学者眼前，挡住任何思维或想象之后，他就只好放弃推理这条道路了。他必须另找一条进路才行。他不可放弃他的追究精神，因为这就是使他在突破铁壁时愈挫愈奋的法宝。公案只要得到适当的引介，它就不但不会挫折这种追究的疑情，反而会给它更大的激励。

早期禅者之所以对知识的解会感到不满、终而至于求教一位禅师、因而得知他们需要于他的地方，原因就在这种追究的心灵。若没有这种来自

---

① 详见他的"语录"第二卷。
② 禅宗初在中国出现时，具有某种难以接近的特点，这可从菩提达摩在少林寺冷坐九年此一传说得到证明。

内部的不时敦促，他们也就不妨以经论能给他们的哲理教导为满足了。因此之故，这种来自内部的敦促是不可忽视的力量，纵然到了公案参究取代较为自发的禅悟经验之时，依然如此。因此之故，此种"参情"或"疑情"——只是这种出自内部的敦促追究的精神——到了今天，一直都是习禅的第一要著，并未改变。因此之故，禅师们这才苦口婆心地劝勉学者说："看你死了烧了何处安身！"或云："你今抖擞精神，自著精彩，参个万法归一！"或云："须是大起疑情，参究：一归何处？念中起参，参中起念，决不动摇！"或云："看他是个什么境界，是个什么道理？务要讨个分晓！"或云："只持一句本参话头：自疑，自问，自逼，自退，自攻，自究——不许求人说破！不许依义解明！"

学者一旦以此种态度掌握了公案，禅的疑情对他便成了一种活的东西，而公案亦然。所究的问题既然是一种活的、而非死的东西，由此而来的禅悟，也就不得不是一种真正活的经验了。

如果用形而上学的方式加以陈述，我们不妨说，对于疑情之所以坚持不懈地追究下去，系因有一个坚固不拔的信念为其基础：深信每一个众生皆有佛性的妙用。实在说来，引导我们参究"一"之归处的，就是这个佛性本身。学者保持此种疑情，实际上就是佛性的显露。所以，古德有云："信有十分，疑有十分；疑有十分，悟有十分。"并非无因。[1]

"信"与"疑"不但不互相对立，而且相辅相成。古代大师对于公案参究何以那样坚持大疑的道理，如今已经显得可以理解了。可能的是，他们也许并未意识到有个道理活在他们的开示里面。佛性的显露，唯有不息的敲门，始可体认出来，难道如此敲门不是一种参究的疑情吗？中文"疑"这个字，我在此将它译作"追究的精神"（spirit of inquiry），字面上的原意是"怀疑"（to doubt）或"起疑"（to suspect），但在此处，还是将它译为"追究""追询"或"质疑"（to inquire），比较恰当。因此，所谓"大疑"，意思就是"由一种极度强烈的追究精神而来的重大的心灵专注"了。

---

[1]　佛迹愿真禅师引用，语见一本叫作《会元续略》的禅宗史传。

白隐禅师在他的一封信中谈到念佛与参禅（公案）的优劣时曾说：

> 参禅至要，在起疑情，使疑团凝结，故云：大疑之下有大悟；疑有十分，悟有十分。又佛果和尚云："不疑话头，是为大病。"参禅底人，大疑一旦现前，便有打发的时节；百人如此参，便有百人悟去；千人如此参，便有千人悟去；人人如此参，人人皆有归家的时节。
>
> 若得大疑现前之时，只四面空荡荡地，虚豁豁地；不知生，不知死；如在万里层冰之中一般，如坐琉璃瓶里相似，分外清凉，分外皎洁；痴痴呆呆，坐时忘起，起时忘坐。
>
> 胸中无一点情念扰动，浑身只是一个"无"字，恰如长空矗立一般。当此之时，勿怀愁忧，不起分别，只是一股着气拶进，决不稍退，忽然如冰盘掷摧，如玉楼推倒相似，便有从未之见、从未之闻底大欢喜。
>
> ……因此，且努力参个赵州"无"字，看它是何道理。抛开一切情念、思想，单单参个"无"字，只要疑情不散，定有大悟到来底时节……因有疑情，才得如此；若无疑情，便不会达到这个顶点，因此，我敢保证，疑情是达到目标的羽翼。[①]

不起疑情的机械式的公案举起法，何以不被禅师们采用的实际原因之一，是由于这种方法只能使学者的心力集中于纯然的文字或音声上面。虽然这也许并不完全是一种坏事，只是，正如我们将要谈到的一样，我们将无法像白隐等人所坚持的一般，达到忽然大悟之前的那种极度大疑、高度集中的阶段。

疑情一旦现前，禅悟的道路不但更易铺好，而且更加踏实，不仅因为禅悟是使疑情得到满足的东西，尤其要紧的是，疑情可以唤醒埋藏吾人生命根底的信心。禅师有言"有信即有疑"，这也就是说，只要有信心，就会有疑情，因为疑即是信。应该在此说明的是，就参禅而言，起疑或追究，

---

① 节自白隐禅师所著一本名叫《远罗天釜》的著述，对于该著，本书将不时援引。

并非表示否定或不信，而是意欲看个究竟，抛开介于能看与所看之间的一切，与要看的那个东西的本身作直接的接触。此时，学者虽然还不知道要看的究竟是个什么样的东西，但他已经相信它就在自己里面了，单是言语的形容或理智的说明，无法使他感到满足；他所信的东西，不能因此而得到证实。意欲得到实证，要使他的信心得到坚固而又究竟的建立，就像感官知觉所晓的一样，意在唤醒一种疑情———一种追究的精神，而这种疑情的要义，便是禅师们坚持主张的要点。由此可见，机械地复诵公案，便可说与禅的精神不相为谋了。

有一篇名叫《博山和尚参禅警语》的文章成于明末时代 ①，对于疑情的问题有详细的讨论。下面所引，是这方面的一个节要：

做工夫，最初要发个破生死心坚硬，看破世界身心，悉是假缘，无实主宰：若不发明本具底大理，则生死心不破；生死心既不破，无常杀鬼念念不停，却如何排遣？将此一念作个敲门瓦子，如坐在烈火焰中求出相似：乱行一步不得，停止一步不得，别生一念不得，望别人救不得！当恁么时，只须不顾猛火，不顾身命，不望人救，不生别念，不肯暂止，往前直奔！奔得出，是好手！

做工夫，贵在起疑情，如生不知何来，不得不疑来处；死不知何去，不得不疑去处。生死关窍不破，则疑情顿发，结在眉睫上，放亦不下，趁亦不去！忽朝打破疑团，生死二字是什么闲家具！恶。古德云："大疑大悟，小疑小悟，不疑不悟。"

做工夫，把个"死"字贴在额头上：将血肉身心如死去一般，只有要究明底这一念子，现前这一念子如倚天长剑，若触其锋者，了不可得；若淘滞磨钝，则剑去久矣！

做工夫，最怕耽着静境，使人困于枯寂，不觉不知：动境人厌，静境多不生厌。良以行人一向处乎喧闹之场，一与静境相应，如食饴

---

① 该文的作者是无异元来禅师（1575—1630）。

食蜜，如人倦久喜睡，安得自知耶？外道使身心断灭，化为顽石，亦从静境而入。良以岁久月深，枯之又枯，堕于无知，与木石何异？吾人或处于静境，只要发明衣线下一段大事，不知在静境始得；于大事求其静相了不可得，斯为得也。

做工夫，要中正劲挺，不近人情：苟循情应对，则工夫做不上，不但做不上，日久月深，则随流俗阿师无疑也！做工夫人，抬头不见天，低头不见地；看山不是山，看水不是水；行不知行，坐不知坐；千人万人之中，不见有一人；通身内外，只是一个疑团。可谓搅浑世界。疑团不破，誓不休心！此为工夫紧要。何谓"搅浑世界"？无量劫来，本具的大理，沉沉寂寂，未曾动着，要在当人抖擞精神，天旋地转，自有波翻浪涌一段受用！

做工夫，不怕死不得活，只怕活不得死：果与疑情厮结在一处，动境不待遣而自遣，妄心不待净而自净：六根门头，自然虚豁豁地，点着即到，呼着即应——何愁不活耶？工夫做得上，如挑千斤担子，放亦不下；如觅要紧的失物相似，若觅不着，誓不休心！其中但不可生执、生着、生计：执成病，着成魔，计成外。果得一心一意，如觅失物相似，则三种泮然没交涉——所谓"生心动念，即乖法体"矣！

做工夫，举起话头时，要历历明明，如猫捕鼠相似。古所谓："不斩黎奴誓不休！"不然，则坐在鬼窟里，昏昏沉沉，过了一生，有何所益？猫捕鼠，睁开两眼，四脚撑撑，只要拿鼠到口始得；纵有鸡犬在傍，亦不暇顾！参禅者亦复如是：只是愤然要明此理，纵八境交错于前，亦不暇顾！才有别念，非但鼠，兼走却猫儿！

做工夫一日，要见一日工夫：若因因循循，百劫千生，未有了的日子！博山当时，插一枝香，见香了便云："工夫如前，无有损益！一日几枝香耶！一年若干许香耶！"又云："光景易过，时不待人；大事未明，何日得了！"由此痛惜，更多加策励。

做工夫，不可在古人公案上卜度，妄加解释：纵一一领略得过，与自己没交涉！殊不知古人一语一言，如大火聚，近之不得，触之不得，何况坐卧其中耶？更于其间分大分小，论上论下，不丧身失命者几希！……

做工夫，不得沾着世法。佛法中尚沾着一点也不得，何况世法耶？若真正话头现前——履冰不见寒；踏火不见热；荆棘林中横身直过，不见有挂碍——始可在世法中横行直撞！不然尽被境缘转将去，欲得工夫成一片，驴年也未梦见在！做工夫人，不得寻文逐句，记言记语，不但无益，与工夫作障碍，真实工夫返成缘虑，欲得心行绝处，岂可得乎？

做工夫，最怕比量。将心凑泊，与道转远；做到弥勒下生去，管取没交涉！若是疑情顿发的汉子，逼塞虚空，不知有虚空名字；如坐银山铁壁之中，只要得个活路！若不得个活路，如何得安稳去？但恁么做去，时节到来，自有个倒断。

近时有等邪师，教学者不在工夫上。又云："古人未尝做工夫。"此语最毒，迷误后生，入地狱如箭射！大义禅师坐禅铭云："切莫信道不须参，古圣孜孜为指南。虽然旧阁闲田地，一度赢来得也未？"若不须参究，便云"得理"，此是"天生弥勒"，"自然释迦"。此辈名为可怜悯者，盖自己不曾参究，或见古人一问一答便领悟去，遂将识情解将去，便诳妄于人！或得一场热病，叫苦连天，生平解的用不着；或到临命终时，如螃蟹入汤锅：手忙脚乱，悔之何及？

黄檗禅师云："尘劳迥脱事非常，紧把绳头做一场：不是一番寒彻骨，争得梅花扑鼻香？"此语最亲切——若将此偈时时警策，工夫自然做得上；如百里程途，行一步则少一步；不行，只住在这里，纵说得乡里事业了了明明，终不到家，当得什么边事？

做工夫，要紧是个"切"字："切"字最有力，不切则懈怠，为懈怠生，则放逸纵意，靡所不至。若用心真切，放逸、懈怠，何由得生？当知"切"之一字，不愁不到古人田地，不愁生死心不破；舍此"切"字，别求佛法，皆是痫狂外边走，岂可与做工夫同日而语耶？"切"之一字，岂但离过？当下超善、恶、无记三性：一句话头，用心甚切，则不思善；用心甚切，则不思恶；用心甚切，则不落无记——话头切，无掉举（散乱）；话头切，无昏沉；话头切，则不落无记。"切"之一字，是最亲切句；用心亲切，则无间隙，故魔不能入；用心亲切，不生计度有无等，则不落外道。做工夫人，行不知行，坐不知坐，谓话头现前，疑情不破，尚不知有身心，何况行坐耶？

做工夫，最怕思惟做诗、做偈、做文赋等——诗偈成，则名诗僧；文赋工，则成文字僧，与参禅没交涉。凡遇着逆顺境缘，动人念处，便当觉破，提起话头，不随境缘转始得。或云："不打紧。"这三个字最是误人，学者不可不审！做工夫人，多怕落空。话头现前，那得空去？只此怕落空的，便空不去，何况话头现前耶？

做工夫，疑情不破，如临深渊，如履薄冰。毫厘失念，则丧身失命；如疑情不破，则大理不明；一口气不来，又是一生被中阴牵引，未免随业识去，改头换面，不觉不知！由此则疑上更添个疑。提起话头：不明，决定要明！不破，决定要破！譬如捉贼，须是见赃始得！

做工夫，不得将心待悟：如人行路，住在路上待到家，终不到家；只须行到家——若将心待悟，终不悟；只须逼拶令悟。若大悟时，如莲花忽开，如大梦忽觉！良以梦不待觉，睡熟时自觉；花不待开，时节到自开；悟不待悟，因缘会合时自悟。余云："因缘会合时，贵在话头真切，逼拶令悟；非待悟也。"又悟时如披云见天而廓落无依，天旋地转，又是一番境界。

做工夫，要紧要正，要绵密，要融豁：何谓"紧"？人命在呼吸，大事未明，一口气不来，前路茫茫，未知何往，不得不紧。古德云："如麻绳着水，一步紧一步。"何谓"正"？学人须具择法眼，三千七百祖师，大有样子；若毫厘有差，则入邪径。经云："唯此一事实，余二则非真。"何谓"绵密"，眉毛与虚空厮结，针扎不入，水洒不湿，不容有毫厘间隙；若有毫厘间隙，则魔境乘隙而入。古德云："一时不在，如同死人！"何谓"融豁"？世界阔一丈，则古镜阔一丈；古镜阔一丈，则火炉阔一丈；决不拘执住在一处，捉定死蛇头；亦不系坠在两头，芬芬荡荡。古德云："圆同太虚，无欠无余。"真到融豁处，则内不见有身心，外不见有世界，始得个入头。"紧"而不"正"，则枉用工夫；"正"而不"紧"，则不能入。既入，须要绵密，始得相应；既相应，须要融豁，方为化境。

做工夫，着不得一毫别念，行、住、坐、卧，单单只提个本参话头，发起疑情，愤然要讨个下落。若有丝毫别念，古德所谓"杂毒入心"，岂但伤身命，且伤乎慧命，学者不可不谨！余云"别念"，非但世间法，除究心之外，佛法中一切好事，俱名"别念"；又岂但佛法中事，于心体上，取之舍之，执之化之，皆"别念"矣！

做工夫人，多云："做不上。"即此"做不上"便做去；如人不识路，便好寻路；不可云寻不着路，便休也。如寻着路的，贵在行，直至到家乃可尔；不得在路上，跕着不行，终无到家日子。

做工夫，做到无可用心处，万仞悬崖处，水穷山尽处，罗纹结角处，如老鼠入牛角，自有倒断也。做工夫，最怕一个伶俐心；伶俐心为之药忌，犯着些毫，虽真药现前，不能救耳！若真是个参禅汉，眼如盲，耳如聋，心念才起时，如撞着银山铁壁相似。如此，则工夫始得相应耳。工夫做得真切，将身心与器界炼得如铁橛子相似，只待渠爆得断、辛得折，更要撮得聚始得。

做工夫，不怕错，只怕不知非。纵然行在错处，若肯一念知非，便是成佛作祖底基本，出生死底要路，破魔网底利器也。释迦大师于外道法一一证过，只是不坐在窠臼里，将"知非便舍"四个字，从凡夫直到大圣地位。此意岂但出世法？在世法中，有失念处，只消个"知非便舍"，便做得一个净白底好人。若抱定错处为是，不肯"知非"，纵是活佛现前，救他不得！

做工夫，不可避喧向寂，瞑目合眼，坐在鬼窟里作活计。古所谓"黑山下坐，死水浸！"济得什么边事？只须在境缘上做得去，始是得力处。一句话头，顿在眉睫上，行里坐里，着衣吃饭里，迎宾待客里，只要明这一句话头落处，一朝洗面时，摸着鼻孔，原来太近，便得个省力。

做工夫，最怕认识神为佛事：或扬眉瞬目，摇头转脑。将谓有多少奇特！若把识神当事，做外道奴也不得！做工夫，正要心行处灭，切不可将心凑泊，思惟问答机缘等。洞山云："体妙失宗，机昧终始。"便不堪共语也！若大理彻时，一一三昧从自心中流出，思惟造作，何尝霄壤也！工夫不怕做不上，做不上要做上，便是工夫。古德云："无门，解脱之门；无意，道人之意。"贵在体悉个入处。若做不上便打退鼓，纵百劫千生，其奈尔何？疑情发得起、放不下，便是上路。将"生死"二字贴在头上，如猛虎赶来，若不直走到家，必丧身失命！犹可住脚耶？

做工夫，只在一则公案上用心，不可一切公案上作解会：纵能解得，终是"解"，非"悟"耶！《法华经》云："是法非思量分别之所能到。"圆觉云："以思惟心测度如来圆觉境界，如将萤火热须弥山，终不能得。"洞山云："拟将心意学玄宗，大似西行却向东！"大凡穿凿公案者，须皮下有血、识惭愧始得！

做工夫，提起话头，只是知疑情打不破，必竟无第二念，决不可向经书上引证，牵动识情；识情一动，则妄念纷驰，欲得言语道断、心行处灭，安可得乎？"道不可须臾离，可离非道也！"工夫不可须臾间断，可间断非工夫也。真正参究人，如火烧眉毛上，又如救头然，何暇为他事动念耶？古德云："如一人与万人敌，觌面那容眨眼看？"此语做工夫最要，不可不知！

做工夫，自己打未彻，只可办自己事，不可教人。如人未到京城，便为他人说京城中事，非但瞒人，亦自瞒耳！

做工夫，晓夕不敢自怠：如慈明大师夜欲将睡，用引锥刺之，又云："古人为道，不食不寝，余又何人耶？"……工夫或得轻安，或有省发，不可便为悟也。博山当时看船子和尚"没踪迹"句，一日因阅"传灯"，见赵州嘱僧云："三千里外逢人始得！"不觉打失布袋，如放下千斤担子！自谓大悟，逮见宝方，如方木逗圆孔，始具惭愧！若悟后不见大善知识，纵得安逸，终是末了。宝方勉余偈云："空拶空兮功莫大，有追有也德犹微。谤他迦叶安生理，得便宜处失便宜！"此是百尺竿头进步句，衲僧辈不可不审！……

做工夫，不得作道理会：但硬硬参去，始发得起疑情；若作道理会，只是干爆爆底，岂但打不彻自己事，连疑情亦发不起。如人云："器中盛底是何物？实不是彼所指底物。"彼以非为是，便不能发疑，又不但不起疑，即以彼物为此物，以此物为彼物，如此谬解，若不开器亲见一回，则终其身而不可辨也！

做工夫，不可作"无事"会，但愤然要明此理；若作无事会，一生只是个无事人，衣线下一件大事终是不了；如人觅失物相似，若觅不着，便置在无事甲里，无有觅意，纵然失物现前，亦当面错过，盖无觅物意耳！

做工夫，不可作击石火电光会：若光影门头，瞥有瞥无，济得甚事？要得亲履实践，亲见一回始得！若真真得意，如青天白日之下见亲生父母相似，世间之乐事更无过者。

做工夫，不得向意根下卜度，思惟卜度，使工夫不得成片，不能发起疑情。"思惟卜度"四个字，障正信，障正行，兼障道眼；学者于彼，如生冤家相似，乃可耳！

做工夫，不得向举起处承当：若承当，正所谓"颟顸儱侗"，与参究便不相应——只须发起疑情、打教彻，无承当处，亦无承当者，如空中楼阁，七通八达！不然，认贼为子，认奴作郎！古德云："莫将驴鞍桥唤作阿爷下颔！"斯之谓也。

做工夫，不得求人说破：若说破，终是别人的，与自己没相干；如人问路到长安，但可指路，不可更问长安事——彼一一说明长安事，终是彼见的，非问路者亲见也。若不力行，便求人说破，亦复如是。

做工夫，不只是念公案：念来念去，有甚么交涉？念到弥勒下生时亦没交涉！何不念"阿弥陀佛"？更有利益。不但教不必念，不妨一一举起话头，如看"无"字，便就"无"上起疑情；如看"柏树子"，便就"柏树子"起疑情；如看"一归何处"，便就"一归何处"起疑情——疑情发得起，尽十方世界是一个疑团，不知有父母的身心；通身是个疑团，不知有十方世界：非内非外，滚成一团，只待彼如桶箍自爆，再见善知识，不待开口，则大事了毕，始抚掌大笑；回顾念公案，大似鹦鹉学语，亦何预哉！

做工夫，不可须臾失正念：若失了参究一念，必流入异端，往往不返。如人静坐，只喜澄澄湛湛、纯清绝点为佛事，此唤作"失正念"，堕在澄湛中；或认定一个能讲、能谭，能动、能静为佛事，此唤作"失正念"，认识神或将妄心遏捺，令妄心不起为佛事，此唤作"失正念"，将妄心遏捺妄心，如石压草，又如剥芭蕉叶，剥一重又一重，终无了底日子；或观想身心如虚空，不起念如墙壁，此唤作"失正念"。玄沙云："便拟心敛念，摄事归空，即是落空亡外道，魂不散死人！"总而言之，皆失正念故！

做工夫，疑情发得起，更要扑得破：若扑不破时，当确实正念，发大勇猛，"切"中更加个"切"字始得！径山云："大丈夫汉，决欲究竟此一大事因缘，一等打破面皮，性燥竖起脊梁骨，莫顺人情，把自平昔所疑处贴在额头上，常时一似欠人万百贯钱，被人追索，无物可偿，生怕被人耻辱，无急得急，无忙得忙，无大得大底一件事，方有趣向分！"

（以上所引，为"示初心做工夫警语"的节录，似为本书作者婆心、有意介绍读者以自警惕者，但似因本节篇幅所限，未能尽用；除以第一、二两段作为引语之外，只将全文浓缩，并为如下的十个条目，不仅稍嫌简略，且有遗珠之憾！鄙意以为：上录各项，对于有心参禅的读者，可谓字字珠玑，句句紧要，"能使疑情发不起处发起、病根点不破处点破"，真乃"暗路明灯"！且如"精神讲话"一般，颇能"砥砺士气"！与其东寻西找，不如附录于此，以便参考。不知当否？识者谅之！下面尚有"示疑情发不起警语"及"示疑情发得起警语"各十项，亦作如是处理；末附"示参禅偈"十首，可作为学者的座右铭。下面是本书作者所列的条目。——译者）

促使疑情成熟之法，约如下述：

（一）不虑世事。

（二）不贪静境。

（三）不为琐事所困。

（四）时时自警，如猫捕鼠。

（五）集中精神，专究公案。

（六）不于无可解释处妄求知解。

（七）不以聪明伶俐对之。

（八）不作"无事"解会。

（九）不以暂时证明为究竟。

（十）不似念佛、念咒般地念诵公案。

学者如能遵守上列警告，必可发起疑情；否则的话，不但疑情发不起，而且会走入歧路，永远不脱生死束缚，亦即永远没有证悟的可能。

　　做工夫，疑情发不起，便欲寻行数墨，检讨文字，广求知解，将佛祖言教一串穿却，都作一个印子印定，才举起一则公案，便作道理会去，于本参话头上，不能发起疑情，逢人难问着，则不喜。此是生灭心，非禅也。或随声应答、竖指擎拳、引笔疾书，偈颂开示，使人参究，亦有意味，自谓得大悟门。殊不知疑情发不起，皆是识心使然！若肯一念知非，全身放下，见善知识求个入路则可；不然，生灭心胜，久之，则成魔着，殆不可救！

　　做工夫，疑情发不起，于境缘上生厌离，喜到寂静无人处坐去，便觉得力，便觉有意思，才遇着些动处，心即不喜。此是生灭心，非禅也。坐久则与静境相应，冥然无知，绝对绝待。纵得禅定，疑心不动，与诸小乘何所异哉！稍遇境缘，则不自在；闻声见色，则生怕怖；由怕怖故，魔得其便；由魔力故，行诸不善——一生修行，都无所益，皆是最初不善用心，不善起疑情，不肯见人，不肯信人，于静谧处强作主宰；纵遇善知识，不肯一念知非，千佛出世，其奈尔何！

做工夫，疑情发不起，将情识妄想心遏捺，令妄心不起；到无起处，则澄澄湛湛，纯清绝点，此识心根源，终不能破；于澄湛绝点处，都作个工夫理会，才遇人点着痛处，如水上捺葫芦相似。此是生灭心，非禅也。盖为最初不肯参话头，起疑情，纵遏捺得身心不起，如石压草；若死得识心成断灭去，正是落空亡外道！若断灭不去，逢境缘时，即引起识心，于澄湛绝点处，便作圣解，自谓得大悟门——纵则成狂，着则成魔，于世法中，诳妄无知，便起深孽，退人信心，障菩提道。

做工夫，疑情发不起，将身心器界，悉皆空去，空到无管带处，无依倚处，不见有身心，不见有世界，非内非外，总是一空，谓"空"便是"禅"，谓"空"得去便是"佛"——行也是空，坐也是空，空来空去，行住坐卧，如在虚空中行。此是生灭心，非禅也。不着则成顽空，冥然无知；着则成魔，自谓得大悟门，殊不知与参禅总没交涉！若真是个参禅汉，发起疑情，一句话头，如倚天长剑，触其锋者，即丧身失命！若不如是，只饶得一念不起时，只唤作个"空无所知"，非究竟也。

做工夫，疑情发不起，遂将识心揣摩，把古人公案胡乱穿凿去，谓是"全提"，谓是"半提"，谓是"向上"，谓是"向下"，是"君"是"臣"，是"兼带语"，是"平实语"，自谓见解人所不及，纵一一说得道理，与古人一口吐气，此是生灭心，非禅也。殊不知古人一语一言，如嚼棉絮团，使人吞不下、吐不出，岂肯与人生出几多解路，引起人识心耶？若疑情发得起，全身拶入去，此解路识心，不待你死去，自然帖帖地！

做工夫，疑情发不起，将身心看破，纯是假缘，其中自有一物往来，能动能静，无形无相，于六根门头放光动地：散则遍周沙界，收则不立纤尘：向这里一认认定，不肯起疑情，不肯参究，便谓了事人！此是生灭心，非禅也。殊不知生死心不破，将此等为快意，正是弄识神；一朝眼光落地，便作不得主，随识神牵引去，随业受报去。若善业多，则生在人间天上，到四相五衰逼将来，便谓"佛法无灵验"！由此谤法，堕在地狱饿鬼道中，出得头来，知是几多劫数！以此观之，参禅全要见人，若自作主宰，总用不着！

做工夫，疑情发不起，便认定个眼能见、耳能闻、舌能谈、鼻能嗅、手能执着、脚能运奔，是自己一灵真性，向这里度量，谓是悟门，逢人则瞪眼侧耳，手指脚踢，以为佛法！此是生灭心，非禅也。古人唤作"如发癎病相似"！又云："在曲录床上弄鬼眼睛相似！"弄来弄去，弄到四大分散时，则弄不去！更有一等恶见，以此为"奇特"，递代相传；受人供养，无惭无愧；逢人问法，则大喝一声，大笑一场！殊不知从来未曾参究，命根未断；纵行善事，都是魔业，非究竟也。

做工夫，疑情发不起，便欲做有为功行，或做解脱，或行苦行：冬不炉、夏不扇，人来乞衣，便全身脱去，甘心冻死，谓之"解脱"；人来乞食，便自己不食，甘心饿死，谓之"解脱"。更有种种，不可具说；总而论之：皆是胜心所使，诳惑无知！彼无知者，谓是"活佛"，谓是"菩萨"，尽其形命，承事供养！殊不知佛戒中谓之"恶律仪业"；虽是持戒，步步结罪！又有一等，烧身燃臂，礼佛求忏，谓之"功课"，于世法中亦是好事，参究分中，当得什么事？古德云："切莫向他机境求！"谓礼佛是机境，求忏是机境，佛法中一切好事悉机境也。不是教你不行此一切善事，但用心一处，此一切善事，悉能助发滋培善根，他日道眼忽开，焚香扫地，皆佛法也！

做工夫，疑情发不起，便欲散诞去，便欲活泼去：逢人则自歌自舞，自欢自乐；或水边林下，吟咏笑谈；或市井街坊，横行直撞；自谓是个了事人，见善知识开丛林、立规矩：或坐禅或念佛，或行一切善事，则抚掌大笑，生轻慢心、谤渎心。自不能行道，障人行道；自不能讽经礼忏，障人讽经礼忏；自不能参禅，障人参禅；自不能开丛林，障人开丛林；自不能说法，障人说法——凡有善知识出世，设几个难问，向人天众前，多答一句，多问一句，喝一声，打一掌；善知识见彼做鬼戏相似，或不理会，他便向人道："某善知识不会这个道理！"苦哉！苦哉！此是生灭心胜，久之则摄入魔道，造无穷深孽，受魔福尽，堕无间狱！虽是善因，而招恶果，悲矣！

做工夫，疑情发不起，觉得同众人动止不便，太拘束，太烦索，便欲向深山无人处住静去，或向一间房屋里住静去：初则硬作主宰，闭目凝心，跏趺合掌，硬硬做去，或一年二年、一月两月，不见下落；又有一等，坐得两三日，便坐不住，或看书，或散诞，或做偈、做诗，或闭门打睡，外现威仪、内成流俗；更有一等恶少年，不识廉耻、不信因果，潜行贪欲，逢人则恣口肆意，诳妄无知，自言"我曾见善知识来""我得上人法来"，使无知者信受，与彼通好；或结为道友，或招为徒弟；上行下效，自不知非；不肯反省，不肯见人；妄自尊大，大妄语成！此辈名为可怜悯者！今时厌大众、求私室，宁不寒心者哉！若真正学道人，慎勿萌此念！正好向众人中参究，彼此警觉，纵不悟道，决不陷到这般田地！学者不可不警也。

（以上为"示疑情发不起警语"全文，下面是本书作者所列的条目。）

学者可能陷入的歧路：

（一）广求知解，强从公案中求其逻辑的内涵。

（二）厌喧求静，喜到寂无人处坐去。

（三）以妄遏妄，希令妄心不起。

（四）空心静坐，拟将身心器界悉皆空去。

（五）依己知解，穿凿古人公案。

（六）认有一物，出入六根门头、放光动地。

（七）妄以六识，行善行恶。

（八）欲以有为功德，妄求佛果或究竟解脱。

（九）散诞活泼，不守戒律，障自障他。

（十）妄自尊大。自不知非，不肯反省。

如上所列，总而言之，皆因疑情不切，故与公案参究的精神不相为谋。

（下面是"示疑情发得起警语"的全文。）

做工夫，疑情发得起，与法身理相应，见尽大地光皎皎地，无丝毫障碍，便欲承当个事，不肯撒手，坐在法身量边，由此命根不断，于法身中似有见地，似有受用，殊不知全是子想，古人唤作"隔身句"。既命根不断，通身是病，非禅也。到这里。只须全身拶入，承当个大事，亦不知有承当者。古德云："悬崖撒手，自肯承当；绝后再苏，欺君不得。"若命根不断，全是生灭心；若命根断去，不知转身吐气，唤作"堕身死汉"，非究竟也。这些子道理不难会，自是行者不肯见人，若遇着善知识磕着痛处，当下知归，其或未然则伏尸万里也！

做工夫，疑情发得起，与法身理相应，搅浑世界，得波翻浪涌一段受用。行人耽着此受用，推不向前，约不退后，由此不得全身拶入，如贫人遇着座黄金山相似，了了明明知得是金，不能随手受用，古人唤作"守宝汉"，通身是病，非禅也。到这里，只须不顾危亡，始得与法相应，天童所谓"普周法界浑成饭，鼻孔累垂信饱参"！若不得"鼻孔累垂"，如坐在饭箩边饿杀，大海里渴杀，济得什么边事？所以道："悟后只须见人。"如古德悟后见善知识，大有样子；若自承当个事，不肯遇人抽钉拔楔，皆唤作"自欺底汉"耳！

做工夫，疑情发得起，与法身理相应，看山不是山，见水不是水，尽大地富塞塞地，无纤毫空缺处，忽生一个度量心，似障了面前，障了身心；提亦不起，扑亦不破；提起似有，放下似无；开口吐气不得；移身换步不得；正恁么时亦不得：到这里通身是病，非禅也。殊不知古人用心纯一，疑情发得起，看山不是山，见水不是水，不生度量心，不起别念，硬硬逼拶去，忽朝打破疑团，通身是眼，看山依旧山，见水依旧水；山河大地，从什么处得来？求纤毫悟迹，了不可得。到恁么田地，只须见人；若不见人，枯木岩前，歧路中更有歧路！到此不蹉跎，不被枯木桩绊倒者，博山与他结个同参！

做工夫，疑情发得起，与法身理相应，便沉沉寂寂去，休去歇去，一念万年去，将疑情钝置法身理中，不得受用；一向死去、无回互、无管带、没气息，全被死水里浸杀，自谓之"极则"，遍身是病，非禅也。石霜会下如此用功者极多；纵坐脱立亡，不得受用。若受得钳锤，知得痛痒；转得身，吐得气，便是人。若不知痛痒，虽会得法身句，只饶坐断十方，有甚用处？天童所谓："坐断十方犹点额，密移一步看飞龙！"古人大有警语为人处，大有葛藤相委悉，自是人不肯打彻，欲学善知识，在人丛马踏之中、千自由、百自在，得不难乎？

做工夫，疑情发得起，与法身理相应，坐到湛不摇处，净裸裸，赤洒洒，没可把，便放身去，不识转位就机，向这里强立主宰，滞在法身边：通身是病，非禅也。洞山云："峰峦挺异，鹤不停机；灵木迢然，凤无依倚！"当知"峰峦灵木"四个字，太煞玄奥，不是干爆爆地；"不停无依"四个字，太煞活泼，不是死㹩㹩地。若不究到玄微处，则不知入理之深，若不到活泼处，则不识旋机之妙。道人用心，用到无可用处，正好见人，打翻漆桶，得个彻处，岂可抱愚守株，滞在一隅，甘心做笼中之鹤，退毛之凤哉！

做工夫，疑情发得起，与法身理相应，面前隐隐地，似有个物相似；将此隐隐地，疑来疑去，桩定个前境，便自谓入得法身理，见得法界性：不知此等捏目所成，通身是病，非禅也。若真个入理之人，世界阔一丈，古镜阔一丈，横身当宇宙。求其根尘器界了不可得，又将何为"身"？将何为"境"？将何为"物"？将何为"隐隐地"？云门亦指出此病，尚有多文。若明得此一种病，则下之三种病，涣然冰释矣！博山尝谓学者曰："法身中病最多，只须大病一场，始识得病根！"假饶尽大地人参禅，未有一个不受法身病者——惟除盲聋喑哑者，不在此限。

做工夫，疑情发得起，与法身理相应，见古人道："尽大地是沙门一只眼，尽大地是自己一点灵光，尽大地在自己一点灵光里。"又引教中道："一微尘中含无边法界真理。"便向这里领略去。不肯求进益——生不得，死不得，将此解路，谓之悟门：通身是病，非禅也。殊不知纵与理相应，若打不脱，全是理障，堕在法身边，何况被解心牵引，不能入理之深？这个猕猴子捏不死；既捏不死，又安能绝后再苏耶？当知最初发疑情，便要与理相应；既与理相应，要得个深入；既得个深入，须向万仞岩头翻觔斗，打将下来，摆手出漳江，始是大人用心也；不然，尽是掠虚汉，非当家种草也。

做工夫，疑情发得起，与法身理相应，行住坐卧，如在日色里，如在灯影里，淡淡地没滋味，或更全身放下，坐到水澄珠莹之际，风清月白之时，正恁么时，依正报中，都成一片境去，清清净净，伶伶俐俐，自谓之究竟，不得转身吐气，不得入廛垂手，又不肯求人抉择；或向净白界中，别生出异念，谓之悟门：通身是病，非禅也。天童所谓"清光照眼似迷家，明白转身犹堕位！"良以"清光照眼"，岂非"水澄珠莹""月白风清"乎？明白转身，更进得一步，只消"似迷""堕位"四个字，一印印定。行人到此，又作么生区处？只须有大转变，拈一茎草作丈六金身用，未为分外；不然，是钉桩摇橹，渔父栖巢，唤作"没血气汉"，打死千个万个，有什么罪过？

做工夫，疑情发得起，与法身理相应，于法身边生奇特想，见光见华，见种种异相，便作圣解，将此殊异之事炫惑于人，自谓得大悟门；殊不知通身是病，非禅也。当知此等殊异境象，或是自己妄心凝结而成，或是魔境乘隙而入，或是帝释天人变化示现。妄心凝结者，如修净土人观想不移念，忽见佛像菩萨像等，如《十六观经》中说，悉与净土理合，非参禅要门；乘隙而入者，如《楞严经》中五蕴空时，行人心有所着，魔即随意而现。变化示观者，如菩萨修行时，帝释化身现无头鬼，无五脏鬼，菩萨无怖畏心；复现美女身，菩萨无爱染心；复现帝释身，礼拜云："泰山可崩，海水可竭，彼上人者，难动其心。"故云："野人伎俩有尽，老僧不见不闻无穷。"若真参学人，纵白刃交加于前，无暇动念，何况静定中不实境相耶？既与理相应，则心外无境，能观心、所现境，又安在什么处？

做工夫，疑情发得起，与法身理相应，觉得身心轻安，动转施为，不相留碍，此是正偏道交，四大调适。瞥尔如是，非究竟也。彼无知者便放下疑情，不肯参究，自谓得大悟门，殊不知命根不断，纵能入理，全是识心，以识心卜度，通身是病，非禅也。为入理不深，转身太早；虽有深知，不得实用；纵得活句，正好向水边林下保养含蓄，切不可躁进便欲为人，妄自尊大。当知最初用心，疑情发得起，结在一团时，只待渠自己迸开，始得受用；不然，稍有理致，便放下疑情，这里定是死不去，定是打不彻，一生虚过；有参禅之名，无参禅之实。只饶入廛垂手，不妨更见大善知识。彼善知识者，是大医王，能疗重病；是大施主，能施如意。切不可生自足想，不欲见人；当知不肯见人，为执己见，禅中大病无过此者！

（以上是"示疑情发得起警语"的全文，此外尚有"评古德垂示警语"及"示禅人参公案警语"多条——前者略释古人开示真意，后者为对禅徒之个别指导——因文字太繁，不便再录，读者谅之！倘有必要，不妨查寻藏经。下面是本书作者的结语。）

最后，吾人之所以终于能够达到白隐禅师所说的"大疑"，而至"看山不是山，见水不是水"的"凝聚"或"合一境界"，就从运用这种"疑情"而致，此盖由于，到此时，"杂多"便失去了它们的意义，而在学者心中呈现了"同一"的面貌。但这亦只是走向"看山还是山""见水还是水"的最后大悟境界之中的一个阶段而已。如将此种大疑的凝聚状态视为究竟，便没有转身的余地，便没有顿悟的机会，对于究竟的真理便没有透入与洞视的可能，对于生死的系缚便没有割断的希望了。

附录：示参禅偈十首

参禅须铁汉，毋论期与限。

咬定牙齿关，只教大事办！

猛火热油铛，虚空都煮烂。

忽朝扑转过，放下千斤担！
参禅莫论久，不与尘缘偶。
剔起两茎眉，虚空颠倒走！
须弥碾成末，当下追本有。
生铁金汁流，始免从前咎！

参禅莫莽卤，行谊要稽古。
一条弦直心，不遭歧路苦！
捼碎黄龙关，拈却云门普。
这个破落僧，从来不出户！

参禅没主宰，只要心不改。
万汇及尘劳，旋坌谁瞅睬？
坚硬可擎天，勇决堪抒海。
虽然未彻头，管取前程在！

参禅须审细，莫把工程计。
有条便扳条，无条即扳例。
不亲佛与祖，管甚经和偈？
都来一口吞，心空始及第！

参禅发正信，信正魔宫震！
片雪入红炉，赤身游白刃！
只寻活路上，莫教死水浸！
大散关忽开，倒骑毗卢印！

参禅休把玩，倏忽时光换！
至理及玄奥，秦时镀铄钻！

咄哉丈夫心，着手还自判！
百年能几何，莫待临行乱！

参禅无巧拙，一念贵超越。
识得指上影，直探天边月！
劈开胸见心，刮去毛有血。
分明举似君，不会向谁说！

参禅须趁早，莫待年纪老。
耳聩眼朦胧，朝在夕难保！
生平最乐事，到此都潦倒。
佛法本无多，只要今时了！

参禅莫治妄，治妄仍成障。
譬欲得华鲸，管甚波涛漾！
至体绝纤尘，妄心是何状？
谨白参禅者，斯门真可尚！

禅

第二部分

从前一节可以看出，公案对禅悟的作用不可小觑。然而，禅学中还有一种广受认同的禅悟方式——念佛法门。作为禅学的两大参悟与修行路线，公案参究与念佛存在哪些不同？又有什么联系？它们是相辅相成还是互不融合？下面将详细对比分析。

一、公案的参究与念佛

现在，我们应该看看公案参究与念佛法门之间的关系如何了。中国佛教一直沿着参禅与念佛这两条路线发展，因此，如今要谈到它们之间的关系，无异就是要一窥佛徒生活的根本心理事实，不仅如此，同时亦正如我所认为的一样，也是一窥一切宗教生活的内在事实。

在使公案受到机械化处理的各种情况中，我们不妨一述的是念佛法门流行于元代和明代的情形。所谓"念佛"，直译的意思就是"系念于佛"(to think of the Buddha)，而其要点则在念诵"阿弥陀佛"的名号。

纵观历史，追本溯源，我们可以说念佛这个法门与起于印度佛教的初期。在中国，就如今日可得而知之者言之，第一个念佛团体是庐山慧远（寂于416年）所领导的白莲社（the White Lotus Society）。历代佛教的逐渐民主化，使得念佛法门传播了整个中国，与比较贵族化的禅宗并驾齐驱。从表面看来，念佛与参禅这两个法门正好相反，此盖由于禅家绝不仰赖自己以外的任何他人，而念佛的人则以佛陀为唯一的倚靠。但是，我们只要将念佛法门做一个分析，即可看出，在净土信徒所修的持诵佛号当中，亦有某种东西，与禅门行者所修的举起话头（参究公案），颇为相当。而参禅与念佛，以及念佛与参禅之间之所以有互相接近或彼此融通的可能，就是由于具有此种共同的心理基础。

念佛这个法门，起初原非机械的方法；先是系念于佛，而后始有称名的方式出现，只是，正如其他任何事情一样，先是内容决定形式，后来变成形式决定内容了，这也就是说；顺序倒转过来了。信者称佛号，虽不一定会想到佛的本身、他的盛德、他的本愿，但当他反复称颂佛名时，即可在他心中唤起与佛有关的一切记忆和形象。如此，虽不一定会意识到此点，但正因如此更能专注地系念于佛了。如此，则以机械方式开始的称名念佛，如今却转向了意想不到的一个方面。

如此引进的此种新的心理，到了元末，便开始影响到了参禅的学者，因而引起了若干禅师的坚决反对。因为，他们看到了一个危机：公案的参究一变而成佛名的念诵，禅的固有精神和参禅的道理都要遭受破坏了。

即使到了 15 世纪，念佛法门变得非常普遍，乃至侵入了禅院之时，仍然有些禅师抗拒这种法门，劝告他们的弟子参究念佛或称颂佛号的究竟是"谁"。例如，毒峰季善（大概寂于 15 世纪之末）就曾说过：

> ……切切以了生死大事为己重任，抖擞精神，看"这念佛底是谁？"要在这"谁"字上着道，深下疑情，疑"这念佛底是'谁'？"[1]……

楚山绍琦（1404—1473）在给他的一名弟子的信中写道：

> 夫"念佛"者，当知"佛"即是"心"。未审"心"是何物，须要看这一念佛心，从"何处"念起。复又要看破这看的人毕竟是"谁"？

---

[1] 详见云栖袾宏（1535—1615）所编《皇明名僧辑略》。

这里有个入处，便知祖师道："不是心，不是佛，不是物。"是个什么……

这就是禅师们在处理念佛与参禅之间的关系时所用的办法：假如我们要证入禅悟经验的话，就必须保持不断参究的疑情。下面所引元、明两代禅师们的言句，可使我们看出十四、十五世纪思想界的风尚如何。出现于十四世纪初期的天如惟则禅师，是元代的一位重要角色，而毫无疑问的是，他那时代的念佛运动不但十分热烈，而且侵入了禅的领域。对于此种情形，他当然不能等闲视之，因此，他将参禅与念佛之间的差异，以及两者如何无法调和的情形做了一个明白的说明。他在他的"语录"卷二里面写道：

……又有在家、出家诸佛子念佛修净土者，自疑念佛与参禅不同。盖不知参禅念佛不同而同也——参禅为了生死，念佛亦为了生死；参禅者，直指人心，见性成佛；念佛者，达惟心净土，见本性弥陀。既曰"本性弥陀""惟心净土"，岂有不同者哉！经云："譬如大城，外有四门。随方来者，非止一路。"盖以入门虽异，到城则同，参禅、念佛者亦各随其根器所宜而已，岂有异哉！

然而，念佛之中，亦有灵验、不灵验者。何以故？但以口念而心不念者，不灵验也；口与心声声相应，心与佛步步不离者，有灵验也。如今有一种人，手掐数珠，口称佛号，一个妄想狂心东走西走，这个是口念而心不念者，徒费精神，于事何益？莫若以心忆佛，以心念佛，虽然口不出声，却是真念佛也。

岂不见经中道："十方如来，怜念众生，如母忆子。"众生堕在生死海中，如儿子流落他乡外国；佛如慈母，常忆念之：虽不开口向人说其忆念，而其亿念之心自然切切无间断也。子若忆念其母，与母同心，则母子相见有日矣！

是故又云："若众生心忆佛、念佛，现前、当来必定见佛。"现前者，现世也；当来者，来世也。果能如是忆佛、念佛，敢保现世必定见佛也。

既曰"现前见佛"，则与"参禅悟道"何所异哉！

幻住和尚有云："参禅只为明生死，念佛惟图了死生；但向一边挨得入，两条门路不多争。"门路虽不多争，却不许互相兼带：参禅者，单单只是参禅；念佛者，单单只是念佛——若是话分两个，彼此都无成就。古人有个喻子云："譬如脚踏两只船，这边那边都不着；两边不着尚无妨，照顾和身都陷却！"记取！记取！勉之！勉之！

……念佛者只是靠取"阿弥陀佛"四字话头，别无他说。若是初心参禅者，恐未有下手处，未有趣向处。然此亦无他说，只是汝诸人各各有个本来面目，不曾认得这个本来面目，直下与诸佛同体。你十二时中语、默、动、静，行、住、坐、卧，莫不承他恩力，但于此密密体认，即此便是下手处，即此便是趣向处也。便须直下承当，切忌等闲蹉过！

最早将念佛观念引入禅门之中的禅师之一，是永明延寿（寂于975年）。他令禅门行者重视念佛法门，极为认真，以至提出"有禅（参禅）无净土（念佛），十人九蹉路；有禅有净土，犹如带角虎"等所谓的"四料简"来。永明此语的意义究何所指，不易明了，因为，他虽如此强调，却没有将修持的方法告诉我们。这也就是说，参禅与念佛如何同时进行呢？是参禅开悟之后念佛，还是念佛成就之后参禅呢？他却没有说个清楚，因此，我们除非将这个实践的问题求得一个确实的解决，否则的话，就不能随便批驳或拥护他的说法。

我们只能这样说，念佛这个法门，早在十世纪之初就在禅门信徒之间展开了，而身为中国伟大融会家之一的永明延寿，则尝试将佛教各宗纳入他的禅学体系之中，而使念佛法门汇入其间，当然是再自然不过的事情。除此之外，禅之所以不得不听听念佛法门，尚有另一个重大的原因：禅的本身实在太玄了，哲学的意味实在太浓了（虽然，这里所谓的"玄"或"哲学"并非指通常的意义而言），以致完全无视情感生活的一面。禅以悟为则，可以说太耽迷于悟了，以致往往显得过于干枯，以致对人类的无知，对人生的痛苦，乃至对罪恶多端的人世，流不出一滴不得不流的眼泪来。禅就因为如此才不对极乐净土抱持任何希望，而这却是念佛行人十分向往的地方。永明所说禅净必须双修，莫非就是指的此点？下面所录，出于十五世纪之初的空谷景隆，似乎指出了此点——至少是一部分。他说：

> 执守参禅（者），提个话头，自谓守静工夫，更无别事；念佛往生，寅夕礼诵，皆所不行。此所谓"有禅无净土"也。此等参禅，亦非正义；是为守死话头，不异土木瓦石。坐此病者，十有八九，莫之能救！
>
> 禅是活意，如水上葫芦，捺着便转，活泼泼地！故云：参祖师活意，不参死句。如此参禅，不轻念佛往生之道；寅夕礼诵，亦所遵行；左之右之，无不是道——雪峰作典座，杨岐作监寺，籍身劳动，内力参禅。永明参韶国师之禅，大弘念佛之道，所谓内圆而外方；内秘菩萨行，外现是声闻。此所谓"有禅有净土"也……①

这种解释不免有些勉强，只是，当时的念佛法门在不息地挖掘禅家的屋基，却是一个不可否认的事实。由此，我们不久将在下面看出，念佛的心理之中会有一个因素，很容易与公案参究的机械面结成同盟。尽管空谷景隆对于念佛法门抱持上述的态度，视之为"声闻"的修法，但他却进一步认为，就实践真正的佛徒生活而言，念佛与参禅一样有效。

空谷在给另一名弟子的信中（此信显然系为答复念佛问题而写），劝告对方，只是念佛，对于心灵不必抱着一种哲理追究的态度；这也就是说，不必去起疑情。念佛的要点在于：要有信心，只管默然地去念，不必为世间尘劳之事烦心。他说：

> 念佛一门，修行捷径。识破此身不实，世间虚妄，是生死之根；惟净土可归，念佛可恃。

---

① 详见云栖祩宏所编《皇明名僧辑略》空谷景隆"答问"。

紧念慢念，高声低声，总无拘碍；但令身心闲淡，默念不忘；静闹闲忙，一而无二。忽然触境遇缘，打着转身一句，始知寂光净土，不离此处，阿弥陀佛，不越自心！

然若仍将心求悟，反成障碍；佛性是自然之物，不属心思、意解。若见恁么说，你便执个"无心"，又成大病！

但以信心为本，一切杂念，都不随之。如是行去，纵然不悟，殁后亦生净土；阶级进行，无有退转。

优昙和尚命提云："念佛者是谁？"或云："那个是我本性弥陀？"谓是"摄心念佛"（或）"参究念佛"。汝今不必用此等法，只用平常念去。

空谷教人如此念佛而不必以强烈的疑情做后盾，为机械的持名法门开了方便之门。这便是使得白隐师徒激烈反对 14 世纪以后某些中国禅师的原因。

《皇明名僧辑略》《禅关策进》等许多著述的作者，以及受白隐激烈攻击的灵栖袾宏，在空谷景隆的传记后面评述云："诸师多教人参'念佛是谁'，惟师云：'不必用此等法'。随病制方，逗机施教，二各有旨，不必是此非彼。"[1]

得到空谷和云栖等禅师支持的这种称名法门，系以若干心理的事实为其建立的基础，因此，这个问题最好是从念佛的观点而非禅家的立场加以探究。下面，就让我们看看念佛法门所指的真意吧。

二、念佛与称名

所谓"念佛"（Nembutsu or nien-fo or buddhānusmriti），直译的意思是"系念于佛"或"想念佛陀"，被视为"六念处"（一、"念佛"；二、"念法"；三、"念僧"；四、"念戒"；五、"念施"；六、"念天"）之一，又为"五停心

---

[1] 语见《皇明名僧辑略》空谷景隆传后。

观"（修五种观法以停止五种过失之心也：一、"不净观"，观境界不净之相，为停止贪欲之法；二、"慈悲观"，向一切有情观可怜之相，为停止瞋恚之法；三、"因缘观"，观十二因缘三世相续之理，为停止愚痴之法；四、"界分别观"，向诸法而分别六界或十八界，为停止我见之法；五、"数息观"，计呼吸数以停止散乱心之法）之一。笔者未能查出这到底是怎么回事，只知第四观（亦即界分别观），到了智者大师的《法华玄义》中，便被"念佛观"或"观佛观"取代了，据说，观佛之相好能治一切烦恼云。据天台宗智者的一部作品（《释禅波罗蜜次第法门》）表示，此种观法可以消除心灵上的暗昧、思想上的邪恶，以及肉体上的疾苦。

对于佛教徒而言，观想他们的导师，乃是一件非常自然的事情，因为，他的伟大人格感动他们，从某一方面来说，比之他的教义更为深切。当他们追求真理感到不得力时，或者，当他们的心灵受到种种世间诱惑而感到混乱时，强化精神勇气的最佳办法，莫如想念他们的导师。念佛法门起初纯粹是一种精神上的修持，但当名号的神秘力量以更大的感应激扬印度佛徒的宗教想象时，忆念具有盛德的佛陀的念佛法门便让位于称他圣名的称名法门了。正如一位哲学家曾经说过的一样：勿究神名，神即名也。名称跟实质一样有用；有时候，名称比它所代表的那个东西更为有效，因为，我们一旦知道了那个东西的名称，即可驱使鬼神为我们服役。每一种宗教，从有史以来，悉皆如此。阿弥陀佛开悟成佛时，希望他的名号（nāmadheya）传遍大千世界，以使凡闻他的名号者悉皆得救。[1]

但是，此经[2]尚未述及专门称名的修法。有关的语句有：daśabhiś cittot-pādaparivar- taih[3]，为梵本第十九愿，意思是"十次忆念（净土）"；

---

[1] 详见《无量寿经》（*The Sukhāvatiyūha Sūtra*）。

[2] 此系属于净土宗的三部主要经典之一。这三部主要经典是：一、《无量寿经》，讲阿弥陀佛所住的极乐世界及其所发的四十八愿（梵本四十三愿）；二、《观无量寿佛经》（*Sūtra of rhe Meditations on Buddha Amitāyus*），讲释迦牟尼佛教导频婆娑罗王后韦提希修习十六种观想极乐世界及其教主的法门；三、《阿弥陀经》（*The Sūtra of Amitābha*），亦讲极乐世界，通称《小无量寿经》（*The Smaller Sukhāvativyūha*）。"无量寿"与"阿弥陀"（意为"无量光"）同为一佛，并非两位。

[3] 见马克斯·墨勒（Max Muller）所著之书第十五页。

prasannacittā mām anusmareych①，为梵本第十八愿，意思是"以净念，忆念于我"；或者：antaśa ekacittotpādam api adhy-āśayena prasādasahagatena cittam utāpdayanti②，意思是"（一切众生）以虔诚清净心念，乃至只起一念"。此中 Cittotpāda 或 anusmriti——"念（佛）"字，与"称名"或"唱名"并非一事。

早于公元 2 世纪即由后汉支娄迦谶（Lokaraksha）译为中文的《般舟三昧经》（*The Pratyutpanna-Samādhi Sūtra*），也提到西方阿弥陀佛，故而亦被视为净土宗的权威经典之一，其中述及阿弥陀佛的地方有云："菩萨闻佛名字，欲得见者，常念其方，即得见之。"这里所用的一个术语是"念"字，而不是"称"或"唱"字。佛一旦成了观想的一个对象，不论观者属于大乘、小乘、禅宗或是净土宗，都会被观想作为一个人物，不仅可有有形的显示，而且可有精神的感通。

但是，《观无量寿佛经》却教行者念"南无（顶礼、归依）阿弥陀佛"；因为，行者只要称念此佛名号，五百亿劫生死重罪即得消除。又，垂死之人如因病苦剧烈而不能忆念此佛时，只要称念无量寿佛名号即可。《小无量寿经》或《无量寿经》说，一心忆念无量寿如来圣名，临终时至可得一心不乱，安然往生。

龙树菩萨在他所造的《十地经释论》（*Commentary on the Daśabhūmika*）第五章"易行道"中，依照此等经典所开的指示表示：学者如欲疾入不退转地，应以至诚恭敬之心持诵佛名。尽管"持"与"称"或"呼"的字意略有不同，但实际说来，至心持名就是以口默念或朗诵佛名。祈愿的重心由忆念转向称呼，乃是一种自然的历程。

道绰③在其所著的《安乐集》中引用一部经典（《大集月藏经》，为净土学说的主要出处之一）的大意说：一切诸佛悉以如下四法救度众生：

---

① 同上第十四页。
② 同上第四十七页。
③ 道绰（562～645），为净土宗的先驱信徒之一。

一、以口说法，如十二部经之所记述；二、示以相好，如三十二殊胜之相，八十二种随形之好；三、运用神通变化及以道力；四、运用名号，众生只要系心称念，即可消除种种障碍而得生于佛前。

接着，道绰补充说道："计今时众生，即当去佛后第四五百年，正是忏悔、修福、称佛名号时者，若一念称阿弥陀佛，即能除却八十亿劫生死之罪。一念既尔，况修常念？即是恒忏悔人也。"所有一切追随他的信徒，悉皆争先恐后地接受他的这种敬示，而"念佛"与"称名"于焉成了一种东西。

实际说来，称颂佛号，较之系念佛德相好，不但内容更为丰富，而且更有效果。名号代表佛所具有的一切。所谓系念，意指将佛的形象悬于心中，故而颇易引起种种视像上的幻觉。称名的心灵作用，则较倾向于知性的活动，故所得心境自然有别。

在此，我们不妨将称呼佛名的方法分为两种。这也就是说，行者称颂佛名，对其崇拜的对象可有两种不同的态度。一种是带着"圣名即神明"或作为一种法力的意念称颂。在此，名号的本身即被视为能行奇迹的神秘力量。譬如，"法华经观世音菩萨普门品第二十五"说到恭敬礼拜观世音菩萨时有云：

> 若有百千万亿众生，为求金银、琉璃、砗磲、玛瑙、珊瑚、琥珀、真珠等宝，入于大海。假使黑风吹其船舫，飘堕罗刹鬼国。其中若有，乃至一人称观世音菩萨名者，是诸人等皆得解脱罗刹之难，以是因缘，名观世音。

又如

> 若三千大千国土满中怨贼。有一商主，将诸商人，赍持重宝，经过险路。其中一人，作是唱言："诸善男子，勿得恐怖。汝等应当一心称观世音菩萨名号：是菩萨能以无畏施于众生；汝等若称名者，于此怨贼，当得解脱。"众商人闻，俱发声言："南无观世音菩萨！"称其名故，

即得解脱……

皆属此例。

就上举诸例而言，观世音菩萨的名字，不但对于怨贼具有不可思议的法力，就是对于吾人本身的贪欲、瞋恚、愚痴等等恶德，亦有消除之力。不仅如此，它还可以更进一步使行者求得欲求的福慧。这一品的偈子，将观世音菩萨的功德和神力做了一番数述和赞叹之后表示，行者只要常常系念他，亦即只要时常念诵他的名号，即得有求必应。因此之故，真宗（日本净土宗）学者，由此菩萨名号具有不可思议的法力，对于阿弥陀佛的微妙救度神力，究竟出自他的圣名还是出于他的誓愿，发生一次热烈的争论，当是十分自然的事情。

信徒对于称名或念佛所持的另一种态度，以 14 世纪时的一位元代禅师——天如惟则——为其代表。他在他所著的《净土或问》里面说道：

> 念佛者，或专缘三十二相，系心得定，开目闭目，常得见佛。或但专称名号，执持不散，亦于现身而得见佛。此间现见，多是称佛名号为上。称佛之法，必须制心，不令散乱，念念相续，系缘佛号；口中声声唤"阿弥陀佛"，以心缘历，字字分明。称佛名时，无管多少，并须一心一意，心口相续。如此方得一念灭却八十亿劫生死之罪；若不然者，灭罪良难……

在前一个例子中，名号本身被认为有一种不可思议的神力，尤其是对人间事而言，可以说是一种具有法力的妙方。当阿弥陀佛顾他的名号传遍整个宇宙之际，他岂不是希望它成为一种吉祥的护符？或者，岂不是希望它成为一种精神上的力量？这也就是说，岂不是希望它象征人类生活中需要的一种东西，以使众生听到他的名字，就想起他的功德，因而激使听者效法于他？很可能的是，他曾想到后者。众生一旦称颂他的名号之后，名号所代表的一切便在称颂者的心中唤起了；不仅如此，到了最后，连他自己的心灵也因此揭开了至深的源头，展露了即是名号本体的最内真理，亦即阿弥陀佛的自身。

在后一个例子中，名号不一定为了指陈所要暗示的事物而发，而是为了发出如此预定的某种心理功用而发。到了此时，佛号甚至可以机械的方式反复称颂，而不必作为一种客观的实体提示持名者本人了。这正是公案参究史中后来实际所见的现象。下面所引，在现代日本临济禅开山祖师白隐指导之下，在一位贪婪的老人心中所发生的情形，可为我所说的，由称颂佛名导致的心理功用，提供一个良好的释例。

白隐有无数的在家信徒，其中有一位居士，为自己那位贪钱的老父颇为担忧，生怕他为了赚钱而不肯同心向佛。他请求白隐帮忙，想个办法使他的父亲将心念从金钱方面移开。白隐提出了这样一个办法：要那位贪心的老先生念佛——每念一次，可得一个铜元；每天念一百次，可得一百个铜元。

这位老人认为这是世间赚零用钱最简便、最容易的办法，于是他每天念佛，每天都到白隐那里去拿钱，因为他对赚钱这事绝不含糊，当然是念的次数越多越好了。但才隔了不久，他就不到白隐那里去领钱了。为什么呢？白隐要他的儿子去看个究竟。结果发现，他的父亲已对念佛念入了神，以致忘了记下称念的次数。这正是白隐一直期待的事情。他要这位居士暂时不要管他的父亲，静观他的发展情形。结果，不到一个星期的时间，这位老先生终于神采奕奕地拜访了白隐禅师，白隐一见便知他已有了某种快活的精神体验。毫无疑问，他已有了某种程度的省悟了。

如此机械地反复念佛。亦即虽颇单调，但有韵律地诵念佛名，"南—无—阿—弥—陀—佛，南—无—阿—弥—陀—佛……"翻来覆去，一天反复若千万次，可使念者产生一种能够消除一切杂念的心境。这种心境，也许与催眠状态颇为相似，但与后者相较，有一个根本的差别，就是由念佛产生的境界，是对实相的本身所作的一种极为重要的透入，故而对于当事人的精神生活具有一种极为持久而又有益的效应。催眠的出神状态之中则无此种法益可言，因为那是一种病态的心境，故而也就没有永久性价值的善果可说了。

至于参禅与念佛之间的差别，正如已经反复指出的一样，在于前者的当中有着一个追究的疑情，而后者的里面则无此种知性的要素。

三、称名的价值

佛陀圆寂之后，弟子的最大愿望，便是希望能够与他重逢。他们无法使自己相信，像佛陀这样的一位伟大人物会完全从他们之间消逝而去。他留在他们心中的印象实在太深了，自然不会很快、很容易抹除得了。这是任何伟大心灵都会给人留下的一种印象。我们都不愿承认他的形体之死亡，就是构成他、属于他的一切的终结；我们宁愿相信他仍活在我们当中——当然不是以过去那种在世的样子，而是以某种方式，或许是以我们称之为精神或灵的方式，活在我们心中。既作如是观了，我们就会相信我们会在某种时候、某种地方见到他了。

佛教徒对于佛陀如此，基督徒对于基督亦然。不过曾经活在佛陀身边的弟子，不但都是受过各种三昧训练的学者，而且可说是实用心理学的合格导师。因此结果便是《观经》或《般舟三昧经》的出现，详示亲晤佛陀或诸佛的方法。首先须对这位过去的导师发起一种热切的想念之心，生起一种恳切的重见之情；其次便是脚踏实地依法修行，以使想念之事得到体现——此乃此事的当然程序。

此种体现方法随着时代的发展，似乎演变成了两种不同的途径：一为唯名主义，一为唯心主义 ①。值得在此一提的是，这两种倾向都可在叫作《文殊师利所说般若波罗蜜经》② (*Sapta-śatikā-prajñā- pāramitā Sūtraz*) 的同一部经中找到出处。此经属于大藏经的"般若部"，被视为最早的大乘经典之一，于耶纪 503 年，由梁朝扶南国的曼陀罗仙 (Man-t'o-lo-hsein of Fu-nan-Kuo)

---

① 在此使用一个烦琐哲学的术语，也许不太适宜，不过，我的用意只是标明念佛法门的一个方面，由于这里面所说的持名意义，系以反对其他一切考虑而得更大的强调。因此，我在此处运用"唯名主义"(nominalism) 一词，旨在粗略地指陈强调持名为成就一行三昧或往生阿弥陀佛净土之有效办法的作用原理。因此，我所谓的"唯心主义"(idealism) 或"概念论"(conceptualism)，所指的便是以多为否定的高度抽象概念术语描述究极实相性质的般若学者所持的态度。

② 此经计有三种中文译本，最早的一种于 503 年出现，最晚的一本出现于 693 年，一般皆称之为《文殊师利所说般若波罗蜜多经》，简称《文殊所说般若经》，在大正版大藏经中的编号为二三二,二三三，以及二二〇（七）。

译为中文。此经里面含有般若哲学的精义，但使我们感到讶异的地方是：唯名与唯心这两种显然互相矛盾的思想倾向，却在此处所举的经中并行不悖。我怀疑与唯名主义思潮有关的章节系后来插入；净土教义的解释者们对于此种倾向做有颇多的阐述。且不论如何，观想的方法到了此经之中，通常都被佛性的理想化取代了，因为，此乃所有一切般若经文的典型风格。

在这部经中，"文殊师利"一开头就表示要观佛的真实面目，他对佛说：

"如是世尊，我实来此欲见如来。何以故？我乐正观，利益众生。我观如来如如相，不异相；不动相，不作相；无生相，无灭相；不有相，不无相；不在方，不离方；非三世，非不三世；非二相，非不二相；非垢相，非净相。以如是等正观如来，利益众生。"

（佛告文殊师利）"若能如是见于如来，心无所取，亦无不取，非积聚，非不积聚。"……

（尔时文殊师利语舍利弗言）"虽为一切众生发大庄严，（菩萨）心恒不见有众生相；为一切众生发大庄严，而众生界亦不增不减。假使一佛住世，若一劫，若过一劫，如此一佛世界，复有无量无边恒河沙诸佛，如是一一佛，若一劫，若过一劫，昼夜说法，心不暂息，各各度于无量恒河沙众生，皆入涅槃，而众生界亦不增不减，乃至十方诸佛世界，亦复如是……"

在较曼陀罗仙所译略迟数年出现的僧伽婆罗的译本中，我们可以读到如下的句子：

尔时世尊告文殊师利："汝今真实见如来乎？"

文殊师利白佛言："世尊，如来法身，本不可见。我为众生，故来见佛。佛法身者，不可思议，无形无相，非有非无，非见非不见；如如实际，不去不来，非无非非无，非处非非处；非一非二，非净非垢，不生不灭，我见如来亦复如是。"……

　　尔时，世尊出大人相肉髻光明，殊特希有不可称说……

　　文殊师利白佛言：“此光明者，是般若波罗蜜；般若波罗蜜者，是如来；如来者，是一切众生。世尊，我如是修般若波罗蜜。”

　　此种“般若波罗蜜”，在曼陀罗仙的译本中被形容为：“无边，无际；无名，无相；非思量，无归依，无洲渚；无犯，无福，无晦，无明；如法界，无有分齐，亦无限数……”

　　表现在这里的思想，与般若哲学所通有的特色完全一致。佛在此处，被一连串高度抽象的术语和否定的词语加以描述。虽然，佛这个意念并未超过名号（adhivacana）的限域，但他却也并不只是名号（nāmadheya）而已。实在说来，不论你用多少否定词加以描述，都不能使人抓住佛性的如如，当然，这并不是说，佛，或与之相同的什么，般若波罗蜜或最高的悟境，能够仅以称名的办法体会得到。设使能够办到的话，此种称颂佛号的法门，就得从另一种观点加以考量了；这也就是说，那就不用抽象的否定意义，而由称名本身发起的心理功用加以说明了。下面，且让我们看看，对于以称名的办法求得最高悟境的问题，文殊师利进一步说了一些什么。

　　在《文殊所说般若经》（曼陀罗仙译本）的下半部中，谈到了一种名为“一行”①的三昧，学者修此三昧，不但可以证得最高悟境，同时亦可见到过去、现在和未来诸佛。下面是曼陀罗仙所译的这一节文字：

――――――――

① 所谓“一行”（i-hsing）三昧，在曼陀罗仙的译本中是“Samādhi of One Deed”，在玄奘的译本中是“Samādhi of One Form Array”，在现存的梵文本中：这个三昧名为“ekavyūhasamādhi”。这里面的 vyūha 一字，中文通常译为“庄严”，意为“庄校”“严饰”或“整顿”。但“庄严”一词的意思，并不是指仅仅为了装饰而安排事物，而是指以多种多样的森罗万象充实实相的抽象空洞，因此，有时亦可视为“殊化作用”（individu-alization）或“个别对象”（particular objects）的同义语。由此可见，Ekavyūha 一词可以是指“某个客体”（one particular object），而 ekavyūha-samādhi 便是“专注一境的三昧”（a samādhi with one object in view）了。将“行”（hsing）看作“庄严”（vyūha）的同义词，颇难附会，因为“行”的梵文通常是 caryā。
　　叙述“一行三昧”的这节文字，不见于僧伽婆罗的译本之中，这个事实表示了它是后来的附入部分。可能的情形是，《文殊所说般若经》的早期译本，完全保存了般若哲学的特色，尚未混入观想的办法和唯名主义的思想倾向。

佛言："……复有一行三昧，若善男子、善女人修是三昧者，亦速得阿耨多罗三藐三菩提。"

文殊师利言："世尊，云何名'一行三昧'？"

佛言："法界一相，系缘法界，是名'一行三昧'。若善男子，善女人，欲入一行三昧，当先闻般若波罗蜜，如说修学，然后能入一行三昧，如法界缘，不退不坏，不思议。无碍无相。

"善男子，善女人，欲入一行三昧，应处空闲，舍诸乱意，不取相貌，系心一佛，专称名字，随佛方所，端身正向。能于是一佛念念相续，即是念中能见过去、现在、未来诸佛。"①

在曼陀罗仙的译本中，般若哲学的本身，与以一心持名的办法观佛的法门，作了一种奇异的混合。玄奘的译本中述及了与持名相关的观佛相好，与前一译本的理念不无矛盾之处，因为，前一译本强调持名而未提到观佛相好的问题，而它却承诺行者，不但可以见到他们持名的一佛，而且可以见到过去、现在以及未来三世一切诸佛。而这便是净土信徒在他们的教理中所特别重视的一点；这也就是说，此经偏重名号或唯名的念诵甚于思惟或观想的方法。

《般舟三昧经》②亦复如此，观想的法门亦与唯名主义的思想倾向做了相当的混合。在这部经中，对跋陀和菩萨所讲的主题，是如何进入一种名为"般舟"的三昧境界，以使三世十方一切诸佛悉立其前，答复行者可能要问的任何问题。行者必须具备的条件有：

一、对佛须有绝对信心；二、必须竭尽最大的精神能力；三、对法须有

———————————

① 玄奘的译本中没有述及称名的语句，只是："若善男子、善女人欲入是三昧者，应处空闲，舍诸乱意，跏趺而坐，不念诸相。为利益一切有情众生故，一心持名，思惟其人，端身正坐，面向于佛。如是一心系念于此一佛，便得睹见过去，现在，以及未来三世一切诸佛……"在此经的梵本之中，我们只可读到"tasya nāmadheyam grahi-tavyan"这几个字。

② 此经的对机者名叫跋陀和（亦译拔陂）菩萨，故而亦名《拔陂菩萨经》(The Bhadrapāla Bodhisattva Sūtra)。本经现存中文译本共有四种，第一种出于支娄迦谶之手，早于179年即行问世。它是净土教说的权威经典之一。

透彻的认识；四、必须恒常与善友善知识为伴。（"一者，所信无有能坏者；二者，精进无有能逮者；三者，所入智慧无有能及者；四者，常与善师从事。"）待到这些条件完备之后，此种三昧不久即可成熟，当此之时，第一，由有佛力加被故；第二，由有此种三昧力故；第三，由有累积功德力故，所有一切诸佛即可现在行者之前，犹如影像映于镜中一般。

首先，学者听闻阿弥陀佛的名号和他的极乐国土，而后在一心称念他的名号时观想他的相好和光明，例如三十二大人相，八十种随形好，以及他的种种光明殊胜之处。

这种修持一旦达到成熟阶段，学者心中的污垢即形荡除，而此心镜亦愈来愈为清净，乃至能够使佛反映其中，而到达心佛不二的阶段，如心见心或如佛见佛，虽见而不自知，更不知有此种自我合一的境地。如此知而不知，便是涅槃。其间若有一丝心念扰动，此种合一的天平便失去平稳，而一个无明的世界便由此展开。

严格地说，此经是否像净土信徒所想的那样重视名号和持名，颇有疑问。就吾人所知者而言，观想佛的相好与系念他的名号，具有同样重要的意义。诚然，如果没有名称，我们的心灵便无法体会任何东西；纵然实有某种东西客观地存在世间，如果尚无名字可称的话，对于我们便非实在。一个东西一旦有了名称，它与其他东西之间的关系即可划清，而它的价值亦可因此得到充分地呈现。阿弥陀佛亦然，设使我们不能以名字称呼他，他便不存在了；因此，我们不妨说：命名或称名就是创造。但是，从另一方面来说，单是称名并不见得那么有效——当这个名字的背后有一个相当的实体之时。只是称"水"这个名字，并不能止渴；观想水的形相而在心上现出一幅泉水的图画时，心理上便可产生比较真实的效应；但是，只有在真水现前并加饮用时，我们的热渴才能得到实际的消除。

单是运用意志力和想象力，虽可使此种心灵的图画达到最大的强度，但是，不用说，人的力量总是有限的。这个限度一旦达到之后，如欲有所突破，只有借助十方诸佛的加被之力，始可办到。因此之故，佛号，系念或观想，以及体现，在净土教说的体系中，就成了重要剧目的自然顺序了。

善导（寂于681年）以他那种虔信主义的综合手法，将此种观想的法门，唯名的态度，以及往生净土的理想，糅合而成一种思想体系，运用念佛的办法，亦即以一心持诵阿弥陀佛名号为手段，使其产生实际的效用。到他之后，观想的办法逐渐失去了它的势力，而唯名主义便统治了整个净土宗。在中国，公案的参究，大概就在这种唯名主义盛行的时候逐渐得势，但在日本，净土宗之建立成为一个独立宗派，却大大地助长了念佛（亦即口念）法门的势力。

此种重点的转移——从唯心主义到唯名主义，从一心系念到口头称念——也许可从下引《安乐集》中的两节文字中见出朕兆，因为它的作者道绰在答复如何念佛的时候曾经说过：

> 譬如有人，于空旷迥处，值遇怨贼，拔刀奋勇，直来欲杀。此人径走，视渡一河，未及到河，即作此念："我至河岸，为脱衣渡？为着衣浮？若脱衣渡，唯恐无暇；若着衣浮，复畏首领难全！"尔时但有一心，作渡河方便，无余心想闲杂。行者亦尔，念阿弥陀佛时，亦如彼人念渡：念念相次，无余心想闲杂——或念佛法身，或念佛神力，或念佛智慧，或念佛毫相，或念佛相好，或念佛本愿，称名亦尔——但能专至，相续不断，定生佛前。

在上述紧急情况之下，行者心中是否有足够的空闲去做任何思念，颇为可疑。他所能够办到的一切，只有称呼佛名一途，何以故？因为他根本没有心理的时间供他去系念佛的功德，佛的神力，或佛的相好。就此而言，这种"念佛"（亦即"系念阿弥陀佛"）不得不只是"称名"（亦即"称念或称呼阿弥陀佛的名号"）。因为，在他称念亦即持诵佛名的当口，他必须全神贯注不可，而这便是他所能存心办到的一点，除此之外，他的意识域中便不可能间杂其他任何念头。

善导在他为《观经》（*The Sūtra of Meditations*）所作的注疏中，曾将念佛法门分为"正念"与"杂念"两种。所谓"正念"，就是一心系念阿弥陀佛的名号。此处所说的"系念佛号"，除了特别称颂佛号之外，所谓的"系念"，便无意义可言，或说之不通。这种念法，只有在发动神经和肌肉配合心灵表象一起动作之时，才有效用。实在说来，任何念法，不论高声、低声，如果没有肌肉的配合——不论多么轻微——是否能够办到，颇成疑问。

除了这个心理上的事实之外，净土宗的哲人还提出了如下的一种学理：名号（nāmadheya）是一切佛德的宝藏，这也就是说，名号的里面含藏着阿弥陀佛所具备的一切内在成就和性德，例如"四智""三身""十力""四无畏"，如此等等；所有这些，加上一切外在的神通作用和能力，包括他的殊胜相好，他的善说法要，他的放光照耀，他的度世大行，如此等等，莫不悉皆含于阿弥陀佛的名号之内[1]。由此可知，正如我们将要看出的一样，心理与哲理已经结合起来，而将念佛教理的整个重点全部集中于称颂佛名的上面了。

身为日本净土宗前驱之一的源信（942—1017），在其所撰的《往生要集》卷二中提出了如下问题："念佛三昧，为唯心念？为亦口唱？"答案引用智者大师的《摩诃止观》[2]第一云："或唱、念俱运，或先念后唱，或先唱后念，唱、念相继，无休息时；声声念念，唯在阿弥陀。"[3]由此可见，口念尚未发展到十分明显的地步。

法然上人（1133—1212）依照善导之教，强调念佛法门——亦即称佛名号之法。此种法门，被视为净土宗中最吃紧的修持方法——假如学者发愿往生阿弥陀佛极乐国土的话。赞佛功德，献供，礼拜，读经，观想——

---

① 见法然上人所著的《选择念佛本愿集》卷第一。它的作者尝试以此表明其作为日本念佛宗开山祖师所持的立场。

② 详见大正版《大藏经》第一九二号。

③ 接着，源信引用净土教的另外一位权威怀感禅师的话说："《观经》云：'是人苦逼，不遑念佛，善友教令可称阿弥陀佛。如是至心，令声不绝。'岂非苦恼所逼，念想难成？令声不绝，至心便成？今此出声。学念佛定，亦复如是：令声不绝，遂得三昧，见佛圣众，皎然在前。故《大集月藏经》言：'大念见大佛，小念见小佛。''大念'者，大声称佛也；'小念'者，小声称佛也。斯即圣教，有何惑哉！现见即今诸修学者，唯须厉声念佛，三昧易成；小声念佛，遂多驰散。此乃学者所知，非外人能晓矣。"

所有这些，并不轻视，惟主要的功夫用在称名上面。不论行、住、坐、卧，只要至心持名，令声不绝，不久之后，阿弥陀佛即来接引，至其极乐国土。此盖由于，据净土宗中诸大师说，这与经教完全相符，这也就是说，与阿弥陀佛的本愿完全一致。

为了印证此种观点，法然再度引用善导的说法，因为，善导曾经表示，念佛一门，比其他任何修法都较易行，易有成就。对于为何抛开观想而重一心称名这个问题，答案则是："乃由众生障重，境细心粗，识扬神飞，观难成就也。是以大圣悲悯，直劝专称名字。正由称名易故，相续即生（往生阿弥陀佛国土）。"

接着，法然表示，念佛即是称名，二而不二；系念弥陀，即是称其名号，反之亦然。由此可见，"念佛"（nembutsu）已与"称名"（shōmyō）完全化为一体了；观想已经变成称颂了。可以名为佛教唯名主义的哲学，已经占据了净土信徒的心灵，因为他们如今已在完全超于概念范围的某种东西当中体会到名称的意义了。笔者这里的目标是探究此种口头念佛的心理意义，看看它与禅者所修的公案参究之间究有什么样的关系。

四、称名的心理与公案参究的关系

虽然念佛法门已经口头化了，但另一方面，法然及其净土宗的先辈们，却也没有忘了强调信心的重要性与必要性。毫无疑问，观想拥有一切美德并有三十二相的佛，非有极大的专注精神不可，故而也许不是一般凡夫的心力所可办到。因此，比起观想来，称名自然要容易得多。

名字好比代数学上的一种符号，就像 a、b、c 可以代表任何一种数字一样，"阿弥陀佛"这个名称亦可被视为代表"佛"这个概念之中所含的一切，而这个"佛"字不只是指阿弥陀佛而已，同时亦指三世十方无量无数诸佛。一个人一旦念起这个名号来，就会深切地透入他的宗教意识的内容之中。但是，只是不经意地口念，既没有什么意义可言，自然也就没有什么结果可得了；此念必须出于深切的系念，勤恳的追求，以及宏大的信心才行；设使不能出于如此热切的渴望，那就只有出之于继续不息地强化了。心思、口念必须完全一致才成。

如此念佛，须将精神集中在佛的名号上而非他的相貌上。学者不能在心中描出佛的三十二相，他的整个意识境域须让佛的名号完全占领。因此，我们可在《小本无量寿经》读到如下的文句：amitāyusas tathāgstasya nāmadheyam śrosyati śrutvā ca manasikarisyati [①]……（大意是：令闻无量寿佛如来之名，闻其名已，忆持不忘……）

于此，中文译者将其中的 manasikri 译为"执持"，意思是说："在心中紧紧地抓住所想之物，不令忘失。"让名号的本身占据注意力的中心——不只是口头复诵而已，同时还得心念才行。毫无疑问，这种念法，对于集中精神颇有助益。观想佛的形相，其中含有许多心理学上的危险或缺点，可使习者沾上难以治疗的幻觉疾患。就求得真正的三昧而言，口念的办法可说向前跨进了一大步。

由上所述，我们可以明白看出，念佛的对象已经有了彻底的转变：最初是忆念佛陀，渴想再度见他，就像他过去活在弟子当中一样——这是一种完全合乎人性，故而也是非常自然的愿望；其后，忆念佛陀的意思，变成了希望一位经过理想化、常住极乐净土的佛陀来现其前；最后，以一心持名的办法，使得这个明白的目标变成了一个欲望：欲得佛陀垂慈，将他的慈光转向罪障深重的信徒，而加以慈悲摄受。因此，对于这种转变，净土宗的大师们所做的解释，可说与佛的教说完全一致，也同此宗各种经典所阐述的一样。

但这里所发生的问题是：这里面难道没有可以说明此种渐变的心理背景吗？难道口头念佛没有隐含的目标吗？除了将信者导向阿弥陀佛净土之外，就没有别的目的了么？净土诸师也许没有意识到这个事实，但是，难道他们就没有过一种心理上的经验，促使他们教导简单的口头念佛，而不传授其他行法——例如诵经、观佛、拜佛或赞佛吗？

---

① 文见 Anecdota Oxoniensia, Aryan series, Vol.I, Part Ⅱ, p 96.

设使戒律或精神得不到强化，单是称名，纵使所称的是至圣的圣号，似乎亦不足以使心灵提升到观想圣相和读诵圣典的程度。净土诸师，在推荐口头念佛时，对于经典是深信不疑的。但就经典而言，除了宣扬念佛法门之外，它们还宣扬许多别的东西，因此，如果他们如此愿望的话，他们亦可从经中开出其他一些教法，而不只是念佛一门而已。一部经典——实际说来，任何宗教文献——通常可因读经之人本身体验的不同而有种种不同的解释。

由此可见，口头念佛的发展，除了有其哲理的与宗教的基础之外，可以说必然亦有它的心理背景。当然，指导这些导师的宗教意识的主要可知的背景，当然是哲理的基础了。

假如说，口头念佛的心理背景，就是构成净土教学基础的一切，那将是一种背理的说法。何以故？因为，像罪业，受苦的现实，以及阿弥陀佛的同体大悲，等等观念，也都是一些根本的要素，只是笔者在此所做的研究，只是分析其心理学的一面而已。

提出一个名字，就是分别；分别就是看清一个对象的实际，并使其可为人智和人心所接近。因此之故，名号一旦提出，对象的本身便与我们并行了，故而，由一心念佛渐变而为口称佛名，原是一种非常自然的发展过程。不过，我们现在所要探讨的乃是：佛的名号一向保持着它那原来梵文的形态或其读音的直译；它在中国和日本的悠久历史之中，一直如此。

中国人或日本人称呼佛陀，何以不用原来或改变了的梵文，而用中文或日文的同等语呢？ Namu amida butsu 和 Namo o mi to fo（南无阿弥陀佛），是日本人和中国人读诵梵文 namo amitābhāya buddhāya 的方式。Namo 或 namas 的意思是"崇拜"（adoration）或"顶礼"（salutation），而amitābhāya buddhāya 的意思则是"无量光佛"（to the Buddha of Infinite Light），两者翻成中文，便是"归依无量光佛"。他们何以不说"归依无量光佛"（Adoration to the Buddha of Infinite Light），而称"南无阿弥陀佛"（Namu Amida Butsu or Na mo o-mi to fo）呢？

此等译音对于一般日本人或中国人而言，可说毫无意义可言，因为它们都是改变了的梵文字母，故而显然不含任何义理。对于他们而言，这可说是一种"真言"或"密咒"，因为"真言"或"密咒"只可依音读诵而不译意，故而只是一种没有知解可言的隐语或切口而已。那么，可解让位于不可解，有意义让位于无意义，明白让位于隐晦，分别让位于无分别——其故安在呢？为什么总是"南无阿弥陀佛，南无阿弥陀佛"呢？

在我看来，道理不在名号本身的神效，而是在反复称名的心理效果。如有任何一种可解的意义存在其间，便会引发一系列没有止境的观念和感觉；如此则心灵不是从事于逻辑的推理工作，便是陷入纠缠不清的想象与联想作用的罗网之中。反之，如果反复念诵没有意味的字音，心灵便以此为止而没有奔驰的机会可得了；如此，意象和幻觉便不易侵入其中。运用佛教的术语说，本来光洁的内在明镜便不会被分别的外尘所污染和蒙蔽了。

如果要避免这种悲剧，必须使口念要发的字音没有可解的意义。当观想念佛发展而成称颂念佛时，希望将心力集中于佛性本身而非专注于佛陀其人的导师们，必然曾经有过此种心理上的感受。系念佛陀其人，正如他们所见的一样，不但需要一种高度的心灵作用，而且还不一定会有真正的效果。

净土宗的大师们一直强调口头念佛所应具备的三重心态：一、真诚的心地；二、内在的信念；三、往生的意愿。诚然，如果没有这些主观的要件，不论你念多少遍，都不能使你达到想要达到的目标。但是，这些显然急欲宣扬所谓救度之易行道、并从有力的观点揭示口念之必要性的大师们，似乎往往忽视这些主观条件的重要性。结果便是，净土宗的学者往往受不住口称法门的吸引而抛开了正当的主观条件。

这是不对的，但是，也许有人要问：大师们的这种态度之中，是否有可以证明此种错误假设的地方呢？难道他们没有强调主观要素的重要性，以使口称的效果达到最高的程度吗？就一般的逻辑观点而言，一个人只要具备了所有这一切内在的要求，不论他修的是读经的法门，礼拜的法门，还是口称的法门，似乎都没有多大的关系。但这些大师们，尤其是源空和法然一系的净土导师们，悉皆断然坚持将"南无阿弥陀佛"为主的持诵佛号的法门，视之为最根本的大法，而将其他一切修法列入次要的范围之内。因此，依照他们的看法来说，这个"南无阿弥陀佛"便是担保行人最后必定往生极乐国土的法宝。

除非口称的念佛在学者的心中发生不可思议的作用，否则的话，这种保证怎么能够实现呢？以反复持诵佛号的办法达到某种意识状态之后，可能的情况便是佛陀的本身掌握行者的心灵，以此使他确信他的未来命运绝无问题。善导、法然和净土宗的其他导师所设定的目标，就是此种心理吗？

当善导、道绰和怀感等净土大师提出称颂佛号和行使其他功德这两种往生净土的法门，并以与经教较为一致而偏重前者，且在他们将"系念"或"观想"与"口诵"或"称名"视为一种而说（系）念（于）佛就是称佛名号之时，他们是在逻辑学或心理学中找到了这种认同的理由吗？从逻辑上来说，热切地系念某个东西，不一定就是指称颂那个东西的名字；系念那个东西与称颂那个东西的名字可以互不相关。这在心灵以观想的办法专注于一个崇敬的对象之上时，尤其如此。然而，就其作为一种心理上的事实而言，系念抽象的观念，不但可从观看某些具体的形象、文字或图形中得到大大的帮助，而且亦可以心念或口称其名的办法求得大大的助益。如以这种心理上的事实为依据，他们必然得到这样的一个结论：系念于佛就是称颂佛号；系念与称颂不二。

又据怀感对《大集月藏经》[①]中的一节文字[②]所做的解释说："'大念见大佛，小念见小佛。''大念'者大声称佛也；'小念'者，小声称佛也。"我虽不能确知何谓"见大佛"和"见小佛"，但显而易见的是，此处所说的净土诸师都在大量运用大声念佛的办法。在称颂佛号的时候，用力愈猛，所得的集中程度愈高，因而在心中持诵"南无阿弥陀佛"的效果也就愈大了。

---

① 《大集月藏经》（*Candra-garbha*），由那连提黎耶舍（Narendrayaśas，约 490 — 589）译为中文。
② 由法然上人引用于他所著的《选择集》第一卷中。

对于这个事实，且不论祖师们做了怎样的教理解释，他们在肯定"念""称"不二之前，必然曾有过某种心理上的体验。关于此点，难道我们不能从"今日也'无！无！'明日也'无！无！'"①的习禅心理学中看出某种修习的东西吗？京都有一座净土寺院，号称"一百万遍"（One Million Times），指的就是出声念佛的次数。出声念佛有助于定境，就是出声念佛（称名念佛）学说或教理的基础。

佛号的称颂，每次达到一万或两万遍时，就变成了一种没有意识努力、故而对于前述三种归诚的要素也就没有意识体会的机械方法了。这种机械化的方法，可以视为往生的有效办法吗？习者就不必做一决定性的努力、以使他的信心和精诚达到成熟的阶段了吗？如此继续不断地念诵或发出没有意义的声音，能在学者的意识之中产生一种确实的自信之感，以致使他可以确信他必定能够往生净土或因阿弥陀佛的慈恩加被而得济度吗？

当"念佛"变成"念咒"，因而对它的字义与诚意不再有任何意识上的指涉之时，其心理上的效果便是产生一种无意识状态（无心境界），使得飘忽不定的思想和感觉一扫而空。实在说来，这就是一种纯真无知的状态，因为，这里面已经没有善、恶之分了，而净土祖师们之所以认为念佛可以消除历劫生死重罪，道理就在这里。

如此不息地反复诵念"南无阿弥陀佛"②，在波斯的苏菲教（Sufism）中亦有它的翻版，因为，该教的信徒亦反复不断地称颂上帝的代号"阿拉"（Allah），正如尼可尔森（R.A. Nicholson）在其所著的《伊斯兰教神秘主义研究》（*Studies in Islam Mysticism*）一书之中所说的一样，"作为回教神秘学者的一种修行方法，借以导入'法纳'（fana），亦即远离自我的境地，或如巴斯卡（Pascals）所说的一样，'忘却上帝以外的世间和一切'（oubli du monde e de tout hormis Dieu）的境界。"③

---

① 见于空谷景隆禅师所写的一封信中。
② 在实际持诵时，"南无阿弥陀佛，南无阿弥陀佛……"往往念得像是"南无陀佛，南无陀佛……"（nam man da bu，nam man da bu……）
③ 见该书第七至九页。

我们不能认为，只是反复口称"南无阿弥陀佛"，便可得到往生净土的保证——尽管净土诸经和该宗诸祖皆曾提出此种保证——除非此种复诵能够产生某种心理的效果，以使习者本人能够亲自证入那种境界。因为，这种境界岂不就是所谓的"念佛三昧"（the Samādhi of Nem- butsu）或"一行三昧"（the Smādhi of Oneness or ekavyūha）吗？

在道绰所著《安乐集》（卷二）中，说到此种三昧的那几节文字，系从各种经典引证而来，而引证的目的，则在证明此种三昧乃是可使学者得见三世诸佛的有效工具。然而，从济度（或开悟）的观点说来，诸佛的保证除非能在学者的心中唤起它的真实之感，否则的话，见佛又有什么益处可言呢？客观地见佛必须与内心的证悟相应才行，因为，就心理学的层次而言，内心的证悟乃是这个问题的较为重要的部分。

有一部《菩萨念佛三昧经》（*Bosatsu Nembutsu Sammai Kyo*），早由隋代的达摩笈多（Dharmagupta）译为中文，其中，对于修持念佛三昧所需的一切指示，说得非常清楚。依照此经所说，由此三昧而来的主要功德，似乎在于证得无上正等正觉（大彻大悟）。显而易见的是，面见三世一切诸佛，并不是在一个超越一切形体的世界之中，见他们为已悟的众生，在他们之间互通声息。学者为了见佛而念佛，但到真正进入三昧境界时，他所见的佛，与他起初想见的，也许已大为不同了[1]。

法然在他所著的《选择集》卷二中，从《净土往生传》（*Lives of the Pious Followers of the Pure Land School*）里引用了一节文字，其中说到善导证此三昧的情形。据这节文字所说，得此三昧，除了可有其他种种利益之外，似乎可使学者预见他人的精神生活。因为这节文字告诉我们，善导不但可以说出他的老师（道绰）前生前世的修行情形，而且亦可以说明他往生阿弥陀佛国土的情况。

就此三昧只可获得此等神通力量这个事实而言，我们可以说它对于学者的精神强化和得度的保证并没有多大关系。由念佛法门所得的此种三昧

---

[1]　参见后面白隐所说的两位净土信徒的故事。

里面，必然不止于此，一定还有别的一些什么东西。净土宗的祖师们过于急切地推出他们对于死后往生的宗教观，以致忽视了由不息复诵"南无阿弥陀佛"而起的心理学上的效果。他们过于仓促地提醒这个末世的我们说，"去圣时遥"，纯然的佛教修法已经因为太难而无法流传下去，因此，称颂佛号，乃是末世众生欲得现见三世诸佛、投入无限慈怀的最佳、最易、最稳的法门。

就以此点而言，亲鸾更将这个观念推展到它底最大的逻辑极限，他在说到"十念往生"时曾经解释说："这并不是指明白而又静悄地观想或热切地系念佛陀，只是称佛名号而已。"关于念佛的问题，关于念佛一声乃至十声（不用说，佛陀必有所闻）的问题，尽管他们做了种种的解说，但我仍然难以想象的是，这些祖师，对于前已述及的念佛心理，完全没有意识到。

五、念佛的目的是什么？

说到此处，也许有人要问：且不论此种三昧的内容如何，念佛的真正目的究系什么？——在于往生净土还是此种三昧的本身？或者此种三昧是不是往生净土的一种预兆呢？对于这个问题，就我所能知道的而言，净土诸师没有一位可为我们做一个透彻的说明。不过，对于此点，我们不妨将此种三昧视为念佛法门的主观与心理的一面，而将往生净土看作它客观与本体的一面——假如我们可作如是观的话。

以此而言，三昧与往生只是话分两头的一种东西而已，但是，由于三昧可在今世证得，而往生则是死后的事情，因此，我们只能说三昧以某种特定意义而言与往生不二。这也就是说，我们不可将往生判定为一种客观与现世的事情，只能将它视作对于定会发生的某种事情所做的一种主观性的保证或所得的自信。假如此说可通的话，那么所谓往生，指的便是一种精神上的再生了，如此，我们便可认为往生与此三昧不二了。

此种三昧观有《安心决定钞》（*the Anjin Ketsujōshō*）为之支持，此书作者虽已不详，却不失为申论净土教说最有意味的著作之一。它的作者在这本书里表示，信心要由证此三昧而得建立——行者的未来命运要由深信佛陀本愿而得保障。因为，此种三昧要在行人之心与阿弥陀佛之心完全合一，乃至二元意识完全消除之际，始可证得。这个结论不仅是逻辑方面，即从实际观点来看，亦可看出整个佛教哲学组织完全建筑在一种唯心的一元论上，对于实在论的净土，亦不例外。试看下面引自《观经》的话：

> 佛告阿难及韦提希："见此事已，次当想佛。所以者何？诸佛如来是法界身，遍入一切众生心想中。是故，汝等心想佛时，是心即是三十二相、八十随形好。是心作佛，是心是佛。诸佛正遍知海，从心想生。是故，应当一心系念，谛观彼佛多陀阿伽度、阿罗诃、三藐三佛陀。"

在被净土诸师视为净土教说出处之一的《般舟三昧经》中，我们可以读到如下的经文：

> "复次，贤护（跋陀和利），如人盛装，容貌端严，欲观己形美丑好恶，即便取器，盛彼清油，或持净水，或取水精，或执明镜——用是四物，观己面相，善恶好丑，显现分明。贤护，于意云何？彼所见像，于此油、水、水精、明镜四处现时，是为先有耶？"
>
> 贤护答言："不也。"
>
> 曰："是岂本无耶？"
>
> 答言："不也。"
>
> 曰："是为内在耶？"
>
> 答言："不也。"
>
> 曰："是岂外在耶？"
>
> 答言："不也，世尊。唯彼油、水、精、镜诸物清明，无浊无滓，其形在前，彼像随现；而彼像不从四物出，亦非余处来；非自然有，非人造作。当知彼像无所从来，亦无所去；无生无灭，无有住所。"

时贤护如是答已，佛言："贤护，如是，如是！如汝所说，诸物清净，彼色明朗，影像自现，不用多功。菩萨亦尔，一心善思见诸如来；见已即住；住已问义；解释欢喜，即复思惟。今此佛者，从何所来？而我是身，复从何出？观彼如来，竟无来处及以去处。我身亦尔，本无出趣，岂有转还？彼复应作如是思惟：今此三界，唯是心有。何以故？随彼心念，还自见心。今我从心见佛，我心作佛，我心是佛；我心是如来，我心是我身；我心见佛，心不知心，心不见心；心有想念则成生死；心无想念即是涅槃；诸法不真，思想缘起；所思既灭，能想亦空。贤护当知，诸菩萨等因此三昧证大菩提。"①

从这个绝对唯心的观点来看念佛三昧——由不息复诵"南无阿弥陀佛"而得的三昧——我们不妨说，这个三昧、对佛信心的建立及以往生净土的自信，所描述的心理事实，与作为净土教理基础的心理事实，乃是同一种心理事实。

法然在为《观经》所做的注解中表示，行人应该如聋、如哑、如痴、如失知觉一般，专心致志地精修念佛，不分昼夜，不论行住坐卧，不管时间长短，若一日，若二日，若一月，若一年，若二年，若三年，十二时中，时时刻刻，称颂佛名。如此修去，定有得三昧而开法眼乃至亲见不思议世界的一日。这是"一个不可思议的神秘境界，一切念想悉皆不行，一切想象悉皆扫除，与三昧境界等无二致"。

据《安心决定钞》的著者表示，行人入此三昧，完全证实此种信心，"身成'南无阿弥陀佛'，心成'阿弥陀佛'"。如此说来，难道这不是与参禅所得的境界相当的一种神秘意境吗？

净土祖师所做的此种明白宣布——如此不断反复念佛，是普被三根的

① 本经最早由二世纪下半叶，后汉时期来到中国的支娄迦谶译为中文。此处所引为阇那崛多的中文译本（586 年），而非出自支娄迦谶的译文（179 年），此盖由于，尽管后者在净土宗中较为知名，但前者的文字较为明畅，故而取之。本经共有四个中文译本，在大正版的佛教大藏经中编为四一六至四一九号。

最简易的普度法门——当然系以阿弥陀佛的本愿为其建立的基础，因为他曾发愿说，行人只要称念他的名字，表示希望得救的善信和善愿，保证一定可以往生他的极乐国土。

净土诸师为了强化他们的教义，他们一方面以灿烂的词句描绘极乐园土的美好，另一方面又不惮其烦地陈述此世的悲惨可怖，以及此世众生的罪过和无知。因此，凡是希望得到此教救度的人，都应勤修"南无阿弥陀佛"。但是，当他们如此修下去时，作为净土社会成员的此一终极目标，也许就要逐渐让位于此种念佛的日课本身了。并且，纵使他们存心将注意力集中在这个目标上面，但无意识的心理也会在不知不觉中发生作用而自行脱离这个究极的目的，因为，他们认为这是要到命终之时才会发生的事情；因为，大凡事情，发生的时间愈近，愈能得到心灵的专注。

此种专注一旦达到最高的顶点，就会感知到如下所述的神秘真理：生即不生；念即不念；念念皆是最后一念（每一个刹那皆是最后一个刹那）；此心不异如来；此身虽属此世，此心却在净土享受极乐；即此如实之身，与弥勒菩萨无二无别，如此等等，不胜枚举。此等陈述，似乎并非净土宗所特有，实际说来，与它那种大体写实的倾向颇不相类，但我们也不能完全否认证入实际净土组织基础的此种神秘，因为，毫无疑问的是，此系由念佛的心理而来。

净土宗的真宗一派强调信心，认为信心是往生阿弥陀佛国土的唯一条件。绝对信赖佛的智慧，因为佛智非人的思想观念所可企及。因此，你只要深信阿弥陀佛的这种不可思议的智慧，即可受到他的直接接引，而不必等到临终之时诸佛从空来接，更不必为你死后的命运担惊受怕，不必去管会不会堕入地狱。你唯一需要做的事情，只是放下一切的顾虑，毫无条件地把你交给阿弥陀佛，因为他最知道如何照顾你的福利[①]。当你告别此世之时，你大可不必担心最后的一刻。在世之时只要接受善知识的开示，对佛生起一念净信，那么，生此一念净信的那一刻，便是你在人间的最后刹那。

---

① 详见《执持钞》。

你只要信赖阿弥陀佛的本愿，念一声"阿弥陀佛"，即可保证你已往生他的净土。因为，这一念信心就是往生的凭据。[1]

问题是：我们究该怎样才能有这一念信心、以使自己位齐大觉世尊，乃至与弥勒菩萨把手同行呢[2]？只是谛听法师讲经说法，是达不到这点的，单是念佛，也达不到这个目的。那么，我们要怎样才能有此种绝对的信心呢？究该怎样才会有本质上与开悟显然相同的这种信心呢？我们怎能确信我们决定往生净乐世界呢？对于吾人的未来前途，我们怎么会十拿九稳而毫无疑虑呢？

我们必须在我们自己的心中唤起某种意境，才能肯定我们的信心。推理，读经，或者谛听已有所悟的善知识讲经说法，都不能唤起此种意境。正如宗教史所告诉我们的一样，对于放弃自我而投入阿弥陀佛本愿的究极真理，必须要有一番直观的洞视才行。这岂不是"南无阿弥陀佛"自一个人的内心深处（adhyāsaya）涌出的时刻吗？这岂不是真宗导师们说"称名一声、即可得度"这句话时所指的吗？

六、念佛的神秘与名号的称颂

如此解释念佛法门，我们便可了解一遍上人[3]所做的讨论了：

> 所谓往生，就是一念始觉，是谓之有，亦即心中有了一念。"南无阿弥陀佛"本身便是往生，而此往生即是无生。此悟发生了，我且称之为一念始觉。学者一旦专注于超越时间的佛号了，便是无始无终的往生了。

> 有时分为临终时刻与日常生活，但这是一种依于乱想而立的教示。

---

① 大意取自《唯信钞文意》。
② 大意取自《唯信钞文意》。
③ 一遍上人是日本净土宗时宗的开山祖师（1239—1289），他的"语录"中到处可见神秘家的思想。

"南无阿弥陀佛"本身里面既无最后时刻，亦无日常生活，它是一种通贯三世的实相。至于人的生命，只是一系列的刹那，每个刹那只在一呼一吸之间，因此，念念皆是临终一念，念念皆是最后一念，念念皆是一次往生。

一遍所说的这种神秘语句，我们只要续看下面所引的东西，其意即可逐渐显明：

> 意识一旦被"阿弥陀佛"扫除之后，这便是临终的正念……此时只有佛号，除此之外，既无能念，亦无所念；此时只有佛号，除此之外，别无往生。所有一切现见万物，悉是佛号本身之内的性德。是故，若知万法不生，一切识心之迹悉皆消失，一念"南无阿弥陀佛"，最初一念觉悟，便是临终正念；因为，此无他，止是觉悟的一念，此即"南无阿弥陀佛"。
>
> 与其说是执持名号，毋宁说作被名号所持。一切万法皆是一心，但此心不自显示：眼不自见，虽有见性；木不自燃，虽有燃性。举镜在前，眼即自见，此系镜性。人人皆有此镜，谓之大圆镜；此即三世诸佛所证的名号。是以，就以此镜见你自己本来面目吧，不见"观经"道，如人以镜自见其面？
>
> 又者，木为火着即为所燃——此能燃之火不异潜于木中之火。是故，内外因缘合故，万法得成。虽然，我们人人都有佛性，但此佛性不烧烦恼，除非燃以般若智火，亦即此个名号 (nāmadheya)。净土宗说，若欲执持一物，必须离此一物。此种训诫，应记于心。

"南无阿弥陀佛"这六个字，顾名思义，并不只是名号的本身，它所含的内容实不止此，因为"南无"（梵文 namas）一词含有"归依"或"顶礼"的意思。但一般而言，"南无阿弥陀佛"这六个字，通常都被当作一个名号看待，并对它那不可思议的神秘作用加以赞叹。净土诸师为这个问题竭智尽心地发挥了他们的说理才能，但说来奇怪的是，他们对于此种经验的心理学的一面，却一直沉默不言，他们的这种沉默，也许是出于他们对于阿弥陀佛的体认，因为，这根本是本体上的问题。但当他们宣称唯有佛号存在，能念与所念二者均皆泯除之时，这便是一种神秘经验而非形上观照的陈述了。由称名而来的这种经验，与由参禅而来的体验，性质上并无二致，这个经验的客观面一旦受到形上的解释，名称便被客化，而阿弥陀佛便成了绝对的"他力"；但是，从另一方面说来，设使行人是个禅者的话，他对此点的体会便是彻底的"唯心"了。

《安心决定钞》的作者，跟一遍上人一样，亦被视为名号的大力支持者，因为，他曾说过：

> 称谓"南无"的行人与阿弥陀佛本身之间既无一念之隔，则他所怀的每一念就无不皆是"南无阿弥陀佛"了。如此，他与佛性便息息不相背离了；他的整个身心便都是"南无阿弥陀佛"的本体了……念佛三昧的意义一旦解了之后，他的身心便都是"南无阿弥陀佛"了。
>
> 因此之故，过去、现在以及未来三世一切众生，只要生起一念信心（深信阿弥陀佛的本愿），这一念信心便回向一念悟心（原在佛心之中唤起的觉悟）；而十方一切有情众生之心，只要一称名号，亦皆回向一念悟心。行人不留一念，不发一言（它们全部同向悟的本源了）。本愿既是名实合一的一种愿行，名号本身里面就含有全部觉悟的实质了，而这既是觉悟的本质，也就是十方一切众生分上的往生了。

且不论净土（包括真宗在内）诸师是否意识到这个事实，他们所做的形上结论中或他们的神学（假如此词可以用于佛教的话）里面，都有着某种属于心理学的东西。心理学在宗教里虽不能说就是一切，但也是宗教的构成基础，因此，即使是以信为则的真宗而言，它的开山祖师亲鸾，亦有许多言句，我们如果不将他的神秘经验列入考虑的话，也是不易理解的。

例如，当他申述名号与本愿不二，悉非人智所及的道理时，就是以佛的言教本身为其建立的基础。这个道理非常简单，但我们怎样才能证实我们所信的东西呢？尤其是，当所有的真宗导师们都劝我们放弃学问和推理时，我们又怎能接受以颇为机械的方式注入吾人脑中的一切呢？这也就是说，我们到底以何为凭呢？我们的心里，乃至非常不讲逻辑的心灵，必须先有某种心理上的境界，而后始能对于教我们相信的一切说个"对"或"是"字。既然相信弥陀本愿了，为何又要称其名号呢？可能的情形也许是：称名即是信受，反之亦同，但是，此种同一亦须是经验而非逻辑推论的一种结果才行。

> 本愿与名号两不相离，本愿之外无名号，名号外无本愿。纵属此种陈述，仍然不脱人智的理解。既信本愿非智所及，又信名号非智所及了，称名即在一念之间，为何又用自己的人智理解呢？①

单是信受，似乎即已足以保证信者往生净土或者开悟了，为何还将称名视为不可或缺的事情呢？即云信心之外无称名，又云称名之外无信心，为何还要如此重视名号呢？"南无阿弥陀佛"六个字对于信心的坚定为何如此紧要呢？

这个名号，既然非相对的人智所及而无意义可陈，学者就须先有一度的经验证明，而后才能明白它确非人智可及和没有意义可陈。从禅的观点看来，"南无阿弥陀佛"这六个字，可说是给净土信徒参究的一则公案。这个名号的神秘一旦在它被称颂的时候得到体悟了，那便是钥匙交给行人手中的时刻，而整个的宗教意识宝库也就安全地托付给这位行人了。

> 阿弥陀佛的本愿欢迎任何以绝对信心称其名号的人往生他的极乐国土；因此，称其名号的人有福了。有了信心而不称名，其信便无利益。一心称名而不深信，往生亦不得成。深信往生为念佛之果而称名

---

① 语见《末灯钞》——由亲鸾所写的二十三封书信所合成的一个文集。

者，必定往生报偿之土。①

没有信心，不能往生，这点不难理解，但是，为何必须称名呢？若要了解这个包含诸佛般若智慧的奥秘，必须透视吾人本身的生命深处，而毫无疑问的是，依照净土的说法，能够窥测此种深处的法力，就是这"南无阿弥陀佛"六个字。

七、经验与理论的建立

所有一切的宗教，莫不皆以神秘经验为其建立的基石，若无此种基础，所有一切玄学或神学的上层建筑，便如空中楼阁一般，难以自持。此系宗教不同于哲学的所在。所有一切的哲学体系总有堕为残垣颓壁的一天，而宗教生命却会永远不息地体验它的内在奥秘。净土宗与禅宗都不能离开此种奥秘。净土宗将它的理论建立在念佛的上面，而禅宗则以公案的参究为其理论的建立基础。就其理论的结构而言，两者似乎互不相类。

净土宗要见它的信徒往生极乐世界，而后在极乐世界开悟成佛。因此它开示信徒，说他们罪孽深重，单凭他们的智力无法体会佛教的高深真理，又说他们为往世的业障所系，自己的能力有限，无法挣脱本身的系缚。因此，阿弥陀佛出现在他们面前，他的本愿就是要助他们一臂之力，帮他们渡过生死之流。但此一臂之力，须要他们一心（ekacitta）称颂他们的救主之名，才能发生作用。

唤起这种一心状态，专门一点说，就是唤起"一念信心"的境界，乃是净土教义上的一个重大问题。弥陀本愿，名号，"一念信心"，称名，往生——所有这些，皆是构成净土教理链子的环节。你只要抓紧其中的任何一个环节，也就抓住了整个链子，而净土诸师则给"称名"一环以最最显著的地位。以此而言，净土经验可说是禅悟经验的另一面，而出声念佛与

———————

① 语见《末灯钞》。

公案参究可说是建立在一个共通的基础之上。

从心理学上来说，出声念佛的目的在于消除二元主义中的经验意识。学者也以此法门克服使他感到烦恼的理论难题和矛盾。他以专心致志的至诚念佛，将他自己投入本身生命的深处。但他并不是一个毫无目的的漫游者，因为他已与名号同行，以名号为其向导了。他与名号一同深入生命的源底；尽管他不时背离名号，但他总会记起名号而与名号打成一片。

有一天，不知怎的，他既不再是他自己，又不与名号同行。当此之时，只有名号存在，而他既是这个名号，这个名号就是他。突然之间，甚至连这种感觉也消失了，但这并不是一种心灵空白或完全不省人事的状态。所有这一切心理学上的名称，都无法描述他此时此刻所处的心境。但他不会逗留在这个所在，因为，他将像突然从这种状态醒悟过来。当他觉悟时，他会带着一念觉悟过来，而这一念觉悟便是阿弥陀佛的名号和弥陀本愿与往生净土的信心。如此从一个绝对合一的状态之中脱颖而出，当以"南无阿弥陀佛"的称念为其印迹，此盖由于此种觉悟系由净土的教学而来。

根本上，宗教乃是一种亲身体验的事情，但当如此体验时，知性却可渗入信心的每一根纤维之中。因为，当此种经验获得它的名字之时，这也就是说，当它被称为信心时，它已受过知性的洗礼了。后者本身虽然没有什么力量，但一旦与经验结合之后，它便有了权威。因此，我们发现，几乎每一种宗教论争，莫不皆以经验的哲理为其中心，换句话说，所争的皆是神学上的微细差别，而不是经验的本身。因此之故，如何解释此种经验，便成了一种极不宗教的迫害或极其血腥的战争之因。

且不论此意如何，宗教经验总是其玄学体系的持续和驱使的力量。这点说明了知性解释之所以分歧的原因，纵使是在一种宗教体系之内，例如佛教里面的净土与禅，亦复如此——虽然，就心理学的一面而言，两者的经验根本上并无二致。

此外，这也说明了禅与净土之间的历史关系。从表面或从知性的层面来看，就以禅宗的许多公案为例，并与"南无阿弥陀佛"做一个比较的说明吧："不与万法为侣者是什么人？""待汝一口吸尽西江水即向汝道！""如何是祖师西来意？""东山水上行！"看吧，它们之间显得多么不相关联！

这些公案与"南无阿弥陀佛"之间，就两者之诉诸知性而言，简直没有任何关系可说。"南无阿弥陀佛"，直译的意思是"皈依或敬礼阿弥陀佛"，含义相当清楚。但是，说到山在水上行走，或一口吸尽整个江水，就没有可解的意思可言了。我们对它们所说的一切的看法只是："胡言乱语！"这些没有意义的语句与念佛怎会相当呢？

然而，正如前面所说的一样，"念佛"已经不再含有"观佛"或"想佛"的意思了，而与"名号"乃至"称名"合为一体了。因此，观佛或者"见佛"（佛现在前或佛立其前）已经让位于这个片语的不断复诵了——也就是说，已经让位于一个不常或不必指陈任何明白的客观实体，只是一个不甚可解的名称了，或者，已经让位于一个代表某种不可形容、不可测度，完全超于知解，故而暗示一种超于意义的符号了。

念佛法门到了这时候，所念的名号便与公案密切接近了。在此之前，念佛与参禅一路而来，各有不同的历史发展路线，但到此时，它们彼此之间的距离愈来愈近了，而当它们彼此相看时，竟然非常意外地各在对方的身上看到了本身。

禅要廓清吾人意识上的一切渣滓，以使它能够承受纯净无杂的一念始觉；在一般人看来没有意义可言的公案之所以要教禅徒参究，就是为了此点。目的在于返回本来的清白——尚无意识活动之前的清白。这就是一种不生（不灭）的境界。禅由此发端，而净土亦然。

八、白隐禅师对参禅与念佛的看法

下面，且让我引用白隐禅师写给他的一位贵族弟子的信[1]，作为本章的

---

① 节自一册名叫《远罗天釜》的书信集。这是白隐禅师的弟子常读的一本小书。

结语，因为他曾在这封信中谈到念佛的相对功德与导入悟境的公案法门。白隐并不轻视念佛或称名（此在净土信徒心中实际上并非两种）的价值，但他认为参禅更有效果，因为公案可在禅人心中引发强烈的疑情，进而导致禅悟的经验。念佛亦可达到这个目的，但只有少数偶然的例外，因为念佛法门里没有可以激发疑情的东西。

此外，白隐也举了一些由于念佛而得省悟的例子。那就让我们从他所举的例子开始吧：

> 元禄（1688—1703）期间，有两位净业行人，一名丹恕，一名丹愚。丹恕悟后往谒毒湛老人（匝三禅师），湛问："你是何处人？"
>
> 恕曰："山城人。"
>
> 湛问："修习何业？"
>
> 恕曰："净业。"
>
> 湛问："弥陀如来年多少？"
>
> 恕曰："与某甲同年。"
>
> 湛问："你年多少？"
>
> 恕曰："与弥陀同年。"
>
> 湛问："弥陀今在何处？"
>
> 恕即提起左手并略略举了一下。
>
> 湛惊曰："你真是一个净业行人！"①

不久之后，丹愚亦发了三昧而得"大事决定"。

此外，约在同时，尚有一个名叫赤泽的行者，也是净土信徒。此人一心称名，亦证佛教真理，白隐在此表示，他已在别处记述了这些事实。

---

① 有人问寿山师解禅师："寿山年多少？"师曰："与虚空齐年。"又问："虚空年多少？"师曰："与寿山齐年。"语见《传灯录》第十一卷。（白隐在此描述了一位参"无"字公案的禅门行者的心理状态。关于此点，已在本书第九十八页引用过了。）

由上可见，白隐并不是一个一味排他的禅师，只不过是，他不希望他的禅徒们背离他们的正修而已。这封信继续写道：

无字与名号，并无两般，但须知道，得力有迟速、见道有深浅。大凡办道参玄上士，塞断情念渗漏，触破无明眼膜，要以"无"字（公案）最为有效。五祖山法演禅师颂云：

赵州露刃剑，寒霜光焰焰。
更拟问如何，分身作两段！

……当此之时（大悟之际），生死涅槃犹如昨梦！三千世界海中沤，一切圣贤如电拂！此即大彻妙悟，囹地一下[1]底时节！

当此之时，说理不得，说事不得，如人饮水，冷暖自知。十方销融目前，一念贯通三世；其快活欢喜，非人间天上可比。学者亲切精进，才三日五日，便到如此境地。

问题在于：如何使大疑现前？

不必舍动取静，并此身心，总是个赵州"无"字，看它毕竟是个什么。抛开一切情念思想，单单提个"无"字，看它究竟个什么道理。如此用功，定有大疑现前底时刻到来。

当你听说大疑现前、纯一无杂的情状时，难免会有一些恐惧骇怪的感觉，但你必须知道，此乃蹈破无量劫来生死重关、内证十方如来本觉底大事，非同小可，自然须历相当艰辛，始可达到。

回顾"无"字参究，得大疑现前、大死一番、而得大欢喜境界底禅人，真是不可胜数；反观由唱名号而得少分相应的念佛行人，只闻两三个而已。惠心院的僧都，以其智德、信心以及精神而言，可在一个月、两个月，

---

① 参见本书第一部分第十二节，彼处引有与此相类的用语。所有这些术语，悉皆指陈六祖慧能及其子孙所强调的顿悟经验。

乃至半年、一年的期限之中，证得自身的真如而悟佛教真理——假如他猛着精彩，力参"无"字或"麻三斤"这个公案的话。可惜的是，他把四十年的精彩用到诵经称名上去了。此盖由于念佛行人，纵使是勇猛精进者，亦无疑团生起之故。须知此种疑团，确为进道的羽翼，彻悟的大道。

又如法然上人，其道德、仁义、精进、勇猛之处，皆出常人，能以自眼之光披览圣教（阅读经典）。如此之人，若有疑团现前，可以立地了毕大事（大彻大悟）而得往生决定。可惜索头太短，不及深泉，良可悲叹！

反观杨岐、黄龙、真净、息耕、佛鉴，及以妙喜（亦即大慧）诸老，所知诸佛名号百千万亿，所知诸佛神咒百万千亿，授徒举扬，犹恐不足，何故却举个"无"字作为达此目的手段？其中若无可以特别推荐的长处，他们岂肯这么做？其理安在？无他，盖因"无"字易在学人心中生起疑团，而名号（"南无阿弥陀佛"）则难起疑团故也。

然而，甚至禅徒之中，亦有专唱称名、希冀往生者，其故安在？在于当时（亦即元末明初）古代禅苑日渐凋枯，而净土日渐受到鼓励这个历史事实。真风未坠之日，西天四七（二十八代）、唐土二三（六代）、传灯历代祖师——南岳、青原、马祖、石头、百丈、黄檗、南泉、长沙、临济、兴化、南院、风穴、首山、汾阳、慈明、黄龙、真净、晦堂、妙喜，乃至五家七宗诸老，梁、陈、隋、唐、宋、元间六朝诸大宗匠，各各建立孤危宗风，譬犹臂悬夺命神符，口唱法窟爪牙，唯恐宗风坠地，而矻矻孜孜。昼夜提厮，哪里想到念佛往生之事！

悲哉！时乎？命乎？降至明末，有彼师云栖袾宏者，参玄力有未逮，道眼未得圆明；怖于生死之苦，进于寂灭之乐，终至钦慕远公莲社之遗韵而摇祖庭孤危之真修，自称莲池大师，造《弥陀经疏钞》，以此接引后学；又有鼓山永觉元贤大师，造《净慈要语》，为之击节辅佐。汉土（中国）、扶桑（日本），禅宗精神，自此受污；假令临济、德山、汾阳、慈明、黄龙、真净、息耕诸老复出把臂攘斥，亦难挽此狂澜矣！

我如此说，似有苛责净土宗旨褊狭、轻贱念佛修行之嫌，但事实并非如此。我所痛责者，乃是彼等禅徒，自称曾受禅门锻炼，但参禅志短，懒惰成性，习禅乏力而见性眼昏，茫茫蹉跎一生，待至年老力衰，时命日促，唯恐来生受轮回之苦，无有了期，于是欣求净土极乐而修念佛课程，对在家无智男女说，我等末代下根，似合厌离秽土，手持长串念珠，高声念佛。彼等貌似虔诚，伪装禅门忠实信徒，实是身在禅门而谤禅门，一似梁柱蠹虫，终至蛀倒梁柱！因此，彼等应受严厉指责！

大明以来，此党甚多，尽是庸才懦弱禅徒。距今三十年前，曾听一老宿悲叹云：“悲哉！衰敝一至于斯！向后三百年将会如何？天下禅苑，将成佛堂；只闻木鱼念佛之声；六时礼赞，四邻为之惊绝！”就我所见，这并不是一种无根的悲观之论。最后，老僧不惜眉毛，为你举扬亲切一着，切莫作一喝会，亦莫作陀罗尼解，更莫作苦丸子吞下肚去。作么生是亲切一句？僧问赵州：“狗子还有佛性也无？”州曰：“无！”[1]

附录[2]：十八则参悟经验

（一）慧圆上座的参悟经验

这一交，这一交，万两黑金也合消。

头上笠，腰下包，清风明月杖头挑！

---

[1] 正当本书交印之际，京都妙心寺的公孙后藤先生（Mr.Kōson Goto）告诉笔者，白隐有一封尚未印行的信，其中表示他“最近以‘只手’公案示徒，取代‘无’字公案，因为‘只手’较‘无’字更易唤起疑情”。自此以后，“只手”便成了白隐后代的一则热门公案，直到今日。这个公案的大要是：“试听只手之声（亦作‘只手音声’）。”两手相拍发声，而只手则无从发声。现在，白隐却要他的门徒谛听“只手之声”了。我们不妨说，这只公案比“无”字含有较多的知解成分。白隐是一位主张唤起疑情而反对机械念佛的大师，如今运用“只手”作为最初的一种开眼之器，在禅悟意识发展史上是一件颇有意义的事。待到写中国禅宗发展史时，我想从一个与此略为不同的论点来谈这个问题。

[2] 这一部分的文字中不但含有禅师们所作的“投机偈”（详见本“论业”第一系列第二二七页），同时也含有促使他们进入悟境的情形，希望能够帮助宗教心理学者，对于禅者的成熟心眼有所瞥视。待将与公案参究技巧有关的这些方面做过一番研究之后，对于佛教的特质自然就有更大的了解了。

据《传灯录》的第二部分 [1] 所载，这首偈子出于一位名叫慧圆的上座，因在殿庭中忽然跌倒而开悟。但在另一个地方，又说出于投子修颙，因登溷捺倒打破水瓶有省云。

（二）晦堂禅师的参悟经验

晦堂祖心禅师（1025—1100）[2]，依黄檗南禅师数年，不大发明，后阅"传灯"，至：

> 僧问多福："如何是多福一丛竹？"
>
> 福曰："一茎两茎斜。"
>
> 曰："不会。"
>
> 福曰："三茎四茎曲。"

忽然于此开悟，彻见二师用处，径回黄檗，方展坐具，檗曰："子已入吾室矣！"师踊跃曰："大事本来如是，和尚何得教人看话 [3]？百计搜寻？"檗曰："若不教你如此究寻到无心处自见自肯，即吾埋没汝也！"

（三）东坡居士的参悟经验

> 溪声便是广长舌，山色岂非清净身？
>
> 夜来八万四千偈，他日如何举似人？

---

① 指《续传灯录》，以下略称"续传"，计有三十六卷，所记为十世纪后期与十四世纪之间的禅师传记，为《传灯录》的续编。慧圆的传记在第二十卷，而修颙的传记则在第十四卷。

② 见"续传"第十五卷。

③ "看话"，为"看话头"之略称，简言之，就是"参公案"，因为所谓"话头"，也就是给禅徒参究的一种问题也。

上面的这首偈子出于诗人苏东坡[1]笔下。苏东坡是照耀宋代文化世界的一颗文学大明星,某次他到荆南,听说王泉承皓禅师"机不可触"(机锋锐利,无可当者),因拟抑之,遂微服求见。

皓问:"尊官高姓?"

士曰:"姓秤——乃称天下长老(包括皓在内)底秤!"

承皓大笑,忽振声一喝曰:"且道这一喝重多少?"

士无对,于是尊礼之。(他只好脱下帽子,向他的对手表示甘拜下风了。)

(四)瑞岩禅师的参悟经验

明州瑞岩义海禅师[2],造云居齐法席,齐问:"甚么物恁么来?"师于言下大悟,遂有颂曰:

> 云居甚么物?问着头恍惚。
> 直下便承当,犹是生埋没!

(五)智柔禅师的参悟经验

> 二十年来行脚,走尽东京西洛。
> 如今却到栖贤,一步不曾移着!

上面这首偈子出于庐山栖贤寺的智柔禅师,因参圆通有省而作。[3]

(六)仰山禅师的参悟经验

仰山在百丈会下,问一答十,口吧吧地。百丈曰:"汝已后遇人在!"

---

① 详见"续传"第二十卷。

② 详见"续传"第十一卷。

③ 详见"续传"第十二卷。

后到沩山处，沩问曰："承闻，子在百丈，问一答十，是不？"仰云："不敢。"
沩云："佛法向上一句，作么生道？"

仰拟开口，沩便喝。如是三问，仰三拟答，三被喝。仰低头垂泪云："先
师道，教我更过人始得。今日便遇人也！"遂发心，看牛（英译云："做猛
烈的精神锻炼"）三年。

一日，沩山见仰在树下坐禅，以拄杖点背一下。仰回首，沩云："寂子，
道得也未？"仰云："虽道不得，且不借别人口！"沩云："寂子会也！"①

（七）道圆禅师的参悟经验

若要明白下面所述的道圆②的故事，先须明白"百丈野狐"的公案。这
个公案约如下述：

师（百丈）每上堂，有一老人随众听法。一日众退，唯老人不退。师问：
"汝是何人？"

老人曰："某非人也——于过去迦叶佛时，曾住此山。因学人问：'大修
行人还落因果也无？'某对云：'不落因果！'遂五百生堕野狐身。今请和
尚代一转语，贵脱野狐身！"

师曰："汝问。"

老人曰："大修行人还落因果也无？"

师曰："不昧因果！"

老人于言下大悟，作礼曰："某已脱野狐身，住在山后，敢乞依亡僧律送！"

师令维那白椎告众："食后送亡僧！"

大众聚议："一众皆安，涅槃堂又无人病，何故如此？"

食后，师领众至山后岩下，以杖挑出一死野狐，乃依法火葬。

上面所说"不落因果"或"不昧因果"这个问题，实在是个大问题，

---

① 石屋清洪禅师引用于他的"语录"之中。
② 详见"续传"第十四卷。

不仅是对各宗的佛教徒如此而已，即对各派哲学家们和有宗教心的人士亦然。换言之，这是一个有关意志自由的问题，是一个有关圣德神恩的问题，是一个有关超越业力的问题，是一个有关逻辑与精神、有关科学与宗教、有关自然与超自然、有关戒行与信心的问题。实在说来，这是一切宗教问题中最根本的问题。如果"不落因果"，这便与整个宇宙法则相违；它是约制群生的因果法则，如果人人不尽道德责任，社会的根本基础便垮将下来了。

那么，"不落"与"不昧"之间有什么差别呢？"不落"是一种道德行为，而"不昧"则是一种理智态度。前者使人完全独立于因果限域之外，而这个因果的限域是一个殊象的世界，也是我们生存的处所。这是一种矛盾——处身其中而又置身其外。就"不昧"而言，便是改变吾人对于一个超于因果的世界所取的心灵态度。正因为这种改变的态度，整个的人生才有一种可以称之为精神上的"不昧因果"的新境界。[1]

有了上面这一段引介和说明之后，下述道圆的公案就不难明白了：

大厦岭雪峰寺道圆禅师，性纯至，少游方，虽饱参而未大透彻，闻慧南禅师（1002—1069）在黄檗绩翠庵，往依之。一日燕坐下板，闻两僧举"百丈野狐"因缘，一僧云："只如不昧因果，也未脱得野狐身！"一僧应声云："便是不落因果，亦何曾堕野狐身耶？"师闻其语，悚然异之，不自觉其身起意行，上庵头过涧忽大悟，见南公叙其事，未终涕泪交颐。南公令就侍者榻熟寐，忽起作偈曰：

> 因果不落不昧，僧俗本无忌讳。
>
> 丈夫气宇如王，争受囊藏被盖。
>
> 一条柳栗任纵横，野狐跳入金毛队！

---

[1] 详见《指月录》第八卷。

（八）义怀禅师的参悟经验

天衣义怀禅师[1]，系一渔家子弟，活跃于十一世纪。他于试经得度后数年，至姑苏礼明觉于翠峰。

觉问："汝名甚么？"

师曰："义怀。"

觉问："何不名怀义？"

师曰："当时致得。"

觉问："谁为汝立名？"

师曰："受戒来十年矣！"

觉问："汝行脚费多少草鞋？"

师曰："和尚莫瞒人好！"

觉问："我也没量罪过，汝也没量罪过。尔作么生？"

师无语。

觉打曰："脱空谩语汉，出去！"

入室次，觉曰："恁么也不得，恁么、不恁么总不得。（你以为如何？）"

师拟议，觉又打出，如是者数四。

寻为水头（负责全寺供水的僧职），因汲水折担，忽然大悟，由此得知了一直未晓的真理，作了如下的一首"投机偈"：

一二三四五六七，万仞峰头独足立。

骊龙颔下夺明珠，一言勘破维摩诘。

觉闻，拊几称善。

---

[1] 详见"续传"第六卷。

（九）令滔首座的参悟经验

令滔首座[①]，见参泐潭（怀澄）。潭因问："祖师西来，单传心印；直指人心，见性成佛。子作么生会？"

师曰："某甲不会。"

潭曰："子未出家时作个甚么？"

师曰："牧牛。"

潭曰："作么生牧？"

师曰："早朝骑出去，晚径复骑归。"

潭曰："子大好不会！"

师于霄下大悟，遂成颂曰：

> 放却牛绳便出家，剃除须发着裟裟。
>
> 有人问我西来意，拄杖横挑啰哩啰！

（十）云峰禅师的参悟经验

云峰文悦禅师[②]，初造大愚（守芝），闻示众曰："大家相聚吃茎虀。若唤作'一茎虀'，入地狱如箭射！"说罢便下座。师大骇，夜造方丈。

愚问："来何所求？"

师曰："求心法。"

愚曰："法轮未转，食轮先转。后生乘色力健，何不为众乞食？我忍饥不暇，何暇为汝说禅乎？"

师不敢违。未几，愚移翠岩。师纳疏罢，复过翠岩求指示。

岩曰："佛法未到烂却。雪寒，宜为众乞炭！"

---

① 详见"续传"第五卷。

② 详见"续传"第九卷。

师亦奉命，能事罢，复造方丈。

岩曰："堂司阙人，今以烦汝！"

师受之不乐，恨岩不去，心地坐架，桶箍忽散，自架堕落，忽然开悟，顿见翠岩用处，走搭伽黎上寝堂。

岩笑迎曰："维那[1]，且喜大事了毕！"

师再拜，不及吐一词而去。服勤八年。

（十一）郁山主的参悟经验

衡州茶陵县郁山主[2]，自少落发，惟以应供（供应行脚僧侣食住等）为事，每有化至，师必供养之。一日因杨岐（寂于 1049 年）化主至。师问以禅宗之旨，化主为举："和尚每问衲子，僧问法灯：'百尺竿头如何进步？'[3] 法灯云：'恶！'师从此参究，未尝离念。"

偶一日赴外请，骑蹇驴过溪桥，驴踏桥穿陷足，师堕驴，不觉口中曰："恶！"忽然契悟，有颂曰：

> 我有神珠一颗，久被尘劳羁锁。
>
> 今朝尘尽光生，照见山河万朵！

上引"百尺竿头"，出自长沙景岑[4]的一首偈子：

> 百尺竿头坐底人，虽然得入未为真。
>
> 百尺竿头须进步，十方世界现全身！

---

① 维那（梵语 Karmādāna），系禅院之中的一种僧职，有时相当于礼宾司，有时相当于总理或监寺。

② 详见"续传"第十三卷。

③ 本"论丛"第一系列亦引过，见彼系列第二二八页。

④ 详见《传灯录》第十卷。

一个人既然到了百尺竿头的顶端，怎么能够更进一步呢？这里必须来个"急跳"或"飞跃"，始可体验到禅的真理。

（十二）白云禅师的参悟经验

茶陵郁山主所发现的这颗明珠，帮着照见了白云守端[①]的禅心：

舒州白云守端禅师，幼事翰墨，冠依茶陵郁山主披剃，往参杨岐。

岐一日忽问："受业师为谁？"

师曰："茶陵郁和尚。"

岐曰："吾闻伊过桥遭颠有省，作偈甚奇。能记否？"

师诵曰："我有明珠一颗……"

师诵毕，岐笑而趋起。

师愕然，通夕不寐，黎明咨询之。

适岁暮，岐曰："汝见昨日打欧摊（驱邪）者么？"

师曰："见。"

岐曰："汝一筹不及渠。"

师复骇曰："意旨如何？"

岐曰："渠爱人笑，汝怕人笑！"

师由此大悟，后出世住承天寺，作头赞师（郁山主）像云：

水月以啸兮，古来已多。

我今不然兮，所陈伊何？

百尺竿头曾进步，

溪桥一踏没山河！

颏不游兮，何游之有？

玄沙保寿兮，师其与偶。

---

① 详见"续传"第十三卷。

雁峰之东兮，浕川之口。

三十三秋兮，大狮子吼。

舒兮卷兮巳而矣，

依前空泻浕川水！

九江相去几千里，

父有重牙子无齿。

谩劳提耳一炉香，

微烟旋逐松风起！

（十三）圆通禅师的参悟经验

庐山圆通居讷禅师[①]，生而英特，读书过目成诵，十七出家，试法华得度；初受具后，肄业讲肆，耆年多下之。会禅者南游回，力勉其行。于是遍参荆楚间，久之无所得，复西至襄州洞山（子荣），留止十年，因读"华严论"，至曰："须弥在大海中，高八万四千由旬，非手足攀揽可及，以明八万四千尘劳山，住烦恼大海。众生有能于一切法无思无为，即烦恼自然枯竭，尘劳成一切智之山，烦恼成一切智之海。若更起心思虑，即有攀缘，即尘劳愈高，烦恼愈深，不能以至诸佛智顶也！"三复之，叹曰："石巩云：'无下手处。'而马祖曰：'旷劫无明，今日一切消灭！'非虚语也！"

（十四）佛眼禅师的参悟经验

舒州龙门清远佛眼禅师[②]（寂于1120年），十四圆具，依昆尼（戒学）究其说，因读《法华经》，至"是法非思量分别之所能解"，持以问讲师，讲师莫能答。师叹曰："义学名相，非所以了生死大事！"遂卷衣南游，造

① 详见"续传"第十三卷。
② 详见"续传"第十五卷。

舒州太平演禅师法席。因丐于庐州，偶两足跌仆地，烦恼间，闻二人交相恶骂，谏者曰："你犹自烦恼在！"师于言下有省。

及归，凡有所问，演即曰："我不如你！你自会得好！"或曰："我不会，我不如你！"师愈疑，遂咨决于元礼首座。礼乃以手引师之耳，绕围炉数匝，且行且语曰："你自会得好！"师曰："有冀开发，乃尔相戏耶？"礼曰："你他后悟去，方知今日曲折耳！"

太平将迁海会，师慨然曰："吾持钵方归复参，随往一荒院，安能究决己事耶？"遂作偈告辞，之蒋山坐夏，邂逅灵源禅师，日益厚善。从容言话间，师曰："比见都下一尊宿语句，似有缘。"灵源曰："演公天下第一等宗师，何故舍事而远游？所谓'有缘者'，盖知解之师，与公初心相应耳！"

师从所勉，径趋海会，复命典谒。适寒夜孤坐，拨炉见火一豆许，恍然自喜曰："深深拨，有些子！平生事，只如此！"辽起，阅几上《传灯录》，至破竈堕因缘，忽然大悟，作偈曰：

> 刀刀林鸟啼，披衣终夜坐。
>
> 拨火悟平生，穷神归破堕。
>
> 事皎人自迷，曲淡谁能和？
>
> 念之永不忘，门开少人过！

上引"破竈（灶）堕"的故事约如下述：

嵩岳竈堕和尚，不称名氏，言行叵测，隐居嵩岳。山坞有庙甚灵，殿中唯安一竈，远近祭闹不辍，烹杀物命甚多。

师一日领侍僧入庙，以杖敲竈三下云："咄！此竈只是泥瓦合成。圣从何来？灵从何起？恁么烹宰物命！"又打三下，竈乃倾破堕落（安国师遂号为"破竈堕"云）。

须臾，有一人，青衣峨冠，忽然设拜师前。

师曰："是什么人？"

云："我本此庙竈神。久受业报，今蒙师说无生法，得脱此处，生在天中，将来致谢！"

师曰："是汝本有之性，非吾强言。"

神再礼而没。

少选，侍僧等问师云："某等诸人，久在和尚左右，未蒙师苦口直为某等。竈神得什么径旨，便得生天？"

师曰："我只向伊道，是'泥瓦合成'，别也无道理为伊。"

侍僧等立而无言。

师曰："会么？"

主事云："不会。"

师曰："本有之性，为什么不会？"

侍僧等乃礼拜。

师曰："堕也！堕也！破也！破也！"[1]

（十五）泐潭禅师的参悟经验

泐潭文准禅师（1061—1115）[2]，少时遍游成都讲肆，唱诸部纲目，即弃去，曰："吾不求甚解！"法师昙演佳其英特，抚之曰："汝法船也。南方有大开土，若沩山真如，九峰真净者，可往求之。"师拜，受戒，与同学志恭诣大沩，久之不契；乃造九峰，见真净。

净问："甚处来？"

师曰："兴元府。"

"近离甚处？"

"大仰。"

"夏在甚处？"

---

① 详见《传灯录》第四卷。
② 详见"续传"第二十二卷。

"鸿山。"

净展手曰:"我手何以佛手?"

师罔然。

真净呵曰:"适来句何无丝毫差错,灵明天真了才说个'佛'字,便成隔碍!病在甚么处?"

师曰:"不会。"

净曰:"一切现成,更教谁会?"

师服膺,就弟子之列,十余年所至必随。绍圣三年,真净移石门,衲子益盛;凡入室扣问,必瞑目危坐,而无所示;见来者必起,从园丁蕹菜,率以为常。师每谓志恭曰:"老汉无意于法道乎?莫能测也!"

一日,师举杖决渠水溅衣,忽大悟,走叙其事。真净骂曰:"此中乃敢用蓊苴耶?"("你对此事怎敢如此粗率呀!")

(十六)佛果禅师的参悟经验

成都府昭觉寺克勤佛果禅师(寂于 235 年)[1],世宗儒,儿时日记千言,偶游妙寂寺见佛书,三复怅然,如获旧物,曰:"子殆过去沙门也!"即出家,依自省祝发,从文照通讲说,又从敏行授楞严,俄得病濒死,叹曰:"诸佛涅槃正路不在文句中,吾欲以声求色见,宜共无以死也!"遂弃去,至真觉胜禅师之席。胜方刺臂出血指示师曰:"此曹溪一滴也。"(曹溪乃中国六祖慧能大师建宗之地,此语表示,禅必须以生命追求也。)

师蘉然,良久曰:"道固如是乎?"即徒步出蜀,首谒玉泉皓,次依金銮信,大湿哲,黄龙心,东林度,愈指为"法器",而晦堂则称:"他日临济一派属于矣!"最后见五祖山法演,尽其机用,祖皆不许,乃谓强移换人,出不逊语,忿然而去。祖曰:"待你著一顿热病打时方思量我在!"

---

① 详见"续传"第二十五卷。他以写作《碧岩录》一书知名于世。他所得到的封号为"圆悟禅师"。

师到金山，染伤寒，困极，以平日见处试之，无得力者；追忆五祖之言，乃自誓曰："我病稍间即归五祖！"病痊，寻归，祖一见而喜，今即参堂，便入侍者寮。方半月，会部使者解印还蜀，诣祖问道。祖曰："提刑少年曾读小艳诗否？有两句便相近：

> 频呼小玉元无事，只要檀郎认得声！"

提刑应："喏！喏！"祖曰："且仔细！"

师适归立次，问曰："闻和尚举小艳诗，提刑会否？"

祖曰："他认得声。"

师曰："'只要檀郎认得声'，他既'认得声'，为什么却不是？"

祖曰："如何是祖师西来意？庭前柏树子？"

师忽有省，遽出，见鸡尽上阑干鼓翅而鸣，复自谓曰："此岂不是声？"遂袖香入室，通所得，呈偈曰：

> 金鸭香销锦绣帏，笙歌丛里醉扶归。
> 少年一段风流事，只许佳人独自知！①

祖曰："佛祖大事非小根劣器所能造诣。吾助汝喜！"

（十七）佛鉴禅师的参悟经验

舒州太平慧勤佛鉴禅师②丱（guàn）岁师广教圆深，试所习得度，每以"唯此一事实，余二则非真"味之有省。乃遍参名宿，往来五祖之门有年，恚祖不为印据，与圆悟相继而去。及悟归五祖，方大彻证，而师忽至，意

---

① 诗曾在本"论丛"第一系列引用过，见于彼书第二二八页。
② 详见"续传"第二十五卷。

欲他迈。悟勉令挂搭，且曰："某与兄相别始月余，比旧时相见时如何？"

师曰："我所疑者，此也。"遂参堂。

一日，闻祖举僧，问赵州："如何是和尚家风？"

州曰："老僧耳聋，高声问将来！"

僧再问。

州曰："你问我家风，我却认你家风了也！"

师即大豁所疑，曰："乞和尚指示极则。"

祖曰："森罗及万象，一法之所印！"

师展拜而退。祖令主翰墨。

后同圆悟语话次，举东寺问仰山"镇海明珠"因缘①，至"无理可伸"处，圆悟徵曰："既云'收得'，逮索此珠，又道'无言可对，无理可伸。'"师不能答。明日谓悟曰："东寺只索一颗珠，仰山当下倾出一栲栳。"悟深肯之，乃告之曰："老兄更宜亲近老和尚去。"

师一日造方丈，未及语，被祖诟骂，惬懈而退，归寮闭门打睡，恨祖不已。

悟已密知，即往叩门。师曰："谁？"悟曰："我。"师即开门。

悟问："你见老和尚如何？"

师曰："我本不去，被你赚累我，遭这老汉诟骂！"

悟呵呵大笑曰："你记得前日下底语吗？"

---

① 关于"镇海明珠"的因缘约如下述：

仰山参东寺如会禅师（742—823）师问："汝是甚处人？"

仰曰："广南人。"

师曰："我闻广南有镇海明珠，是否？"

仰曰："是。"

师曰："此珠如何？"

仰曰："黑月即隐，白月即现。"

师曰："还将得来也无？"

仰曰："将得来。"

师曰："何不是似老僧？"

仰叉手近前曰："昨到山，亦被索此珠，真得无言可对，无理可伸！"

师曰:"是什么语?"

悟曰:"你道:'东寺只索一颗珠,仰山倾出一栲栳!'"

师当下释然。悟遂领师同上方丈,祖才见,遂曰:"勤兄,且喜大事了毕!"

(十八)佛灯禅师的参悟经验

安吉州何山佛灯守珣禅师(1079—1134)[①],初参广监瑛禅师,不契,遂造太平,随众参请,邈无所入,乃封其衾曰:"此生若不彻去,誓不展此!"于是昼坐宵立,如丧考妣。愈七七日,忽佛鉴上堂曰:"森罗及万象,一法之所印!"师闻,顿悟,往见监。

鉴曰:"可惜一颗明珠,被这疯癫汉拾得!"乃诘之曰:"灵云道:'自从一见桃花后,直至如今更不疑!'如何是他'不疑'处?"

师曰:"莫道灵云不疑,只今觅个疑处,了不可得!"

鉴曰:"玄沙道:'谛当甚谛当,敢保老兄未彻在!'那里是他'未彻'处?"

师曰:"深知和尚老婆心切!"

鉴然之。师拜起,呈偈曰:

> 终日看天不举头,桃花烂漫始抬眸。
>
> 饶君更有遮天网,透得牢关即便休!

鉴瞩令护持,是夕,厉声谓众曰:"这回珣上座稳睡去也!"

圆悟闻得,疑其来然,乃曰:"我须勘过始得!"遂令人召至,因与游山,偶到一水潭,推师入水,急问曰:"牛头未见四祖时如何?"

师曰:"潭深鱼聚。"

悟曰:"见后如何?"

师曰:"树高招风。"

---

① 详见"续传"第二十九卷。

悟曰："见与未见时如何？"

师曰："伸脚在缩脚里。"

悟大称之。

第二篇

两部禅学教科书

——《碧岩集》与《无门关》

禅

《碧岩集》和《无门关》是禅学的两部重要典籍，其中收录了大量经典的禅学公案，且每一篇都堪称佳作，暗藏玄机，读后或如醍醐灌顶，或如晴空霹雳，发人深省。因此，学禅者不可不了解和研究这两本书。

一、碧岩集

《碧岩集》或《碧岩录》①，被临济宗认为是最有价值的丛书之一，此在日本犹然。这本书的内容，主要系由雪窦禅师的百"则"（cases）②"颂古"和圆悟禅师的"评唱"所组成，前者的材料大半选自《传灯录》这本禅师史传，而后者则是对于这些"古则"所作的讲录。雪窦重显是云门宗下的一位大师，出兴于宋代的初期（980—1052）。他以文才著称于世（识者说他有"翰林之才"），当他完成这一百则富于诗趣的颂古并公之于世之后，立即得到了当时文学界的普遍赞美。

圆悟禅师（1063—1135）住持四川（蜀）省都的时候，在弟子们的请求之下，以雪窦禅师的这些作品作为讲禅的教本。后来，到了明成化年间

① 《碧岩集》或《碧岩录》，日文读作 Hekiganshu or Hekiganroku。"碧岩"的意思是"碧绿的山岩"，"集"是"选集"，而"录"则是"记录"。"碧岩"这两个字原是圆悟禅师的书斋之名，故名。
② 英文的 case，在此含有"案例"的意思，因此我们用它来表示全书之中的每一个范例，但没有中文的"则"（Tsê）字好，因为此字含有"一种准则"，或"一个项目"，或序列之中的"一个条款"等意思。

(1111—1118)，他迁往澧州巫山的龙泉院，又膳弟子之请，继续讲述这些作品。这些讲述的语句，由弟子们记录下来，编集而成一本正式的书。其中，每则案例的前面都加一个引介的谈话（弟子记为"垂示云"），接着以禅宗文学所特有的方式，对案例的文本加以解说和评述，而其后的雪窦颂古，亦以同样的手法加以采讨。

这些记录，由于圆悟无意加以校正，也就在一种未经校订的杂乱情况下在门徒之间流传开来。圆悟的一个门人关友无党，唯恐将来不可收拾，因而决心来编一个审定本，以便杜绝由于抄写错误而发生种种可能的变体。此书于1125年暮春时候出版，距离圆悟最后一次讲述作品已有二十年的时光了。无论是编者关友无党或序言的作者普照禅师，都没有述及作者曾在印出前亲自过目一遍。

圆悟下面的一位最出色、最能干的弟子大慧，因见此书对于禅的真正体会并无益处，便举火将它焚毁了。虽然我们无法确定他是否真的如此做了，但此书显然未再流通，却也是一个事实。直到大约两百年的时间(1302年)之后，颐中的张明远才在成都发现一本完好的《碧岩集》。他以自己在南方获得的其他本子校正此本的讹误，结果便成了吾人现见的本子。

据说日本曹洞宗开山祖师道元，早于张本出现前八十年，即嘉禄三年(1227年)，就从中国携回《碧岩集》一册。张本究于何时进入日本，不甚明了，但其时中日禅师的交流已很频繁，故知该书大概已由当时留学中国的日本僧人携至此岸。早在十五世纪初期，我们就有日本版的《碧岩集》了。

这本书的组成约如下述：每一则案例的前面都有圆悟的引介；雪窦所选的案例之中都择有圆悟的著语或评语；接着是圆悟对案例或本则所做的一种评唱；其后是雪窦所作之欣赏的或评判的偈颂，其间亦插入了圆悟的著语或评语；最后则是圆悟对这首偈颂所做的一种解说性的评述。

下面引介的，是本书之中的第五十五则案例："道吾、渐源吊慰。"

二、《碧岩集》第五十五则：道吾渐源吊慰①

（一）引介

（圆悟禅师）垂示云：稳密全真，当头取证；涉流转物，直下承当；向击石火、闪电光中坐断葛讹②，于据虎头、收虎尾处壁立千仞则且置（大师的这些成就且不说），放一线道，还有为人处也无？试举看。

（二）案例

举：道吾③与渐源④至一家吊慰。源拍棺云："生耶？死耶？" <small>道什么？好不惺惺⑤。这汉犹在两头！</small>
吾云："生也不道，死也不道。" <small>龙吟雾起，虎啸风生⑥。贼赃相见，老婆心切！</small>
源云："为什么不道？" <small>蹉过了也！果然错会！</small>
吾云："不道！不道！" <small>恶水蓦头浇！前箭犹轻后箭深！</small>

---

① 道吾的本名叫圆智，是药山的弟子之一，逝于 835 年，享年 67 岁。他与他的师兄云岩同侍药山时，一日，药山对道吾说："智不到处切忌道著，道著即头角生。智头陀（圆智）作么生？"他不声不响地走了出去。这时云岩问药山云："智师兄为什么不只对和尚？"药山答云："我今日背痛。是他却会。汝去问取。"于是，云岩来问道吾："师兄为什么不只对和尚？"道吾云："汝却去问和尚。"——道吾提出了这个谜样的建议。石霜是道吾圆智的一个弟子，一日，他向他的老师问道："师百年后，有人问极则事，作么生向他道？"道吾没有答复这个问题，却唤沙弥。沙弥应诺，道吾即云："添却净瓶水著！"道吾良久，却问石霜："适来问什么？"石霜再举，道吾即便起去。这个"起去"，是道吾举示禅理常用的一种方式。他的其他语句详见《传灯录》十四卷。
② 葛讹：葛者，同肴，字典曰："肉带骨曰肴。"《神异经》曰："西南荒中出葛兽，状如兔，人面，能言，常欺人也。"言事不分明意也。
③ 道吾：《五灯会元》曰："潭州道吾山宗智禅师，豫章海昏张氏子也；依涅槃和尚受教登戒；预药山惟俨禅师法会，密契心印；唐太和九年九月十日示寂，建塔道吾山。"
④ 渐源：会元曰："潭州渐源仲兴禅师者，道吾宗智禅师之法嗣也。"
⑤ 不惺惺：不了慧之义。
⑥ 龙吟……虎啸：《易疏》曰："龙是水畜也，云是水气也，故龙吟则景云出。"《淮南子》曰："虎啸而谷风至，龙举而景支风。"

回至中路_{太惺惺!}：源云："和尚快与某甲道！若不道，打和筒去也！"①

却较此二子！罕逢穿耳客，多遇割舟人！
似这般不唧留汉！入地狱如箭②！

吾云："打即任打，道即不道！" 重事须再三，就身打劫。这老汉满身泥水，初心不改。

源便打。好打！且道，打他作什么？

后，道吾④迁化。源到石霜⑤举似前话。 知而故犯！不知是不是，是则也大奇！

霜云："生也不道，死也不道！" 可煞新鲜！这般茶饭却元来有人吃！

源云："为什么不道？" 语中一般，意无种，且道；与前来问是同是别？

霜云："不道！不道！" 天上天下。曹溪⑥波浪如相似，无限平人被陆沉！

源于言下有省。 睛汉！且莫瞒山僧好！

源一日将锹子于法堂上，从东过西，从西过东。 也是死中得活！好与先师出气！莫问他，且看这汉一场磨难！⑦

霜云："作什么？" 随后数数也！⑧

源云："觅先师灵骨。" 丧事背后系乐袋，悔不慎当初。你道什么？

霜云："洪波浩渺，白浪滔天。觅什么先师灵骨？" 也须还他作家始得。成群结队作什么？

雪宝著语云："苍天⑨！苍天！" 太迟生！蚊过后张弓，好与一坑埋却！

源云："正好着力。" 且道，落在什么处？先师会向你道什么？这汉从头到尾，直至如今，出身不得。

太原孚⑩云："先师灵骨犹在。" 大众，见么？闪电相似。是什么破草鞋？犹较些子。

---

① 若不道打和尚：古人切求法者所为也，今人走利名，区区终日，与争宜者可同年而语乎？

② 不唧留：方语，不净洁义；凡至愚者，其性暗昧，故形象亦不净垢秽也。

③ 地狱：辅行曰："地狱，从义立名，谓地下之狱，名为'地狱'。"大智度论曰："梵语'那落迦'，此翻'恶者'，此造恶者生彼处故。此标正报；此翻'不可乐'，亦曰'苦器'。此标信报。（取意）。"

④ 见前。

⑤ 石霜：分元曰："潭州石霜山庆诸禅师，庐陵新淦陈氏子也；依西山绍銮禅师落发，依道吾尔智禅师嗣法。"

⑥ 曹溪：《大明一统志》曰："韶州府曹溪，在府城东南三十里，源出狗耳岭，西流合浈水，又南流入英德系界，云云。"《祖庭事苑》曰："唐仪凤年中居人曹叔良施地，六祖大师居之，有双峰大溪，因曹侯之姓，曰'曹溪'。天下参祖道者，枝分又派列，皆共流裔也。"

⑦ 磨难：目无色之意也。人天眼目曰："从来眼目弥黎磨难，且莫乱呈懵袋！"今"惭愧"之义也。

⑧ 随后数数也：石霜随惭源后问故。

⑨ 苍天：《文选》王中宜咏央诗曰："临穴呼苍天，涕下如绠縻！"说文曰："绠，汲井绠也；縻，牛辔也。"《诗经》曰："彼苍者天，歼我良人！"正义曰："夫天，人始也；父母，人本也。人穷则返本，故劳苦倦极，未尝不呼天也；疾病惨怛，未曾不呼父母也。"

⑩ 太原孚：会元曰："太原孚上座者，雪峰义存禅师之法嗣也。"

（三）评唱

道吾与渐源，至一家吊慰。源拍棺木云："生耶？死耶？"吾曰："生也不道，死不也道！"

若句下便入得，方下便知归，只这便是透脱生死的关键！其或未然，往往当头蹉过！

看他古人，行、住、坐、卧，不妨以此事为念；才至人家吊慰，渐源便拍棺问道吾云："生耶？死耶？"道吾不移易一丝毫，对他道："生也不道，死也不道！"渐源当面蹉过，逐他语句走，更云："为什么不道？"吾云："不道！不道！"吾可谓赤心片片，将错就错！

源犹自不惺惺，同至中路，又云："和尚快与某甲道！若不道，打和尚去也！"这汉识什么好恶？所谓"好心不得好报"。道吾依旧老婆心切，更向他道："打即任打，道即不道！"

源便打。虽然如是，却是他赢得一筹。道吾怎么血滴滴地为他，渐源得怎么不瞥地！道吾既被他打，遥向渐源云："汝且去，恐院中知事采得，与你作祸。"密遣渐源出去。道吾忒煞伤慈！

源后来至一小院，闻行者诵观昔经云："应以比丘身得度者，即现比丘身而为说法。"忽然大悟云："我当时错怪先师。争知此事不在言句上！"

古人道："没量大人被语脉里转却！"有底情解道："道吾云：'不道，不道！'便是道了也！唤作打背翻筋斗，教人摸索不着！"若恁么会，怎生得平稳去？若脚踏实地，不隔一丝毫！

不见七贤女游尸陀林，遂指尸问云："尸在这里，人在什么处？"大姊云："作么？作么？"一众齐证无生法忍。且道今日有几个？千个万个，只是一个。

渐源后到石霜，举前话，石霜依前云："生也不道，死也不道！"源云："为什么不道？"霜云："不道！不道！"他便悟去。

一日，将锹子于法堂上，从东过西，从西过东。意欲呈己见解。霜果问云："作什么？"源云："觅先师灵骨！"霜便截断他脚跟云："我这里洪波浩渺，白浪滔天，觅什么先师灵骨？"

他既是觅先师灵骨，石霜为什么恁么道？到这里，若于"生也不道，死也不道"处言下荐得，方知自始至终，全机受用。你若作道理拟议寻思，直是难见！

渐源云："正好着力。"看他悟后道得自然奇特。道吾一片顶骨如金色，整时作铜响。

雪窦著语云："苍天！苍天！"其意落在两边；太原孚云："先师灵骨犹在！"自然道得稳当。

这一落索一时拈向一边，且道：作么生是省要处？作么生是得力处？不见道："一处透，千处万处一时透！"若向"不道！不道！"处透得去，便乃坐断天下人舌头；若透不得，也须是自参自悟，不可容易过日，可惜许时光！

（四）雪窦颂古

兔马有角，　斩！可煞奇特！可煞新鲜！

牛羊无角。①　斩！成什么模样？瞒别人即得！

绝毫绝犛，②天上天下唯我独尊，你向什么处摸索？

如山如岳。　在什么处？平地起波澜！筑着你鼻孔！

黄金灵骨今犹在，　截却舌头，塞却咽喉，拈向一边，只恐无人识得伊！

白浪滔天何处着？　放过一着，脚跟下蹉过！眼里、耳里着不得。

无处着，　果然！却较些子！果然！没溺深坑！

---

① 兔马有角，牛羊无角：兔马原无角，为什么却有乎？牛羊原有角，为什么却无乎？是挑出不落有无、难貌难名底那一着，直下打破识情窠窟也。

② 绝毫绝犛：《事文类全书》曰："十茫为渺，十渺为厘，十厘为微，十微为忽，十忽为丝，十丝为毫，十毫为犛。"

只履西归^①曾失却！ <small>祖祢不了，累及儿孙！打云："为什么却在这里！"</small>

（五）评述

雪窦偏会下注脚。他是云门^②下儿孙，凡一句中具三句底钳锤，向难道处道破，向拨不开处拨开去。他向紧要处颂出，直道：

> 兔马有角，
> 牛羊无角。

且道：兔、马为什么有角？牛、羊为什么却无角？若透得前句，始知雪窦为人处。有者错会道："不道便是道，无句是有句。兔马无角，即云有角；牛羊有角，却云无角。"且得没交涉！殊不知古人千变万化，现如此神通，只为打破你这精灵鬼窟。若透得去，不消一个了字。

> 兔马有角，
> 牛羊无角。
> 绝毫绝犁，
> 如山如岳！

这四句似摩尼宝珠一颗相似，雪窦浑沦地吐在你面前了也。末后皆是据款结案：

---

① 只履西归：《传灯录》曰："达摩端坐而逝，即后魏孝明帝太和十九年丙辰岁十月五日也；其年十二月二十八日葬熊耳山，起塔于定林寺；后三岁，魏宋云奉使西域回，遇师于葱岭，见手携只履翩翩独逝。云问师：'何往？'师曰：'西天去。'又谓云曰：'汝主已厌世。'云闻之茫然，别师东迈，既复命已，明帝已登遐矣！逮孝庄即位，云具奏其事，帝今启圹，唯空棺一只，革履存焉，举朝为之惊叹，奉诏取遗履于少林寺供养。今日道吾禅师之远化也。"
② 云门为禅的五宗之一。五宗是：临济宗，曹洞宗，沩仰宗，云门宗，以及法眼宗。

黄金灵骨今犹在，

白浪滔天何处着？

此颂石霜与太原孚语。为什么？

无处着？

只履西归曾失却！

灵龟曳尾，此是雪窦转身为人处。古人道："他参活句，不参死句。"既是失却，他一伙为什么却竞头争？

三、无门关

《无门关》(*The Wu-mên-kuan*，日语读作 Mu-mon-kwan)，是禅宗的另一部典籍，禅院中常常用它做教本。比之上面所举的《碧岩集》来，它是一本较为单纯的书，其中只有"案例"四十八则，且系出于一人之手。它的组织亦颇简单，每个案例之后只附一篇散文和一首偈颂的评述，两者都很简洁。本书的作者是于宋代（960—1279）末期出兴于世的无门慧开禅师（1183—1260）。《续传灯录》（卷第三十五）说他是得法于万寿崇观。他系因参"无"字公案而大悟，随即作了如下的一首偈子：

青天白日一声雷，大地群生眼豁开。

万象森罗齐稽首，须弥踌跳舞三台！

慧开将这本《无门关》呈给当时的理宗皇帝，作为庆祝这位皇帝即位四周年（1229 年）纪念的献礼。他在序文中写道：

佛语心为宗，无门为法门。

既是无门，且作么生透？

岂不见道："从门入者，不是家珍；从缘得者，始终成坏！"

怎么说话，大似无风起浪，好肉剜疮！何况滞言句、觅辞会？掉棒打月，隔靴抓痒？有甚交涉！

慧开绍定戊子（1228 年）夏，首众于东嘉龙翔，因衲子请益，遂将古人公案作敲门瓦子，随机引导学者，竟尔抄录，不觉成集，初不以前后叙列，共成四十八则，通曰《无门关》。

若是个汉，不顾危亡，单刀直入，八臂哪吒拦他不住；纵使西天四七、东土二三，只得望风乞命！设或踌躇，也似隔窗看马骑：眨得眼来，早已蹉过！

颂曰：

大道无门，千差有路。

透得此关，乾坤独步！

为使读者略知《无门关》究系怎样的一种教本，它与前述《碧岩录》又有什么不同之处，特选下面一则，以资比较：

第一则　赵州狗子

赵州和尚因僧问："狗子还有佛性也无？"

州云："无！"

无门曰：参禅须透祖师关，妙悟要穷心路绝；祖关不透，心路不绝，尽是依草附木精灵！

且道：如何是"祖师关"？只这一个"无"字，乃宗门一关，遂目之曰："禅宗无门关。"透得过者！非但亲见赵州，便可与历代祖师把手共行，眉毛斯结，同一眼见，同一耳闻，岂不庆快？

莫有要透关底么？将三百六十骨节、八万四千毫窍，通身起个疑团，参个"无"字。

昼夜提撕：莫作虚无会，莫作有无会，如吞了个热铁丸相似，吐又吐不出，荡尽从前恶知恶觉；久久纯熟，自然内外打成一片，如哑子得梦，只许自知；蓦然打发，惊天动地，如夺得关将军大刀入手，逢佛杀佛，逢祖杀祖；于生死岸得大自在，向六道四生中游戏三昧。

且作么生提撕？尽平生气力举个"无"字；若不间断，好似法烛，一点便着！

颂曰：

狗子佛性，全提正今。

才涉有无，丧身失命！

第三篇

佛教生活中的被动性

禅

佛教生活中的被动性，是有宗教倾向的人对于人世所持的一种特有态度。从心理学上来说，一切的宗教经验，莫不皆与此种被动或受动的心态具有密切的关系。本文的目标就在探讨此种心理究竟如何支配包括禅者在内的佛徒生活，以及究以何种方式加以表现。

引言

　　主啊，这路不是我的，
　　不论它是多么的黑暗；
　　请以您的手引导于我，
　　为我选择我应走的路。

　　不论是平坦还是崎岖，
　　它将仍然是最好的路；
　　不论是笔直还是迂回，
　　它总是通达你的慰处。

　　请为我选择我的朋友，
　　我的疾病，我的康健；
　　请为我选择我的忧虑，

　　　　我的贫乏，我的富裕。

　　　　这选择不是我的，不是
　　　　我要选择或大或小的物事；
　　　　请做我的向导，我的气力，
　　　　我的智慧，我的一切。①

　　宗教经验里面的此种被动或受动心情，在上面所引的作品中有了典型的表现；这是一种普遍而又自然的表现，因为，此种宗教意识的形成，一方面在于一个有限造物的无可奈何，一方在于一个无限存在者的可以倚靠——且不论想法如何。尽管吾人之有限存在的一面抗议说："主啊，您为何舍弃了我？"然而，只要吾人心怀此种抗议，我们便没有宗教经验可言，也就还没有得救。因为，只有我们能说："主啊，我将我的灵魂交在您的手里，"或者："主啊，纵使您杀了我，我仍要信靠您！"——只有到这个时候，得救的信息才会来到。

　　这是一种委顺或默从，亦即一种被动或受动的心态，这就是"汝当如何"的教导流行于一个有限或无常的众生世界的原因了。

一、业的教义

　　从表面上看来，被动或受动与佛教，尤其是与禅宗的理智倾向，似乎互不相容，因为佛教，尤其是禅宗，特别强调自立自助的精神，而这不仅可见之于《楞伽经》："菩萨摩诃萨，独一静处，自学观察，不由于他。"② 亦

---

① 本诗的作者是贺乐箫·彭纳尔（Horatius Bonar，1808—1889），选自他的《信笺之歌》（*Hymns of Faith and Hope*）。

② 此节的梵文是：Bodhisattvo mahāsattva kāki rahogatah svapratyātmabuddhyā vicārayaty aparaprane-yah. 英译见拙译《楞伽经》（*The Lankāvatāra*）第一一五页。译按：文中所引为宋译的译语。魏译的译语为："菩萨摩诃萨，离阿含名字法诸论师所说分别法相，在寂静处独自思惟自内智慧，观察诸法，不随他教。"又唐译的译语则是："菩萨摩诃萨，依诸圣教，无有分别，独处闲静，观察自觉，不由他司。"

可见之于《法句经》：

> 恶事由己作，染污亦由己；
>
> 除恶由自己，靖净亦由己；
>
> 净不净由己，无人能净他。[①]

除了"四圣谛""十二因缘""八正道"等等之外——所有一切的教理都倾向于开悟和解脱而非倾向于绝对倚赖或忍受。佛教的标语是"亲见真理而得解脱"，显然没有容纳被动或受动的余地。只有在人使他自己成为承受某种外力的一种容器时，始有被动或受动的情形发生。

被动性或受动性的获得，在佛教中特别受到业力之说的支配。此种业力之说好似经纬线一般贯串整个印度思想，而作为印度思想产物的佛教，自然亦无法避免将它织入本身之中。描述佛陀在菩萨阶段为求大悟而训练自己的《本生谭》(*The Jātaka Tales*)，只是具体运用此种业力观念、并以一个完人的生平加以展示的故事而已。释迦牟尼只有经过多生多世的积功累德，才能成为大觉的佛陀。

业力的原理就是"种瓜得瓜和种豆得豆"，而这个道理一直支配着佛教徒的整个生命，因为造成一个人的个体的，不是别的——就是他自己的业力。因此，我们可在《弥兰陀王问经》(*The Milindapanha*) 里面读到："一切众生莫不皆以本身的业力为其资财；他们都是本身业力的嗣子；他们皆由本身的业力而生；他们的业力就是他们的照藉；或卑微，或伟大，皆由业力为其配比。"[②] 这在《相应部尼柯耶经》(*The Samyutka-nikāya*) 中

---

① 此节的梵语为：

　　Attanā'va katam pāpam attanā samkilissati,

　　Attanā akatam pāpam attamā'va risujjhati,

　　Suddhi asuddhi praccattam nā'nnam visodhaye.

　　英译见艾德蒙滋 (A.J.Edmunds) 所译的《法句经》(*The Dhammapada*) 第一六五页。

② 引自华伦 (Warre) 所译之《原始佛典选译》(*Buddhism in Translations*) 第二五五页。

亦可找到佐证：

> 凡夫今世作，善行与恶行；
> 彼可称自者，即是此诸行；
> 由此彼带者，即是此诸行；
> 从此跟彼者，即是此诸行——
> 如影之随形，永远不相离。①

　　据《清净道论》（*The Visuddhimagga*）第十九品说，依照结果的时间顺序和性质，业可分为如下数种：（一）现世结果的业，来世结果的业，不定时结果的业，以及已经过去的业；（二）重业，丰业，现业，以及惯业；（三）生发业，支持业，消除业，以及破坏业，②故有业果循环之理。那么谁是业果的负荷者呢？

> 业中无作者，亦无受果者；
> 只有众缘转，唯此为正说。
>
> 业、果亦复然，展转互为因；
> 轮转如树、种，不知何时始。
>
> 果中不见业，业中不见果；
> 彼此悉皆空，然业外无果。
>
> 宝日或牛粪，其中不见火；
> 亦不离于彼，无薪即无火。

---

① 同上第二一四页。
② 引自《原始佛典选译》第二四五页。

然而在业中，不见有果报；
果中不见业，亦不在其外。

业离果而有，果亦离于业；
但因由于业，果始成其有。

轮回无穷尽，天神非其因；
只有众缘转，出于因与色。①

由上面所引的释例看来，业的作用显然是非个人的，因此，对于任何作善作恶的人似乎都很公平。业既无作者，亦无受果之人。五阴或五蕴虽然依照此种不可避免的业律聚而复散，但是，只要它的背后没有真正感受业的价值的行为者，那么，作了怎样的业和产生怎样的果，那似乎就没有什么关系了。然虽如此，佛教徒仍然奉行不作恶的教戒：

若人作恶已，不可蹈覆辙；
乐着其中已，恶积则受苦。②

何以会受苦？为何要乐着？小乘的推理在逻辑上非常透彻，但当碰到实际的心理学问题时，纯然的推理就不管用了。此种感受没有纯粹五阴的聚合事实吗？此种聚合——亦即结合——似乎不只是聚合这个事实而已。且不论此意如何，由于我无意在此将业力之说做一番详尽的讨论，因此，现在只要再从龙树的《中观论》（*The Mūlamadhyamaka-kārikas*）第十七品中另引一个释例，也就够了，因为，业力之说在这节引文穿了一套新的外

---

① 同上第二四八至二四九页。
② 见艾德蒙兹所译《法句经》第一一七颂。

衣出现。[①]

一切众生，皆随业而生：恶者入地狱，修福者生天，行道者得涅槃。自修六度，可以种种方式利益他人，而利益他人则可得福报，不仅可以造福今生，亦可为来世造福。

业可分为两种：一为内在的或心意的业，谓之"意"(cetana) 业；一为以言语和身体表现的业，谓之"从意生"(cetayitvā) 的业。

业可以分为有"表"或无"表"(intimation, indication, vijnapti) 业。有表的行为，就是有意让他人感知的行为；而无表的行为，则是根本不以行动表现的行为；因此，有表的行为一旦得到强烈的表现之后，便在行为者的心中唤起一种倾向，便会再度表现或善或恶而性质相同的行为。

此事好比一粒种子，依照因果相续的原理生出幼苗，乃至结果；没有种子，就没有相续；由有相续，始有结果。先有种子，后有果实；两者之间，非断非常。由有最初的动机出现，而后始一连串相续不断的心理活动，而果报即由此而来。若无第一念心动，其后便没有表现于行为的意识之流。否则便有业果相续。是故，行使十善和净业，行者此生定得福报，死后生于天上。

业的里面有一种永不失去的东西，即使行使之后亦不失；这种名为"不失"或"不坏"(not lost, unlosable, indestructible-avipranāsa) 的东西，好比一种契约的种子，而业行则如一种债务。一个人可以用尽他所借来的东西，但因契约的关系，他迟早总有一天必须将他所欠的债偿还债主。这种"不失"或"不坏"，纵在行业过去之后，仍然留在后面，纵然是有了哲学上的直觉或见道 (philophical intuition or Darsanamārga)，亦不可破。业如可破，便没有果报可言了。可以消除

---

① 见毕莱·包善 (Louis de la Vallée Poussin) 所编的本子第三〇二页。关于业力之说，若欲参考详细的解说，可以查看包善所译的《俱舍论》(*The Abhidharmakosa*) 第五品。此下所引是其节要。

此种"不失"的唯一力量，是精神的锻炼或修道（moral discipline or Bhāvana-mārga）。凡业既作之后，便会继续作用，以"不失"的方式产生结果，直到它的轨迹由证阿罗汉果，或者死亡，或者终于结果而消除。这种业的法则同样适用于善业与恶业。

龙树的这种思想，固然是在扫除作者、行业、受者等类的观念，亦即业力之说的整个组织，但他所引介的这种"不失"思想，不仅颇富教益，而且极有提示性。

然而，大体说来，此种业果相续的教说，仍有许多含混不明之处，尤其是在将它的实际作用做一番确实的描述之时，因此，从理论上说，我们对于它的绝对可行性也不确定。不过，我们不妨在此来一个最为宽泛的说明：业有一种倾向——强调个体的自由，道德的责任，以及独立的感受；又从宗教的观点来说，它不必假立一位审判人类善恶行为的上帝，遭物主，或者道德上的判官。

倘若此说没错的话，则佛教认为人生是苦的信念，自然就导向一种自修、自净，以及自悟的系统教义了，而它的教训重心，也就只有放在自我上面而非任何外在的作为者上面了。这是可以适用于实现涅槃理想的业果原理。但是，我们也许要问：这个"自我"是什么呢？还有，在意行或身行的一种业中，那个永远"不失"的东西又是什么呢？"自我"与这个"不失"之间具有什么样的关系呢？这个"不失"的本身又以何处为其寄托的处所呢？

在佛教的无我实体之说与业力相续必然结果的"不失"的假设之间，横着一条鸿沟，如果欲使佛教哲学作进一步开展的话，似乎非加衔接不可。依我看来，含藏一切业种的阿赖识（the Ālavavijñāna）观念，便是不可避免的结果。不过，且让我们同时看看"自我"所代表的究系什么吧。

自我的观念

"自我"是一种颇为复杂而又难以捉摸的观念，因此，当我们说某人应为他自己的行为负责时，我们就无法确知这个"自我"究竟要负多大的责任，而它本身所舍的又有多少，因为，每一个人不仅在同一个社会生活中彼此密切相关，就是在整个的生存界中也是密切相连的——密切得可以说没有真正的个人存在其间——从此词的绝对意义来说。

个体只是存在的一个方面而已；在思考的时候，我们将这个人与那个人分开，而在现实生活中，我们似乎亦彼此分离，互不相连。但当我们将这个问题做一个更为密切的思考时，我们便会发现，所谓个体，实是一种虚构的东西，何以故？我们既不能固定它的限度，更无法确定它的内容和界线——所有这些都互相吸入或合并在一起了，在所谓的个体与个体之间，寻不出任何不可消除的界限。这里所现的是一种极其透彻的相互关联，因此，更为正确的说法似乎是没有个体存在其间，它们只不过是一些标示点而已，它的意义根本不可理解——当其中的每一个点子离开其余的点子而由其本身考量其本身之时。

一个一个的个体，只有在被用来说明它们与某种不是个体事物之间的关系时才可视为个体；然而，说来矛盾的是，它们只有在不是个体时才是个体。何以故？因为，一个个别的东西一旦被挑将出来之后，它就不再是一个个体了。所谓的"个我"（the individual self），只是一种虚妄的想象而已。

由此可知，自我没有绝对自主的实体。道德上的责任，似乎是一种理智上的权宜之计。吾人果真可以认为强盗应为他的行为负责吗？这个个体果真可以挑将出来，以其因有反社会的习惯而必须尝受一切苦果吗？我们真的可以认为他应为使他成为今日之他的一切负责吗？他的这种"自性"（svabhāva）完全是他自己一手造成的吗？这便是个人应为他的行为应负多大责任这个问题的主要难解之处。换句话说，这个"他"与他是其中一个构成分子的社会相距究有多远？这个社会对他没有反映吗？难道他不是社会造成的产品之一吗？

"净土"（The Pure Land）里面之所以没有罪犯，之所以没有罪恶的灵魂，这倒不一定因为那里没有这样的人往生，而主要是因为往生在那里的人，有完全纯洁的成长环境，故而也都变得纯净了。虽然，环境并非一切，但它，尤其是社会环境，对于个人性情的塑造，具有很大的关系。照此说来，我们又到哪里去求业果之说的真意呢？

知性要求一个黑白分明的数字，以便标明某种行为或其"不失"的东西，以使业果成为一种有作业者、犯罪者、受报者等可以用数字说明的东西。但是，如果没有真正的个体、因而没有明确的行为者去作业的话，那么，佛教徒所拥护的业力之说将会怎样呢？显而易见的是，这里有一种行为——不论那是善、是恶，还是无记（非善非恶）的行为；有一个实际操使匕首的人，故有一个真的被刺倒地而死的人；然而，难道我们必须宣布说这里没有杀人的人，没有杀人的事，没有被杀的人吗？那样的话，道德的责任将会怎样呢？积功累德或见性开悟这样的事情又从何说起呢？毕竟谁人是佛、谁人是无明愚痴的凡夫呢？

假如杀人的事实一旦成立了，我们可以说社会——不，整个宇宙——应为此种杀人的行为负责吗？所有一切导致杀人的原因和情况、所有一切与杀人相关的后果，究根诘底，都要归咎宇宙的本身吗？或者，个体是一个究竟绝对的事实，因此，凡是出于他的还得回归于他，与他的人类同胞和社会的、物理的环境没有任何关系吗？

以前一例来说，道德的责任气化而成了一种无形的宇宙性或普遍性；以后一例来说，无形的大全结晶而成了一个个人，故而实有道德的责任，但是，个人完全独立，就如我们每一个人都是一粒沙子一样，与邻近的沙子没关系。所有这些立场，究以哪一种与人类的经验事实更为相符呢？此点一旦用到了佛教的业力之说上，便有了这样的问题：佛教的业，究从个体论还是从宇宙论来说呢？

大乘佛教的业力之说

就历史的发展而言，佛教系从个体论的观点解释业力之说开始，而当它在大乘兴起的时候达到它的极致之际，它的教义便得到了宇宙论的认识。但这种认识不像前面所说的那样含混、抽象、玄妙，而是具体明白，从精神上开始的：宇宙之网以这个"我自己"（my self）为中心，向时间与空间两个方面展开，由此感到，整个世界的罪都落在他自己的双层上面。为了赎罪，他决定将他自己交给一种道德与精神修炼的体系，认为这样做可以洗涤一切污秽和不净，并以自净的办法净化整个世界的罪业。

这是大乘佛教的立场。实在说来，大乘与小乘佛教之间的不同，可以说就在看待业力观的这点差别之上。是以，大乘强调业力说的"他"或"整体"的一面，故而主张普遍的救度，而小乘则墨守于"自我"的一面。据小乘学者的观点，业的作用看似非个人的，但事实上是个人的，因此，这种受苦的生活必须以自律（戒）、禁欲（定）以及自知（慧）加以消除。没有外人可以帮助此种受苦者脱离他的苦境；佛陀能够为他做到的一切，只是为他指出出苦之道；但他自己如果不依教奉行，即使有佛陀的神通和德性为之辅佐，亦无法使他踏上康庄大道。佛陀留给他的小乘弟子的一个训谕是："做你自己的明灯和庇护"或"自归依自证明"（Be ye a lamp and a refuge to yourselves or attadipa-attasarana），因为，纵然是佛，也无法将他的修德和悟境扩及他的信徒或同袍。从小乘家的一般观点来说，这是不可避免的：

> 纵然到海里，纵然上天空，
> 整个人世间，纵然入岩缝，
> 觅避恶业处，悉皆妄用功。①

但是，大乘不满意这种褊狭的精神境界；大乘要把慈爱（Karunā or love）推展到它的极处。假如一个人的般若智慧（Prajnā or wisdom）可以使它自己包容最大宇宙系统的话，慈爱之心为何不可亦将它们置于它的覆翼之下呢？佛陀救度众生的誓愿，为何不能亦为这个目标而发挥有效的作用呢？佛陀经过多生多劫的积功累德，而后证得无上正等正觉（大悟）。难

---

① 见艾德蒙兹所译的《法句经》第一二七颂。

道我们应该认为这种功德的累积只能用来增加他自己的福慧吗？

业力之说必须有它的宇宙论意义才行。实际说来，所谓的个体，不尽是彼此相关的个体，同时也是构成整个系统的个体。"一波才动万波随"，这一波，不论好与坏，一旦波动了，就不得不影响到整个的本体。佛陀的修行与开悟亦然，在他所属的社会生活中，不可能总是与他个人相关的一个孤立事件。因此，古德有言，当他开悟的时候，整个宇宙都分享到了他的智慧和性德。大乘就以这种根本的正觉观念为它的立足之点，而它的如来藏或阿赖耶识之说（its doct rine of the Tathāgatagarbha or Ālayavijnāna）亦反映了业的这种宇宙论的解说。

二、佛教罪业观的发展

小乘佛教既将业的适用范围限制在个体的行为上面，它的信徒便努力以自律的办法去克服它。人生是苦，而此苦则是从前所作不善之业所结成的果实，因此，若欲脱离此苦，就必须动用一种消除苦业的力量。对于小乘学者而言，事情的发展颇为科学，但到大乘学者看出业的里面含有某种不只是个体，不以个体为限的东西时，他们的济度计划自然也就超越小乘修行的个人主义了。"自力"（the self-power）既不足以应付普遍的宇宙业果问题，那么，依仗这个从众生整体分出的自我，也就不是很正确和真实了。

因为，这个自我既不是一种究极的事实，以自利的谬误观念着手自己的修行，最后必将导致一种不合理想的结局而无任何结果可言了。在此之前，在只为小乘家隐约感到的宗教意识中，如今出现了一个新的面貌；因为，随着这种"业"的普遍意义发展而来的，是关于"罪"的观念。

所谓"罪"，在佛教里面，含有愚痴无明的意思，这也就是说，愚痴得不明自我的个体或究极命运的意义。究实地说，罪是肯定自我在行为、思想以及言语方面为一种究极的自性（svabhāva）。一个人一旦超越了无明与我慢这两个障碍，他便可以是无罪的了。因此，如何超越它们，便是大乘学者所要对付的问题了。

西班牙著名剧作家卡德龙（Calderon）写道："人的最大罪过，是他生到这个世间来。"这句话十分真确，因为，罪过就在吾人从万物的整体性中分离出来而作为个体出现于世。不过，这个事实既然不能从某个观点加以否定，我们就只好改变吾人的路线，从另一个方向消除它的不良效应，而这种路线的改变，只有使我们自己与宇宙的本身、与存在的整体、与吾人得以生成的佛性认同或合一。如此，则这种罪的不可避免性便成了一个机运，可使吾人致志于一种更高的存在境界———一种并非只由个人主义与自我负责原则支配的境界。

如果罪可由自我加以控制的话，那么，解除它的不良效应，就是一件相当容易的事情了，因为，毕竟说来，这里所关心的，只是自我而已；但是，如果罪在相信个别的灵魂为绝对实在、认为只有凭借自律或自悟始可得救并依而行之的话，那么，大乘学者的工作就比小乘学者远为重大了。这既是超于个体的事情，大乘学者就必须在心中运用不只是个体的东西，才能使它发挥效用了。如此，则此所谓的自我，便需要有一种超于自我限制、但又与之具有整体关系的力量加以支援了，否则的话，自我与非我之间便没有一种非常和谐和真正互助的作用可言了。

实际说来，此种罪的观念，以及由此而来的痛苦与受苦的感觉，就是由于一般所谓的"自我"与非我之间缺乏此种和谐的关系而起。比之小乘学者而言，大乘学者对于此种宗教经验，要用含义较为广泛的言词加以描述。

超于自我的实相

佛性或法性（Buddhatā or Dharmatā）是大乘学者给既非自我、但亦不出自我的那个东西所命的名称。大乘学者既然因此了知罪的种种，同时也因此知有觉悟的可能。佛性是佛果的实质；没有佛性，就没有佛果可证。当我们以客观的方式观想佛陀时，它便是法则，真理，或实相；而法性便是法的构成要素。法性与佛性两词可以交互使用，但说到大乘学者的体验，多半运用佛性一词。

既然有了佛性这个观念，史上的佛陀就成了一种超越的佛陀了；如此一来，他就是永恒佛陀的一种示现，佛性的一种化身了；如此一来，他就不再是一位局限于时、空之中的个人了；他的精神从他身上扩展开来了，因此，不论它有什么力量，都会影响到趣求佛果的弟子。佛果的证得与他们的希求热度和努力趋达目标的恳切度成正比。目标在于罪的净化，而罪则在相信我有自性（svabhāva），在于认其为究极的真实，在于不知佛性含于自心之中。因此，罪的净化就是以智慧观照被视为自我与意欲的那个东西之中具有不只是自我和意欲的东西这个真理，并行使那个超于自我、但又透过自我而作用的那个东西的意旨。

大乘学者立论的难处即在于此——被拘于我们有相对心的众生认为自我的这个东西之中，然而又要超越这个东西，并求了知和希求显然不属于自我的那个东西。这几乎是想达到一种不可能达到的目的，但是我们如果达不到这个目的，我们的心灵就不会平静，我们的灵魂就不会安稳。我们一旦在宗教体验历程中明白了这个问题，我们似乎就不得不去进行这件工作了。这件工作究该如何完成呢？

在佛教中，所谓的有罪，并不就是说我们有很多邪恶的念头，欲望，或者怪癖，如果任其妄行，便会自毁毁人；这个观念还有更深一层的意思，植根于吾人的生命本身之中，因为，将个体看作一种绝对事实而想而行，乃是一种罪过的事情。就吾人所处的现状而言，我们无法避免这种罪过，而这便是我们大家心不宁贴的根源。这正是净土真宗的信徒们所指的意思，因为，他们表示，所有一切的修行，纵然一般认为是道德上的善行，只要是"自力"（self power）的努力，皆属污染之举，皆不能使我们解除业的束缚。假如我们希求解脱的话，必须在自力的上面加上佛性的力量，乃至完全以佛力取代自力，才有成功的希望。佛性——假如它是内在的，因此，如果没有它就不能思想的话——必须予以觉醒，以使它可为受着个人主义拘限的我们发挥它的作用。

有罪凡夫心中佛性的觉醒和作用，正如宗教史所证明的一样，并非逻辑和推理的论证所可得而完成。佛教的里面尽管有着显著的理智倾向，但它却教我们诉诸理智以外的法门。深切的罪业意识，热切的解脱意欲，以及恳切的求悟努力——所有这些，皆是达到目标的首要条件，由此而来的心理体验，自然与被动或受动的感受具有相互的关系了。

佛教的一个新面目

尽管有着无我（anatta）教义，但却以理智的倾向从个人主义的观点解释业力的佛教，终于诉诸佛性的观念，来使我们大家解除业的枷锁了。如此，无常拘限的众生不但能在一种精神世界中解除逻辑的因果锁链，同时，他们身上附着的受时空拘限的罪业观念，亦跟着具有了宗教意识。因为，所谓罪，系指无常拘限的众生无法超越他们自身之意。因此，涤除罪业，就是将自己完全交给一个无限的存在者去照顾了，这也就是说，不再企图自杀，只是进入一种被动或受动的精神境界，由此打下一个基础，以便进入一种大于自己的实相世界。华兹华斯（Wordsworth）如此吟道：

> 我也没有种种能力
> 为我们的心灵所感；
> 我们不妨安慰我们的此心
> 以一种明智的被动。

> 想想看，在这亘日发言的
> 万物的这种大力的总数之间，
> 没有一样东西会自动出现
> 而我们必须静静地寻觅。

> ——那就别问为什么独个儿
> 在此交谈，
> 我坐在这灰色的古石上面，
> 在梦中虚度我的时光。

因此，我们可以说，大乘学者以颇为宇宙论的方式理解业的种种，或者说，业的那种超越的个人主义的一面开始抬起头来，宣布它的重要性甚于它的个人主义的一面了。龙树尝试消业，乃是佛教史中所发生的此种净化的消极面。小乘学者只要以个人主义的观点看待业的问题，他们就没有享受被动觉受的余地可言。但是，如果依照大乘学者对业所做的解释，便有一种强大压迫之感抓住佛徒的心灵，何以故？因为，如今我们已经明白到业有一种比此前所想到的远为深切、坚固、广大的基础。它出自宇宙的本身，拘限的众生对它完全无能为力。这种无可奈何的感受，自然会使大乘学者转向一个可以克服业力气焰的存在者。

大乘学者的宗教意识里面，尚有另一个因素，使得他们坚固不懈地运用超于个体的佛性之力。我所说的这个因素是指超越个人主义的大悲心肠。至少，这可说是一种烦恼的感情，它与吾人的自卫本能恰好相左。然而，毫无疑问的是，它具有深切的根基，实在论来，它就是人性的根本基础。

由此可知，慈悲与烦恼是携手并进的，作为一个悲天悯人的人，每当他看出这个人间是多么愚昧、因而意识到他心中具有某种使他自己参与此种普遍混乱的东西时，自然免不了忧心忡忡，罪的感觉即是由这一切而来的结果。苦行主义对于心地虔诚的人之所以具有一种强烈的吸引力，使得他们总是感到——虽然不明所以——有一个忏悔的阴影跟着，也许这就是其中的原因之一。当强大的业力如此与慈悲、烦恼，乃至罪疚结合起来时，佛教徒对于本身所持的态度，便有了一种全然不同的面貌，他不再是一个自恃的个人主义者了，他要与一个含容整个宇宙及其万象的能力结为一体了。

三、被动或受动的心理

被动或受动，本质上属于心理学的问题，因此，从文学或神学的观点去解释被动或受动，也就是另一个问题了。罪被涤除这种感觉，就罪人的意识而言，乃是一种被动或受动的感受。这种主观论，也许可用客观的方式加以证明，也许不可。但是，我们如果说，这种意识里面，除了被动或受动之外，绝无其他任何感受，那就有欠正确了。

毫无疑问的，这种来得突然，乃至使吾人不知其发展步骤的感受，是非常显著的，尤其是在吾人明白：纵尽最大的意志力亦无法获得一种解脱境界之时。但是，如果我们将这种感受做一番分析，了知它的构成要素的话，我们便会明白，此种被动或受动，只有在吾人本身之中具有某种热烈作用的东西时，始有成立的可能。设使此种作用背景一片空白，绝无任何色彩的话，那就连一个被动或受动的影子也感觉不到了。单是感到被动或受动这个事实，就可证明我们身上有一种力量，预备着要进入一种接受的状态。以此而言，佛教净土宗信徒和基督教寂静主义者有时主张的绝对"他力"之说，是不能成立的。

一个人一旦附和了个人主义，在有意或无意之间主张它的主张，便会有一种他可解释为罪的厌迫之感；而当他的心被占有之时，便不能让"他力"进去作用了，因为，进路已被挡住了。因此之故，在他看来，如果把挡路的障碍除去，他也就变得空无所有了，这是非常自然的想法。但是，除去障碍，并不等于空无所有或绝对空无。倘若如此的话，也就没有"他力"可资作用的东西了。

放弃"自我"的时候，便是"他力"登场的时候；放弃与登场二者是同时进行的，并不是首先放弃"自力"而后空出一个空处来，再由"他力"来占据那个空处。经验的事实无法证明此种假设，何以故，单是一个空处是不会发生什么作用的。相反的是，其间必须有一个可使"他力"得以固定或有一个可以让它挤入的方式才行。设使除了被动或受动的一种绝对空之外而别无所有的话，"他力"的此种自决便不能成立了。自我的这种抑制并不是自我的完全消灭，我们必须明白的是，这种接受性的里面含有一种被造成被动或受动的接受能力。因此，绝对的"他力"之说，不仅在心理学上无法立足，就是在形而上学中也难以成立。

绝对的被动说与自由论

绝对被动之说往往导致两种不同的后果。其一可以称之为消极的后果，因其可有寂静主义、懒惰、冥想的专注、一切皆灭的禅定或灭尽定的倾向；而另一种则是完全积极的后果，就像十四世纪时的自由精神（the Free Spirit）的提倡者们的学说和生活所表现的一样，在其实际的运用中显得非常任性，非常冒昧。当这个"我"完全被消灭而被上帝完全取代之后，那么，那个思想、希求以及活动的，就不是这个"我"而是上帝本身了；如此，则上帝便掌握了这个"我"，并在这个"我"中希求、透过这个"我"而作用了。下面所引的文字①，节选自鲁伊斯布鲁克（Ruysbroeck）所著的《必格因教派的十二个信徒》（*The Twelve Beguines*），因为，这位作者在这部作品中相当明白地说明了比利时"自由精神"教派的观点：

> 如果没有这个我，神就没有知识，没有意志，没有力量，因为，创造我本身和万物的，就是我与神。天、地，以及万物，都悬在我的手上。凡是归于神的荣耀，不论那是什么，都归于我，因为，以我的本身存在而言，性质上我即是神。对于我自己，我既不希求，亦不去爱，而对于神，我亦没有信心，没有信仰。我无事可祈祷，无事可请求，因为我亦不将神举在我自己的头上。因为，在神的里面，没有分别：没有圣父，没有圣子，没有圣灵……因为，我与此神是一个，并且，我甚至也是他是的那个……而说起那个，如果没有我，他就不是那个。

另一位作者引用了下面所引的自由精神教派的一位兄弟与一个发问的人的一节对话②：

> "什么是精神的自由？"戴·佛瑞因毫森（Ebermard de Freyen-

---

① 引于戴格利耶（A·Wautier D'Aygalliers）所著的《可敬的鲁伊斯布鲁克》（*Ruysbroeck the Admirable*）第四十六页。

② 见艾利耶（A·Allier）所著的《自由精神派的兄弟们》（*Les Frères du Libre-Esprit*），引于戴格利耶所著的《可敬的鲁斯布鲁克》第四十六页中。

hausen）问肯纳尔（Conrad Kanner）。

"这种自由存在于一切良心的责备均皆消除而人可不再犯罪的时候。"

"你已达到这种完美的阶段了没有？"

"就我之能在神恩之中活动而言，我是达到这个阶段了，因为我与神是一个，而神与我也是一个。"

"自由精神的兄弟有服从当局的义务吗？"

"没有，他既不必服从任何人，也不必受教会规定的限制。如有任何人阻止他做他乐意去做的事情，他有权杀了他。他可以服从发自他的天性的一切冲动；他不会因为顺从他的欲望而犯罪。"

道德律废弃论（Antinomianism）提倡一种顺从本能与直觉的生活，行善行恶全视行为者的根本性向而定。所有一切的宗教生活，尤其是神秘家的生活，莫不皆有道德律废弃论的倾向。废弃的理由如果过于微弱而不足以成立，或在背景上保持一个过于附属的立场的话，则会愈来愈不道德而变得非常危险。这种情形往往发生于被动感受与所谓的精神自由互相结盟（颇为容易）的时候，而其结果便是危害他人。戴格利耶在他的书中（第四十六至四十七页）将自由精神教派的若干信徒的观点作了如下的描述：

因此他们走火入魔，乃至说出诸如此类的话：一个人如果仍有进德的倾向并欲依照神的圣旨行事的话，那他就是因为被物欲所拘而没有达到完美的境地……是以，他们认为他们既不可相信美德，亦不可更求其他的功德或犯罪……是故，他们可以容许每一种低级的欲望，因为他们已经回到一种天真无知的状态，故而法律对他们也就不再适用了。

因此，假如天性倾向于求取满足的一途，并且，如果遇到阻力而使懒散的心灵受到抑制或扰乱的话，他们就服从天性的本能。他们都是反基督派的先锋，为每一种怀疑开其道路。不用说，他们要求自由，不受十诫和美德的拘束。要说什么就说什么而不受到抵触，保持自己的意志而不臣服于人，这就是他们所谓的精神自由。肉欲自由，他们让他们的肉体得到它所需欲的一切……对他们而言，人的最高尊严就是凡事遵循他的自然本能而毫不勉强，以使他在满足肉体的需要时得以为所欲为……他们希望犯罪并沉湎于他们那些不洁法术之中而不致有良心的责备或不安。①

我们说，神秘家如果自觉完全拥有上帝或某种比他人伟大的东西时，便会放纵自己而去过一种肉欲的生活，这是可以从心理学上加以说明的事情。因为所有一切的宗教中都有一种倾向，那就是主张本能或天生的行动而不受理性的道德教训所控制。

当这种生活被视为佛或神不可思议的智慧而加以接受时，此种接受里面往往包含着默从肉体所遗传的一切弊病。这就是正统派总是不肯无条件地听受被动主义福音的原因之一，此盖由于这里面总是潜伏着严重的危机。净土真宗导师所讲的，"如实得救"，或其所说的，"弥陀大悲摄受一切罪恶不净众生"，如果不以健全的理智和强烈的道德观念加以淬炼，便是危险重重的教导。"不要为你的生活忧虑"，或者，"不要为明天挂心，因为明天的

---

① 试将自由精神信徒的这种态度，与般若波罗蜜多的态度做一个比较的探究：前者似乎含有一种粗劣的肉欲主义色彩，而后者则以超越有与无、欲与无欲、无明与觉悟等相对限域的微妙直观或直觉为其特色。下面所引各节出自《文殊师利所说般若经》。

尔时舍利弗向佛言："世尊，如文殊师利所说般若波罗蜜，非初学菩萨所能了知。"

文殊师利言："非但初学菩萨所不能知，即诸二乘所作已办者亦未能了。如是说法，无能知者。何以故？菩提（灵悟的真理）之相，实无有法而可知故：无见，无闻，无得，无念；无生，无减，无说，无听——如是菩提，性相空寂；无证，无知，无形，无相，云何当有得菩提者？"

舍利弗语文殊师利言："佛与法界不证阿耨多罗三藐三菩提耶？"

文殊师利言："不也，舍利弗。何以故？世尊即是法界。若以法界证法界者，即是诤论。舍利弗，法界之相，即是菩提。何以故？是法界中无众生相，一切法空故；一切法空，即是菩提，无二无分别故。舍利弗，无分别中则无知者；若无知者，则无言说；无言说相，即非有，非无，非知，非不知，一切诸法亦复如是。何以故？一切诸法不见处所，决定性故，如逆罪相不可思议。何以故？诸法实相不可坏故，如是逆罪亦无本性，不生天上，不堕地狱，亦不入涅槃。何以故？一切业缘皆住实际，不来，不去，非因，非果。何以故？法界无边，无前，无后。是故，舍利弗，若见犯重比丘不堕地狱，清净行者不入涅槃，如是比丘非应供，非漏尽，非不漏尽，何以故？于诸法中住平等故。"……

文殊师利白佛言："世尊，菩提即五逆，五逆即菩提。何以故？菩提、五逆无二相故。无觉、无觉者，无见、无见者，无知、无知者，无分别、无分别者。如是之相，名为菩提；见五逆相，亦复如是。若言见有菩提而取证者，当知此辈即是增上慢人。"

事明天自会解决"，诸如此类的告诫，都是很好的，就连佛教也都会全心全意地拥护其中所含的真理；但我们必须同时明白的是，此种苟安的生活，本质上与空中的飞鸟和田中的百合并无二致，并且其中还隐藏一个危险，那就是有落入放任主义或道德废除主义陷坑的可能。

因此之故，真正的宗教总是避免绝对的主观主义，这是很对的。然而，我们对于神秘家的主张，也不能随便忽视，例如下面所说一位虔诚佛徒的小传那样表现的，虽然，这里面并没有自由精神派的修士们所有的那种富于侵犯性主张。

吉兵卫原是和泉地方的一位富农，但是，他的宗教意识一旦觉醒，他便卖去了他的田产，带着所得的钱到处漫游，求学净土真宗的佛教。到了后来，他甚至把他的仓房、家具以及家屋，也都卖了；他如此摆脱了一切世间财富的束缚之后，更是专心致志地去学佛，这也就是说，他永不厌倦地云游各地，听闻真宗导师们讲经说法。

如此过了多年之后，他的邻居们都说"吉兵卫穿着金子编的草鞋浪游天下"，意思是说，他把全部金钱和财产都投进他的信仰里面了。但他对自己的贫穷一点也不在乎，他说："今天有饭吃就够了。"到了七十岁的高龄，他仍以贩鱼谋生，每日所得，不过几个铜板而已。有一天，邻家有个孩子送他一束花，他非常感谢地说："弥陀圣恩，今日使他作此花供。"说罢，即取他的一天所得——两个铜子——赏那小孩。[①]

这样的一位佛教信徒，岂不也是耶稣的一位忠实信徒吗？他也不为明天忧虑，但是，倘在如今这萧条的时代，他将怎样过活呢？然虽如此，但在像吉兵卫这类人的生活之中，尚有一些非常引人入胜的地方。据罗尔（Rolle）说："一个耽于冥想的人，对那种目不可见的光十分向往，以致被人看作一个呆子或疯子，因为他爱基督，心似火烧。他不但连样子也变了，而且跟别人离得远远的，人家还以为上帝的子民是个疯子哩。"[②]"上帝的呆

---

① 详见《安心小话》十八卷。
② 详见哈巴德（Hubbard）所编的《生活的改善》（*The Amending of Life*）第九十一页。

子"或"上帝的疯子",是个意味深长的片语。不用说,吉兵卫不但样子也变了,而且亦成了一个头等的疯子。

被动或受动的生活

此种宗教信念的心理状态,可用下面所引居荣夫人(Madame Guyon)的话加以说明:

> 亲爱的老弟,且让我老实对你说,毫无保留地告诉你。首先,我觉得我的灵魂似乎完全跟上帝结合了,看来好似我自己的意志也完全没入于神的意志之中了。因此,就我所能表达的而言,我,出于我自己以及其他一切造物之外,由于与祂的意志结合的关系,而与祂结为一体了……因此,上帝已以祂的圣恩完全降临于我了。那个曾经使我烦恼的自我不见了,再也找它不到了。因此,在万事万物中显示的上帝——这是"吾乃"(the I am)或"无限存在"(the Infinite Existence)唯一显示的办法——可以得而知之了,在我看来,从某一方面来说,一切的一切,均皆变成上帝了。我可以在现存的每一样东西中以及在碰到的每一件事情中,发现上帝。造物一无所有,上帝才是一切。"[1]

欧普汉依照居荣夫人的自传以及其他文字资料。对于她与当时公认的法国教会领袖穆城主教包绪(Bossuet, Bishop of Meaux)之间的一次对话,提出他自己的叙述。由于这次对话对寂静主义者对于宗教经验所取的观点颇富阐示性,因此,请容许我自己引用如下的几节文字:

> 包绪:我发现到,你所运用的语句,有时不同于我在神学著作中常常读到的那些。你已提出的那个理由,也许可以说明一部分原

---

[1] 详见居荣夫人写给他弟弟格里戈里的一封信,引于欧普汉(Thomas G. Upham)所著的《居荣夫人的生活与体验》(*Life and Experience of Madame Guyon*)第三〇五页及以下。

因。然虽如此，这些用语仍会受到误解而导入歧途，因此，对于它们所指陈的意思，必须来一个确实的探究。你有时将你所认为的最高宗教经验境界形容为一种被动或受动的状态，有时又将它形容为被动的主动状态。夫人，我坦白承认，我对于我不太充分了解的用语有些担心，而我的一个表浅的印象则是，至少是与人类的道德行为和责任不太相容。

居荣夫人：主教大人，我对你所指的这些用语并不感到惊讶，但我仍不知道还有什么别的用语可用。我愿尽力解释。在初期的人类宗教经验中，人所过的那种生活，可以称之为一种混合的生活（a mixed life）：有时依照上帝的意旨行动，但更为频繁的是，依照人自己的意志行动——到人已有相当进步的时候。人的内向活动，直至得到神恩的矫正之后，皆系一种自我导向，而其特色便是背离那个源头的一切皆有的颠倒。但当被纯净或完美之爱所持的灵魂一旦完全归依而使其中的一切悉皆隶于上帝之际，那时，它所处的状态，不是被动的，就是被动的主动状态了。

但我愿意承认的是——这也许会遭遇你的反对——我之所以乐意采用"被动的主动"一词，是有一些道理的。因为，这个已经圣化的灵魂，尽管已经不再有它自己的意志了，但并不是绝对的不起作用。

无论在哪些环境和哪些情况之下，灵魂的份上都会有一种明白的作用，亦即与神合作的一种作用；虽然，以某些情形而言，那是与现状所作的一种单纯的合作（a simple co-operation with what now is），故而也是顺从与忍受的一种宗教境界；而在别的一些情形下，那便是指与意欲所作的一种合作（a co-operation with reference to what is to be）而含有未来的结果，故而便是一种运动和表现的状态了。

包绪：夫人，我想我已经明白你的意思了。毫无疑问的，上述两种情况之间含有一种差别，但是说到被动的主动一词，我认为还是用于两者较为适当。你所以运用这个复合词，我想是因为要表现两种不同的作用，亦即上帝分上的预备或预防作用，与造物分上的合作作用；灵魂在前者里面是被动的，或仅是知觉的，而在后者之中则是主动的——尽管总是与神的引导完全一致。

无论是"被动的主动"还是"主动的被动",都可描述寂静主义一类神秘家的心理状态。大体上,他并没有明白他本人在他的宗教经验中所扮演的主动角色,不仅如此,并且还想以他的宗教哲学为依据而忽略这个角色。但是,正如我曾在前面说过的一样,心灵并没有绝对被动的状态,假如有这种状态的话,那便是一片空洞了,而所谓的被动则表示有某种能够接受的东西存在其间了。在没有东西可资作用的地方,纵使是神如上帝,也无法发挥作用。被动是一种相对的用语,指陈一种未经完全分析的意识状态。在我们的宗教生活中,被动系在大力活动达到顶点的时候出现;如果没有这种最初的情况,被动便成了一种纯然的空无,自始就没有意识可言了,甚至连任何被动的意识也不会有了。

"我活着,但活在我里面的不是我,而是基督。"就他人而非自己拥有那个活着的东西而言,那是一种被动,但活着的那个东西一向总是留在那里。"因为你们已经死了,你们的生命与基督一同藏在上帝里面。"(《歌罗西书》第三章第三节。)在你里面的东西是死的,因为那是迟早要死的东西,但是,活着的那个东西将会继续活下去的。这并不是说你已完全被消灭了,而是说你正活着——以此词的最活意思而言。活着是一种作用,实际说来,乃是一种最高的作用。绝对的被动即是死亡的本身。[1]

被动与净土佛教

在整个佛教中,被动观念表现得最为分明的一宗,是净土宗,纵使是此宗的圣道派(Holy Path School),亦非完全没有此种想法。"他力"(the Tariki, other-power)教义的一位伟大拥护者亲鸾,自然亦在他的弟子的宗教生活方面提倡被动或受动的意念了。他的这种意念表现于排斥"自力"(the hakarai, self-power or self-will)的言教之中,例如,"所谓'自力'者,

---

[1] 参见前述圣·弗朗西斯所作的死尸之喻。

在各种情况之下，皆倚仗（圣道）一行人自己之意志，称颂佛号（而非阿弥陀佛名号），善自修行（而非称颂阿弥陀佛名号），主张自意，以此消除身、口、意一切障碍，今已圆满，冀望往生净土。

"与此相反的是，'他力'行人则全心全意地信奉弥陀的本愿，因为弥陀曾在他的第十八愿中表示：他发誓摄受一切众生至他的净土之国——只要他们称呼他的名号并希望由他得度。这位圣人（The Holy One）表示，这里没有人为的计虑，因为，此处只有如来誓愿的计划。所谓"人为的计虑"，是指"自己的意志"，而"自己的意志"便是自力，自力便是人为的计虑。至于"他力"，便是一心一意地信奉弥陀的本愿，而行者就凭此点往生弥陀佛园，故在这整个历程中都没有人为的计虑。因此之故，对于他是否会因他的罪恶而得到如来的欢迎，他也不必在心中焦虑。

"今其保持安静，纵有烦恼亦然，无明罪恶众生自然有其烦恼，亦勿使其以为彼将因其善愿善行而生弥陀国土。因为，只要一有'自意'之心，便无往生净土的机会了。"①

亲鸾在这方面的语汇相当丰富，譬如，"无艺术的艺术"或"无方便的方便"（artless art），或"无意义的意义"（meaningless meaning），"无有任何计虑"（no scheming whatever），"自然法尔"或"法尔自然"（naturalness），"如是""如如"或"如"（suchness），"万法的自然之道"（the natural course of things），"彻底解脱之道"（the passages of absolute freedom）或"无碍之道"（unobstructed path），"非无明智虑所及"（beyond the intelligence or contrivanace of the ignorant），因为那是佛陀的意旨，"绝对信赖不为人类缘虑所染的如来誓愿"（an absolute trust in the Tathāgata's vow which is not tinged with human contrivance），"大信之心即是佛性而佛性即是如来"（the great believing heart is Buddhatā and Bnddhatā is the Tathāgata），如此等等，皆是其例。

所有这些皆是净土真宗的语句中常见的词汇，它们的要义在于使信徒心中高举被动或受动的教义，让弥陀行使他的本愿，就像他在展开他的宗

---

① 详见《末灯钞》。

教事业之初所发的一样，这话的意思是说，"只要我们全心全意地相信它，它就会自然而然地、自动自发地透入我们带罪的心中，在我们命终之后，带着我们进入他的极乐净土，根本用不着我们去想任何办法。"当我们因过去的业力而生在现在这个世间，被肉体的法则所束缚，而受不可抑制的本能所驱使时，我们便无法逃避业的缠缚，但是，只要弥陀有本愿在——这在他自己求得无上正觉上已经证明有效了——我们对于本身生活在这个尘世间的罪恶冲动，也就不必挂心了。

绝对的信赖，可使我们因本身的罪业而感烦恼的精神纷乱告一段落。我们凡夫所犯的罪业本身，也许不能消除，因为，只要我们是处于相对之境的存在者，而受着非吾人"自力"所可驾御的业力限制和支配，我们就无法完全摆脱本身的烦恼、欲望和行动。然虽如此，我们也可以不被本身的罪业所困扰，为什么？因为，我们一旦死后，此种罪业对我们的来生就不会再有影响了；我们难道不是已被我们无条件接受的弥陀本愿所济度了吗？使得我们对于此世的罪状感到关切的，难道不是我们对于死后生命，或如基督徒所说的一样，对于永生问题的忧虑吗？这倒不是我们仍在继续遗业，或如某些道德废除论者所做的一样，以犯罪为乐；诚然，我们对于犯罪的事非常关心，但是，此种罪业如今已经不再动摇我们对于阿弥陀佛、对于我们的终必开悟而得解脱所抱持的信心了。我们的心灵或灵魂从此不再受到扰乱，尽管仍然有着罪业、悔恨以及悲伤，但它也有了恳切、希望，以及超越一切的极乐。

《生活的改善》一书的作者罗尔，是十四世纪时的一位基督教神秘家。他对心灵的罪过和净洁所持的看法，有不少地方使我们想到上面所述的观点。他在书里（第七十五至七十六页）写道：

> 有谁真的可以说"我知罪了"？无人可在此生这么说；因为，正如约伯所说的一样，"我若用雪水洗身，用碱洁净我的手，你还要扔我在坑里，我的衣服都憎恶我。""我若用雪水洗身"，指的是真正的忏悔；"用碱洁净我的手"，是指运用清净的作用；"你还要扔我在坑里"，是

不可避免的小罪；"我的衣服都憎恶我"，是说我的肉体使我憎恶我自己，而脆弱、卑鄙、贪爱人世之美的感官则频频令我犯罪。使徒有言："不要容许罪在你们的身上作王。"这话的意思是说，"罪必然会在我们身上，但它却不一定可以统治我们。"……虽然，他有时会犯一点小罪，但自此而后，由于他的整个心灵已经转向了上帝，罪也就被消灭了。爱之火在他里面烧掉了一切的罪污，就像一滴水投入熔炉，被消灭了。

简单一句话，这里面不但含有"他力"佛教的教义，同时也有着佛教心理学者所说的被动或受动的意思。

一莲院的秀存法师（1788—1860），是"他力"教的一位近代宗匠，常以如下的态度传教：

如果你仍有忧虑之事，不论那是多么微小的事，都表示你对弥陀的信心尚未达到绝对的地步。只要你有一点不安之感，这自然表示你对弥陀的信心距离尚远；但是，纵然你感到心安而高兴了，那也不是真正的心安。因为心尚未安而拼命努力，那也不算很对。拿你的信心做试验，希望知道它是否信靠弥陀，也是一种错误的想法。

何以故？因为，所有这一切，皆是努力看你自己的心，你已背离了弥陀，方向错矣。

"抛开你的自力。"诚然，这话说来容易，但实际上却非易事！因此，我要再三说明："不要看你自己的心，但要直观弥陀的本身。"信赖弥陀的意思，就是转向本愿的镜子而与弥陀面面相觑。①

被动就是如实地接受生活

被动既不是自我反省，也不是自我检讨，而是彻底地接纳阿弥陀佛。

---

① 详见《安心小话》。

只要有一丝意识的努力（自力），你便没有完全得到弥陀。你与本愿既是两相分离的念头，其间也就没有合一可言，而这种合一的境界，只有接纳而不努力始可达到。以此而言，被动或受动就是如实地接受生活的本身。

因此，信仰就是活着，而不是变化。变化对生活有一种不满之意，一种改变的意向；这也就是说，针对"你的意旨"实现"我的意志"，但不论你对道德的完美理想怎样讲，宗教的目标毕竟是在如实地接受万法，善法与恶法平等而观。宗教所要的首先是"生活"。因此，信仰就是生活——此系一切宗教的根本基础。如将此意译成心理学的术语，此种宗教的心灵便转上了被动的轴心。"你现在就很好"，或者"世人与上帝和好"，或者"不要去想明天的事"，——这都是宗教的究竟一语。

下面所引禅宗的临济宗宗主临济义玄禅师（寂于867年）所说的话，精神就在于此：

若是真正道人，终不如是。但能：随缘消旧业，任运着衣裳；要行即行，要坐即坐，无一念希求佛果。缘何如此？古人云："若欲作业求佛，佛是生死大兆！"①

怀疑就是自杀。"作业求佛"（这里面含有否定的意味），依照佛教的说法，就会永远在生死苦海里面轮回。

美浓地方的定右卫门对他的灵魂问题颇为烦恼。他虽曾研究佛学，但仍然一筹莫展。最后，他终于前往京都，请求当时住持在那里的真宗大导师一莲院开示亲鸾圣人的教导。一莲院对他说道："你像你现在一样老。"（弥陀的济度在于就你现在的样子——如实地——接受你自己。）定右卫门对这话感到不满，于是更请开示，一莲院再度说道："你就像你现在这个样子得救。"

这位真理的追求者心境上尚未成熟到当下领会这位导师的语意，他尚未脱离对计虑和努力的依赖。他仍然请求这位导师指导，但这位导师却不

---

① 详见《临济录》。

为所动，依然说道："你就像你现在这个样子得救。"说罢，一言不发，就回寺院去了。所幸的是，他是一位提倡"他力"的导师，否则，他若是一位禅师的话，相信定右卫门一定会得到另一种完全不同的待遇。①

基督教公谊会教友（a Quaker）约翰·伍尔曼（John Woolman，1720—1772），死于天花；临终时，他因喉部遭受严受感染而无法说话，因此他索取笔墨，写下了这样的语句："我相信我在此处是在基督的智慧里面；至于是生是死，我不知道。"此种告白，与亲鸾在《叹异钞》中所说的话完全相合："我依照先师的教示念佛，至于死后生净土还是入地狱，我没意见。"

亲鸾经常述及佛智的不可思议性。吾人来到此处，就是完全仰仗于它，因此，推测它的奥秘，自然不是我们的有限知识所可办到，而对它行使我们的有限意志，亦大可不必；我们只要如实地接受生活就行，要完全信赖弥陀的无限智慧，因此，我们需要做到的事情，只是以此种信赖、此种信顺、此种接受以及此种无明求得安心。而说来奇妙的是，此种无明的里面含有非常微妙的智慧，可使我们完全满足于此生以及来世。②

此种神秘的知识或神秘的无明，以及由此而来的满足，亦可由一遍上

---

① 德山宣鉴禅师，在未进入禅门之前，原是一位专究《金刚经》的学者，后来参禅开悟而为一方之师。一日，他上堂对大众说道："今夜不答话，问话者三十拄杖！"时有僧出，方礼拜，师乃打之。僧曰："某甲话也未问，和尚因什么打某甲？"师曰："汝是什么处人？"曰："新罗（今之韩国）人。"师曰："汝上船（亦作"未跨船舷"）时便好与三十拄杖！"详见《传灯录》第十五卷。

② 禅里面有两种不同的无明：其一含有智慧和信心，另一种则是完全的昏暗。

洞山良价参见吉州薯山慧超禅师，超问："汝已任一方（已作一方之师），又来这里作么？"价云："良价无奈疑何，特来见和尚。"超召云："良价！"价应诺，超曰："是什么？"价无语，超曰："好个佛，只是无光焰！"（详见《传灯录》第九卷）。他既没有光焰，他的"无明"也就不能放光了。他一旦明白了这个事实，也就豁然大悟了。

慧朗参石头，问："如何是佛？"石头曰："汝无佛性。"曰："蠢动含灵又作么生？"石头曰："蠢动含灵却有佛性。"曰："慧朗为什么却无？"石头曰："为汝不肯承当！"慧朗于言下信人，觉悟了他自己的"无明"，于是他这"无明"便有光焰了。（详见《传灯录》第十四卷）

药山惟俨禅师正在打坐，石头睹之，问曰："汝在这里作什么？"曰："一切不为。"石头曰："怎么即闲坐也？"曰："若闲坐，即为也。"石头曰："汝道'不为'，且不为个什么？"曰："千圣亦不识！"（详见《传灯录》第十四卷）这里的"无明"又是另一种，可不是吗？

兴国振朗禅师初参石头，问："如何是祖师西来意？"石头曰："问取露柱！"曰："振朗不会。"石头曰："我更不会！"师俄然省悟而明见了他的"无明"，而使他的"无明"放光了。（详见《传灯录》第十四卷）

人（1229—1289）所作的一首由三十一个音节构成的和歌加以说明。当他
至法灯（1203—1298）门下习禅时，后者想要考考他对"念起即觉"这句
话的领会程度如何，而他即以如下的和歌答云：

> 名号念出，无己无佛：
> 南无阿弥陀佛——
> 此声只得。

但法灯禅师认为他还没有得到要领，于是，一遍又吟了如下的一首和歌：

> 名号念出，无己无佛：
> 南——无——阿——弥——陀——佛，
> 南——无——阿——弥——陀——佛！ ①

这个答案得到了法灯禅师的认可。我们发现，一遍将禅与净做了一种
非常实际的调和。我们如果将这个"此仅"（sonomana）或"如实"（yathā-
bhūtam）的观念解作人际的关系，便有如下的情况发生：自我的意志由于妨
碍全一（the All-One）亦即弥陀的作用而受到了摈斥。

> 你一旦抛开自力的反抗意志，即可明白信赖弥陀的意思了。你希
> 望得度，而佛则随时救度，但你往生净土的事实似乎不那么容易成立。
> 何以故？因为你那反抗的意志仍在自作主张。此事如青年男女缔
> 婚。双方父母都要看到他们结为连理。一方说，"女家不必提供任何嫁
> 妆。"但另一方却认为有此必要，因为男方为大富之家，因此女方至少
> 要备一只衣橱才行。假如女方以男方的精神接受对方提议的话，则理
> 想的目标必可达到而不致节外生枝。

---

① 详见《一遍上人语录》。

佛与众生之间的关系亦复如此。佛说，"来呀"，你为何不就这样前去呢？只因为这个反抗的意志在此摇头说："尽管他善意十足，但我总不能就这样去见他呀；我应该做些配得上奉召的事情才是。"这是我慢。这已超过了佛对你所作的要求，而以你的自尊和有限哲理所作的任何外务，都会障碍佛的慈悲流入你的心中。因为，你所要做的一切，只是伸开你的双手，好让佛递给你得渡的资级。佛在向你招手，而船亦在等着将你渡至彼岸，渡钱是免了，你唯一要做的事，是立即跨上渡船。你总不能抗议说："这是一件难以办到的事情。"你何不完全委身佛的救度本愿而让他的意旨统御你的意志？①

莫林诺斯（Molinos）写信给彼特罗西（Petrucci）说："使我的灵魂经常保持内在宁静的基本规则之一是这样的：我对这或那种个别的善可以不怀任何意欲②，唯一向往的是那个高于一切的善，因此我必须为这种至高的善所给予我和要求我去做的一切而作准备。说来用字不多，但所含内容却也不少。"③如果有人请教一位真宗导师：这内含如此之多，乃至能够产生至高之善的少数几个字究系什么？他将毫不迟疑地答道："南——无——阿——弥——陀——佛，南——无——阿——弥——陀——佛！"因为，这是真正的通行咒，可以立即将你渡至生死的彼岸。

无明与被动

就以此点而首，有关宗教经验的一个重大事实，是不断地坚持要信徒抛开追求上帝或真理所得的一切知识和学问。不论那是基督徒还是佛教徒，

---

① 以上两段系节译，详见佐佐木月樵所编的《秀存语录》（1907 年），秀存（1788—1860）是日本净土真宗的近代导师之一。

② 天主教僧侣声明绝对服从他们的师长，也是宗教生活中的一种被动或受动主义的表现。一个人一旦让他自己委身于一种服从的生活之后，他便会有一种解除自我负责压力的轻松之感，这与真正的宗教平安之感颇为相类。

③ 详见凯丝琳·列特顿（Kathleen Lyttleton）为莫林诺斯所作的《灵的向导》（*Spiritual Guide*）一书所写的序言。

不论那是净土宗还是圣道派，这种坚持总是受到同样的重视。

显而易见的是，宗教经验与知识学问完全对立，因为知识学问并不能保证我们成为神国的子民，倒是心地浑朴且思想单纯、"像儿童一样"的人，反而有此可能。虚荣、自负以及自恋等等被称为人间正义的污点，诚然"应如污秽的衣服一般"予以抛弃，但是，理智的运用为什么也要避免呢？灵魂也许会渴求独处和清静，但常读宗教书籍为什么会令人厌倦呢？耶稣为何因他在天上的父对聪明谨慎的人隐藏"这些事情"、反将它们揭示给不会"细心冥想和微妙推理"的婴儿表示感谢呢？

圣文德（St. Bonaventure）"教我们不要构想任何事物，甚至连上帝也不要构想，因为满足于概念、形象，乃至定义，都是残缺不全的事——不论它们多么微妙，多么真实，所说的不论是意志、还是善美、三位一体还是合一，乃至科学的本身，都是一样。"

圣·奥古斯丁（St. Augustine）独白云："主啊，我像一头迷失的羊一样到处流浪，当你在我里面的时候，却以急急推理的办法在外面找你。我徒自疲困地在外面找你，而你却住在我的里面——只要我要你，想你。我在这个人间都市的大街小巷里面找你，而我之所以找不到你，是因为我枉然地在外面找你，而你却在我自己的里面。"①

宗教导师们之所以不喜欢知识推理的原因在于：它不能将那个东西的本身交给我们；它所给我们的只是概念、形象、说明以及指涉；它总是使我们与自己背道而驰，使我们迷失在没有涯际的默想和想象的业莽之中，使我们得不到内心的宁静和精神的安逸。知性总是向外追寻，忘了"这里面有一种内在视觉，可以看到唯一的真神"。因此，吉尔松（Gerson）如此自述说："虽然，我已在诵经和祈祷上费了四十年的光阴，但在了知神秘神学方面，一直没有找到更为有效、更为直接的办法——比之精神上变得像个

---

① 引自《灵的向导》第七十六、七十七页。此处所显示的强烈的人间语调，是基督教与佛教不同的地方。在佛教里面，纵然深切地感到一种人际关系，例如宗教真宗视弥陀为"爹娘"，也没有此处报述的如此强烈的人间感情。禅可说是纯粹形上的东西——假如此词可以适用于此处的话，它是显然的非人际的东西。在禅的里面，我们无法找到任何与此相类的东西。

小孩，像个乞儿，在上帝的眼前。"①

但是，根本上，佛教是一种反对而不支持无明愚痴的宗教，这在前面所引各节文字中已有所示。愚夫、迷乱，以及凡愚等等，之所以在一切佛教经典中都受到贬责，就是由于不能体会正觉的最高真理。

诚然，佛教较基督教知性，而佛教思想的要旨，亦在提倡以直观的方式掌握存在的空性，而不是投入最高存在者的慈怀之中。然而，尽管有此事实，但在佛教的教学之中，却有一股强烈的暗流，认为所有一切的知解尝试，在佛教生活的体验方面，皆属徒劳之举，因而主张放弃一切以我为中心的努力和预想的文学立场，以使意识保持绝对的纯净或处于一种绝对中立或纯清的状态，亦即使得心灵像儿童一般单纯，没有受到学识和恃慢等等的阻塞。

法然上人（1133—1212）在他所著的《一枚启请文》（One-Sheet Document）中，对净土宗对于无明与愚痴所持的态度，作了如下的阐释：

> 我所指的念佛，既不是中国和日本善知识所说的观佛，也不是称颂佛号，那是研究并理解念佛意义之后而修者。我所指的念佛，只是称颂弥陀名号，而不怀疑是否往生净土。只是如此而已，没有别的顾虑。我虽常申述三心四修的道理，但这些也都包括在"南无阿弥陀佛"（the Namu Amida Butsu）保证往生净土的信念之中了。若有设想超于此点者，则不仅不得弥陀、释迦二圣之祝福，而且亦自绝于弥陀本愿之外了。大凡相信念佛法门的人，不论对于释迦言教多么博通，都应如一事不知的白丁或如愚钝的尼师一样行事，避免卖弄学问，一心称颂佛号。

法然的弟子亲鸾上人（1173—1262），亦在他的《叹异钞》中作了同样的表示：

---

① 详见《灵的向导》第七十二页。

（有人说）不究经论，是否能够得度，甚为可疑。如此说话，看来距离真理还远得很哩。所有一切解释他力道理的圣书都一致表示，凡是信奉本愿念佛者，将来必定成佛。除此之外，往生净土还要什么学问？且让对此有疑的人去用功研读，以求了解本愿的意义吧。可惜的是，有些人尽管苦心钻研圣书了，但仍然不能明白圣教的意义。因为名号系为不解圣书的人而设，故称易行道。

代表佛教圣道派的禅宗，对于做学问和研读经典亦求避免，这可从禅宗史传作者描述六祖慧能的态度上看出端倪。何以见得？因为他被写成了一位目不识丁的樵夫，而与他的对手，亦即博学多闻、在弘忍五百弟子间受到敬慕的神秀，成一鲜明的对比；此外，我们亦可从禅徒采用的主要名言之一"不立文字"见出大概，因为，实在说来，这正是宋代天台宗信徒所集中攻击的一点。

大凡对禅下过研究功夫的人，都很明白禅对学问和知解抱持怎样的态度。禅籍里面随处可见这样的语句："说到禅道，我无一字可说"；"我说法四十九年，未尝说着一字"；"那是你的学问，让我看看你对你自己有什么发现"；"读经看教，与你自己何干？""你虽博学多闻，能了生死吗？""三藏十二分数，岂不是拭不净底破纸？"如此等等，不胜枚举。

无闻或愚鲁之所以在宗教经验中受到如此推举，最重大的原因之一，也许可在知识本身的性质上找出。由于知识本质上是一种二元论的东西，因此，它必须有一个作为坐标的参考点，才能提出一种陈述，一种论证，或者一种判断。

有一个明确的前提，并且紧紧地系着于它，这种心理习惯，与大体上如实地接受生活而不发问题、不作抗议、不加怀疑的宗教心向，完全相违。宗教经验多以明白、透彻，而又径捷的语句加以描述，与模棱和诡辩，没有任何瓜葛。在佛教中，不论是禅宗还是净土的真宗，都是以没有闹党的心——尤其没有由知识学问培养而成的偏党之心——作神秘的直观，为其最大的要点。意识的镜子一旦清除了知识的窿垢之后，便可照见上帝的荣光和爱——就像基督徒会说的一般。因此之故，愚呆和纯真与被动或受动皆携手并进。

无我与性空

如果将这个被动或受动之说用哲学的语言译出的话，那它就是无我之说，如果复加推演，则成性空之说。正如我会在别处解释过的一样，这个无我（没有实体的自我）之说，并没有非佛教学者所想象的那么虚无空洞，因为，基督教的神秘家们亦常说到此种自我的否定。圣·伯纳德（St. Bernard）引用了《以赛亚书》第十章第十五节的话："斧岂可向用斧砍木的自夸呢？"锯岂可向用锯的自大呢？好比棍抡起那举棍的，好比杖举起那不是木头的，接着下个结语说道："实在说来，上帝的荣耀能力，只是来自上帝。"我们岂不也可来上另一个结语："上帝即是一切，自我没有实体？"或者："我们在祂里面生活、行动，并享有我们的生命，因此，所有一切这样的相对存在物，悉皆空（sūnya）而无生（anutpanna）？"用逻辑的方式来说，佛教学者在开展此一论点方面，都比较直接，比较彻底，比较一贯。

《德国神学》（*Theologia Bermanica*）一书的作者有言："我们必须明白此事，就像上帝所说的一样：'大凡在我外面希求者，或希求我不希求者，或者希求非我希求者，皆希求与我相背者，因为，我所希求者，乃除我之外无人应该希求者，因此，在我之外，以及在我的希求之外，皆不应有所希求；乃至，在我之外，既无实质，亦无生命，既非这个，亦非那个，同样，除我之外，乃至在我的希求之外，皆不应有所希求。'"如果用佛教心理学的用语来说这句话，便是："我并不是任何人的一个什么，对我而言，也没有任何人的一个什么。"[①] 又据《清净道论》（第十六品）云：

唯有苦在，无受苦者；

---

① 借用华伦的译语。

没有作者，除作业外；

涅槃虽有，但无求者；

大道虽存，但无行者。

我们必须晓得的是，佛陀所说的无我（Anātman or Anatta）之教，并不是心理学上的分析结果，而是宗教直观上的一种陈述，其间没有逻辑推理的用武之地。佛教的这种经验，要由径捷的认识——当一个人的心灵荡尽一般自我中心欲望的污染而无任何自我残渣遗存的时候所得的体悟——加以确定。建立此种学说的，虽是佛教哲学，但以事实加以充实的，却是佛教经验。我们应常记住这个真理：宗教以经验首开其端，而后始以哲学建立它的理论体系，因此之故，哲学的批评必须以经验的事实为基础，而不是以如此建立的哲理本身为依据。

性空之说也是宗教直观的一种直述，而不是由性空理论构成的一种抽象体系。倘非如此的话，它就不可能成为各派大乘佛教的根本观念了，对于信徒的宗教意识也就不会产生这种启示性的影响了。关于这个问题，我已在拙作《楞伽研究》（Studies in the Lankaāvatāra Sūtra）中做了相当充分的探讨，不拟再加覆述，但我必须在此说明的一点是：所谓"性空"或"空性"（Sūnvatā——英文通常译为 emptiness 或 vacuity，这是它的字面意思），不可用相对知识与逻辑分析的用语加以解释，因为它是由直接透视存在木质而作的陈述。不论它聚集了什么样哲学，那总是后来的附加和佛教学者的作品。

四、被动与忍辱

被动或受动的生活，一方面固然含有放任主义的倾向，但另一方面部又有超然物外、避离人间名利的趋势。不过，此种被动或受动的经验可以产生实用的美德，或者，反过来说，只要有这些美德，就会生出此种经验。这些美德为宗教生活所特有——不论那种宗教的神学为何，不论那是佛教的还是基督教的神学。

就佛教而言，如此实践的美德通常有六种，谓之六波罗蜜或六度（Sad-Pāramita）：一、布施（Dāna）；二、持戒（Sila）；三、忍辱（Ksānti）；四、精进（Virya）；五、禅定（Dhvāna）；六、智慧（Prajnā）。后列两项，亦即禅定与智慧（或般若），与被动或受动可说没有什么直接关系，故而，我们这里暂且不必谈它。前面四项非常重要，大乘佛徒的生活可说就包含在它们里面了。还有，前面两项，亦即"布施"（在佛教中亦包括了为了主义而奉献生命）和"持戒"，在此亦可不加理会。这是因为我想对"忍辱"和"精进"的一、两个古例做一个特别的探讨，因为我认为此二者与被动或受动生活和性空哲学具有密切的关系。我们也许可以认为，"忍辱"（亦译"安忍"）与被动或受动或有某种关系。但是，与逆来顺受显然相反的"精进"，与被动或受动之间又有什么关系可言呢？我们怎么可以认为"精进"亦出自宗教的被动和空性呢？

这在大乘佛徒的生活和般若经教里，都是一个重要的问题。因为，依据菩萨奉行的后者来说，其所以获得永不枯竭的精进力泉源，就因为万法的空性；假如吾人的生命背后真有某种可以确定的东西可得的话，我们就无法展示常啼菩萨（the Bodhisattva Sadāprarudita）所表露的那种精进之力了。而忍辱或谦下之所以可能，也是由于具有这种精进之力的缘故。所谓"忍辱"，并不只是要自己忍受外来的种种痛苦而已，同时还要在性空的生活中发挥精进的美德，这与一切大乘经典所说的菩萨生活或"菩萨行"（bodhisattvacaryā）并无二致。因此，我们可在《金刚经》中读到如下的故事：

> 须菩提，如我昔为歌利王割截身体。我于尔时，无我相，无人相，无众生相，无寿者相。何以故？我于往昔，节节支解时，若有我相、人相、众生相、寿者相，应生瞋恨。须菩提，又念过去于五百世，作忍辱仙人，于尔所世，无我相，无人相，无众生相，无寿者相……

由此可见，大乘佛教对于空性如果没有一番哲理上的体会，便没有真

正的忍辱或被动可说，而这是需要永不疲厌地追求最高善境的精进力的支
持。因此之故，性空、忍辱、精进，互相关联，不可分离。就此而言，常
啼菩萨的故事颇有合示性。

常啼菩萨的故事 ①

佛告善现（亦译须菩提）："……若菩萨摩诃萨欲求般若波罗蜜
多，应如常啼菩萨摩诃萨求。是菩萨摩诃萨，今在大云雷音佛（the
Tathāgata Bhishma-garjita-nirghoshasvara）所修行梵行。"

具寿善现白佛言："世尊，常啼菩萨摩诃萨云何求般若波罗蜜多？"

佛告善现："常啼菩萨摩诃萨本求般若波罗蜜多时，不惜身命，不
顾珍财，不徇名誉，不希恭敬，而求般若波罗蜜多。彼常乐居阿练若
处，欻然闻有空中声曰：'咄，善男子，汝可东行，决定得闻甚深般若
波罗蜜多。汝当行时，莫辞疲倦，莫念睡眠，莫思饮食，莫想昼夜，
莫怖寒热；于内外法心莫散乱。行时不得左右顾视，勿观前后上下四
维，勿破威仪，勿坏身相。勿动于色，勿动受、想、行、识；勿动眼处，
勿动耳、鼻、舌、身、意处；勿动色处，勿动声、香、味、触、法处；
勿动眼界，勿动耳、鼻、舌、身、意界；勿动色界，勿动声、香、味、
触、法界；勿动眼识界，勿动耳、鼻、舌、身、意识界；勿动眼触，勿
动耳、鼻、舌、身、意触；勿动眼触为缘所生诸受，勿动耳、鼻、舌、
身、意触为缘所生诸受；勿动地界，勿动水、火、风、空、识界：勿动
因缘，勿动等无间缘、所缘缘、增上缘，勿动从缘所生诸法；勿动无明，

---

① 译按：关于本文的出处，作者的附注是《八千颂般若经》（*The Asthasāhasrikā-prajnāpārami-*
tāsūtra）之"常啼菩萨品"（Chapter on the Bodhisattva Sadāprarudita）。据学者考查，此品在中文大藏
经中的异译约有七种（或许不止此数），分别载于《大明度经》《道行般若经》《小品般若波罗蜜经》
《佛母出生三法藏般若波罗蜜经》《放光般若经》《摩诃般若波罗蜜经》，以及《大般若波罗蜜多经》（中
文藏经目录中未见以《八千颂般若经》为名的经典）。译者读了其中三种，似以唐三藏玄奘法师所译
者（见于《大般若波罗蜜多经》第三百九十八卷以下）文意较为具足，故选录之。这是佛陀所说的
一篇"哀感动人"的菩萨求法的故事，描绘生动、说理透彻，读者如有兴趣，不妨二取阅，当可得
享法喜禅悦之乐。

勿动行、识、名色、六处、触、受、爱、取、有、生、老、死、愁、叹、苦、忧、恼；勿动布施波罗蜜多，勿动净戒、安忍、精进、静虑、般若波罗蜜多；勿动四念住，勿动四正断、四神足、五根、五力、七等觉支、八圣道支；勿动内空，勿动外空，内外空、空空、大空、胜义空、有为空、无为空、毕竟空、无际空、散空、无变异空、本性空、自相空、共相空、一切法空、不可得空、无性空、自性空、无性自性空；勿动真如，勿动法界、法性、不虚妄性、不变异性、平等性、离生性、法定、法住、实际、虚空界、不思议界；勿动苦圣谛，勿动集、灭、道圣谛；勿动四静虑，勿动四无量、四无色定；勿动八解脱，勿动八胜处、九次第定、十遍处；勿动一切陀罗尼门；勿动一切三摩地门；勿动空解脱门；勿动无相、无愿解脱门；勿动极喜地，勿动离垢地、发光地、焰慧地、极难胜地、现前地、远行地、不动地、善慧地、法云地；勿动五眼，勿动六神通，勿动佛十力，勿动四无所畏、四无无碍解，大慈、大悲、大喜、大舍、十八佛不共法；勿动无忘失法；勿动恒住舍性；勿动一切智，勿动道相智、一切相智；勿动预流果，勿动一来、不还、阿罗汉果、独觉菩提；勿动菩萨摩诃萨行，勿动无上正等菩提；勿动世间法，勿动出世间法；勿动有漏法，勿动无漏法；勿动有为法，勿动无为法。何以故？善男子，若于诸法有所动者，则于佛法不能安住；若于佛法不能安住，则于生死诸趣轮回；若于生死诸趣轮回，则不能得甚深般若波罗蜜多。'

"尔时，常啼菩萨摩诃萨闻空中声殷勤教诲，欢喜踊跃，叹未曾有，合掌恭敬，报空声曰：'如向所言，我当从教！所以者何？我当欲为一切有情作大明故；我当欲集一切如来、应、正等觉殊胜法故；我当欲证无上正等大菩提故。'

"时，空中声复语常啼菩萨摩诃萨言：'善哉！善哉！善男子，汝当于空、无相、无愿甚深之法应生信解；汝应以离一切相心求深般若波罗蜜多；汝应以离我及有情、命者、生者、养者、士夫、补特伽罗、意生、儒童、作者、受者、知者、见者相心求深般若波罗蜜多。汝，善男子，于诸恶友，应方便远离；于诸善友，应亲近供养。若能为汝善巧说空、无相、无愿、无生、无灭、无染、无净、本寂之法，及能为汝示现、教导、赞励、庆喜一切智者，是为善友。汝，善男子，若如是行，不久得闻甚深般若波罗蜜多：或从经典中闻，或从菩萨所闻。汝所从闻甚深般若波罗蜜多，当于是处起大师想；汝应知恩，念当重报——汝，善男子，应作是念：我所从闻甚深般若波罗蜜多，是我最胜真实善友；我从彼闻是妙法故，速于无上正等菩提得不退转；我由彼故，得近如来、应、正等觉，常生诸佛严净国土，恭敬供养诸佛世尊，听闻正法，植众德本，远离无暇、具足有暇，念念增长殊胜善根；汝应思惟、筹量、视察诸如是等功德胜利，能为汝说甚深般若波罗蜜多菩萨法师，常应敬事如诸佛想。汝，善男子，莫以世利、名誉心故随逐法师，但为爱重、恭敬、供养无上法故随逐法师。汝，善男子，应觉魔事：谓有恶魔为坏正法及法师故，以妙色、声、香、味、触境、殷勤奉施。时说法师方便善巧，为欲调伏彼恶魔故，令诸有情种善根故，现与世间同其事故，虽受彼施而无染着。汝于此中莫生秽想——应作是念：我未能知说法菩萨方便善巧，此说法师善知方便，为欲调伏刚强有情，欲令有情植众德本，俯同世事现受诸欲，然此菩萨不取法相，无着无碍，曾无毁犯。汝，善男子，当于尔时应观诸法真实理趣。云何诸法真实理趣？谓一切法无染无净。何以故？善男子，以一切法自性皆空，无我、有情、命者、生者、养者、士夫、补特伽罗、意生、儒童、作者、受者、知者、见者，如幻、如梦、如响、如像、如阳焰、如光影、如变化事、如寻香城。汝，善男子，若能如是观察诸法真实理趣随逐法师，不久成办甚深般若波罗蜜多。又，善男子，于余魔事汝应觉知：谓说法师见汝求请甚深般若波罗蜜多，都不眷念，反加凌辱。汝于此中不应嗔恨，转增爱重恭敬法心，常逐法师，勿生厌倦。'

"尔时，常啼菩萨摩诃萨受空中声重教诫已，转增欢喜，从是东行，未久之间，复作是念：我宁不问彼空中声遣我东行，去当远近？至何城邑？复从谁闻甚深般若波罗蜜多？作是念已，即住其处，捶胸悲叹，忧愁啼泣。经须臾顷，作是思惟：我住此中，过一昼夜，乃至或过七昼七夜，不辞疲倦，不念睡眠，不思饮食，不想昼夜，不怖寒热，于内外法心不散乱。若未审知去之远近、所至城邑、及所从闻甚深般若波罗蜜多，终不起心舍于此处！

"善现当知：譬如父母，唯有一子，端正黠慧，多诸技能，爱之甚重。其子盛壮，卒便命终。父母尔时悲号苦毒，唯忆其子，更无余念。常啼菩萨亦复如是；当于尔时更无余念——唯作是念：我于何时当闻般若波罗蜜多？我先何故不闻空中声劝我东行，去当远近？至何处所？复从谁闻甚深般若波罗蜜多？

"善现当知：常啼菩萨摩诃萨，如是悲泣自叹恨时，欻于其前有佛像现，赞常啼菩萨摩诃萨言：'善哉！善哉！善男子！过去如来、应、正等觉为菩萨时，以勤苦行求深般若波罗蜜多，亦如汝今求之加行。又，善男子，汝以如是勇猛精进、爱乐恭敬求法之心，从此东行，过于五百踰缮那量，有大王城，名具妙香 (Gandhavati)。其城高广，七宝成就；于其城外，周匝皆有七宝所成七重垣墙，七重楼观，七重栏楯，七重宝堑，七重行列宝多罗树；是垣墙等，互相间饰，发种种光，甚可爱乐。此大宝城，面各十二踰缮那量，清净宽广，人物炽盛，安稳丰乐；中有五百街巷市廛，度量相当，端严如画；于诸衢陌各有清流，亘以宝舫往来无拥；一一街巷，清净严饰，洒以香水，布以名华；城及垣墙，皆有却敌雉堞、楼阁，紫金所成，莹以众珍，光明辉焕；于雉堞间，厕以宝树，是一一树根茎枝叶，及以华果，皆别宝成；城垣、楼阁，及诸宝树，覆以金网，连以宝绳，悬以金铃，缀以宝铎。微风吹动，发和雅音，譬如善奏五支诸乐。是宝城内，无量有情，昼夜恒闻，欢娱快乐；城外周匝七重宝堑，八功德水弥满其中，冷暖调和，清澄皎镜；水中处处有七宝船，间饰庄严，众所喜见；彼有情类宿业所招，时共乘之，泛漾游戏；诸堑水内具众妙华：嗢钵罗华，钵特摩华，拘母陀华，奔荼利华，及余种种杂类宝华，色香鲜郁，遍覆水上——以要言之，三千界内所有名华无不备足。有五百苑周环大城，种种庄严甚可喜乐。——苑内有五百池，其地纵广一俱卢舍，七宝庄饰，悦可众心；于诸池中，有四妙华：嗢钵罗华，钵特摩华，拘母陀华，奔荼利华，量如车轮，映蔽于水；其华皆以众宝所成，青色青显，青影青光；黄色黄显，黄影黄光；赤色赤显，赤影赤光；白色白显，白影白光；诸苑池中多有众鸟：孔雀、鹦鹉、凫雁、鸿雁、黄鹂、仓庚、青鹜、白鹇、春莺、鸳鸯、鸳鸯、池鹭、翡翠、精卫、鹍鸡、鹢鸦、爱居、鹏凤、妙翅、鹈鹕、羯罗、频迦、命命鸟等，音声相和，游戏其中；是诸苑池，的无所属。彼有情类长夜修行甚深般若波罗蜜多，于深法门皆生信乐；宿世共造如是胜业，故于今时同受斯果。

又，善男子，妙香城中有高胜处，是法涌菩萨摩诃萨所住之宫；其宫纵广一踰缮那，众宝庄严，奇妙可爱；宫外周匝七重垣墙，七重楼阁，七重栏楯，七重宝堑，七重行列宝多罗树；是垣墙等，绮饰庄严，甚可爱乐；有四妙苑周环此宫：一名常喜，二名离忧，三名华严，四名香饰；苑内务有八池：一名贤善，二名贤上，三名欢喜，四名喜上，五名安稳，六名具安，七名离怖，八名不退；诸池四面，各一宝成：一金，二银，三吠琉璃，四颇胝迦；羯鸡都宝，以为池底；金沙布上，妙水湛然；——池滨有八阶陛，种种妙宝，以为严饰，用胜上金而为其蹬；诸阶两间有芭蕉树，行列间饰，紫金所成；是诸池中具四妙华：嗢钵罗华，钵特摩华，拘母陀华，奔荼利华；众色间杂，弥布水上；周池四边有香华树，清风时鼓，散于水中；诸池皆具八功德水，香如栴檀，色味具足，有凫雁等游戏其中。法涌菩萨摩诃萨住此宫中，常与六万八千侍女游诸苑池，以妙五欲共相娱乐。妙香城中男女大小，为欲瞻仰法涌菩萨及听法故，有时得入常喜等苑、贤善等池，亦以五欲共相娱乐。

又，善男子，法涌菩萨摩诃萨，与诸侍女受妙乐已，昼夜三时为说般若波罗蜜多。妙香城内有诸士女，于其城中七宝台上，为法涌菩萨摩诃萨敷师子座，众宝庄饰，其座四足各一宝成：一金，二银，三吠琉璃，四颇胝迦；于其座上重敷裀褥，次铺绮帊，覆以白毡，络以绲綖；宝座两边，双设丹枕，垂诸帏带，散妙香华。其座高广半俱卢舍；

于上空中张以绮幔；内施珠帐，称座大小；垂诸华缨，悬以金铎。为敬法故，于座四边散五色华，烧无价香；复以种种泽香、末香涂散其地；罗列众多宝幢幡盖。法涌菩萨于时时中升此宝座，为众宣说甚深般若波罗蜜多；每说法时，皆有无量天、龙、药叉、健达缚、阿素洛、揭略茶、紧捺洛、莫呼洛伽、人非人等俱来集会，恭敬供养法涌菩萨，听受般若波罗蜜多。时，诸大众既闻法已，有诵持者，有书写者，有转读者，有思惟者，有如说行者，有开悟他者——由是因缘，彼有情类，于诸恶趣得不堕法，及于无上正等菩提永不退转。汝，善男子，应勤精进，速疾往诣法涌菩萨摩诃萨所，当令汝闻所求般若波罗蜜多。

又，善男子，法涌菩萨，是汝长夜真净善友，示现教导、赞励、庆喜，令汝速证无所求无上正等菩提。法涌菩萨，于过去世，以勤苦行求深般若波罗蜜多时，亦如汝今求之方便。汝宜速往法涌菩萨摩诃萨所，勿生疑难，莫计昼夜！不久当闻甚深般若波罗蜜多！'

"尔时，常啼菩萨摩诃萨闻是语已，心生适悦，踊跃欢喜，作是思惟：何时当见法涌菩萨、从彼得闻甚深般若波罗蜜多？善观当知：譬如有人遇中毒箭，为苦所切，更无余想，但作是念：我于何时得遇良医，为拔此箭得免斯苦？常啼菩萨亦复如是，当于尔时，更无余想，但作是念：我于何时得见法涌菩萨摩诃萨，亲近供养，得闻般若波罗蜜多？闻已便能永断种种虚妄分别有所得见、疾证无上正等菩提？

"善现当知：常啼菩萨即住此处作是念时，于一切法中起无障智见，由斯智见即能现入无量殊胜三摩地门，所谓：观一切法自性三摩地，于一切法自性无所得三摩地，破一切法无智三摩地，得一切法无差别三摩地，见一切法无变异三摩地，能照一切法三摩地，于一切法离暗三摩地，得一切法无别意趣三摩地，知一切法都无所得三摩地，散一切华三摩地，引发一切法无我三摩地，离幻三摩地，引发镜像照明三摩地，引发一切有情语言三摩地，令一切有情欢喜三摩地，善随顺一切有情语言三摩地，引发种种语言文句三摩地，无怖无断三摩地，能说一切法本性不可说三摩地，得无碍解脱三摩地，远离一切尘三摩地，名句文词善巧三摩地，于一切法起胜观三摩地，得一切法无碍际三摩地，如虚空三摩地，金刚喻三摩地，虽现行色而无所犯三摩地，得胜三摩地，得无退眼三摩地，出法界三摩地，安慰调伏三摩地，师子奋迅欠呿哮吼三摩地，映夺一切有情三摩地，远离一切垢三摩地，于一切法得无染三摩地，莲华庄严三摩地，断一切疑三摩地，随顺一切坚固三摩地，出一切法三摩地，得神通力无畏三摩地，现前通达一切法三摩地，坏一切法印三摩地，现一切法无差别三摩地，离一切见稠林三摩地，离一切暗三摩地，离一切相三摩地，脱一切著三摩地，离一切懈怠三摩地，得深法明三摩地，如妙高山三摩地，不可引夺三摩地，摧伏一切魔军三摩地，不著三界三摩地，引发一切殊胜光明三摩地，如是乃至现见诸佛三摩地。

常啼菩萨安住如是三摩地中，现见十方无量无数无边世界诸佛如来，为诸菩萨摩诃萨众宣说般若波罗蜜多。时，诸如来、应、正等觉咸共赞慰、教诫、教授常啼菩萨摩诃萨言：'善哉！善哉！善男子，我等本行菩萨道时，亦如汝今以勤苦行求深般若波罗蜜多，于勤求时，亦如汝今现得如是诸三摩地。我等尔时得是无量胜三摩地，究竟修已则能成办甚深般若波罗蜜多方便善巧，由斯能办一切佛法，便得住于不退转地。我等观此诸三摩地，所禀自性无入无出，亦不见法能入出者，亦不见此能修菩萨摩诃萨行，亦不见此能证无上正等菩提。我等尔时以于诸法无所执故，即名般若波罗蜜多。我等住此无所执故，便能获得真金色身，常光一寻，具三十二大丈夫相，八十随好，圆满庄严，又能证得不可思议无上佛智，无上佛戒，无上佛定，无上佛慧，一切功德波罗蜜多无不圆满。以能圆满一切功德波罗蜜多，佛尚不能取量尽说，况诸声闻及独觉等？以是故，善男子，汝于此法倍应恭敬、爱乐、勤求，无得暂舍；若于此法倍生恭敬、爱乐、勤求，能不暂舍，便于无上正等菩提易可证得。又，善男子，汝于善友应常恭敬、爱乐、勤求，如诸佛法想。何以故？善男子，若菩萨摩诃萨常为善友之所摄护，疾得无上正等菩提！'

"是时，常啼菩萨摩诃萨即白十方诸佛言：'何等名为我之善友？我当亲近、恭敬、供养！'十方诸佛告常啼言：'有法涌菩萨摩诃萨，是汝长夜真净善友，能摄护汝，令汝成熟所求无上正等菩提，亦令汝学甚深般若罗蜜多方便善巧；彼能长夜摄益汝故，是汝善友，汝应亲近、恭敬、供养。又，善男子，汝若一劫，若二、若三，如是乃至百千劫，或复过是，恭敬、顶戴法涌菩萨，复以一切上妙乐具，乃至三千大千世界所有妙色、声、香、味、触尽以供养，未能报彼须史之恩。何以故？善男子，汝因法涌菩萨威力，现得如是无量胜妙三摩地门，又当因彼，令汝获得甚深般若波罗蜜多方便善巧，疾证无上正等菩提。'时，十方佛方便赞慰、教诫、教授常啼菩萨，令欢喜已，忽然不现。

"尔时，常啼菩萨摩诃萨，从现所证三摩地起，不见诸佛，心怀惆怅，作是思惟：我向所见十方诸佛，先从何来？今往何所？谁能为我断如是疑？复作是念：法涌菩萨久已修学甚深般若波罗蜜多方便善巧，已得无量陀罗尼门及三摩地，于诸菩萨自在神通已到究竟，已曾供养无量如来、应、正等觉，于诸佛所发弘誓愿，种诸善根，于长夜中为我善友，常摄受我令获利乐。我当疾诣法涌菩萨摩诃萨所，问向所见十方诸佛，先从何来？今往何所？彼能为我断如是疑。

"善现当知：是时常啼菩萨摩诃萨作此念已，便于法涌菩萨摩诃萨所，转增爱敬清净之心，复作是念：我今欲诣法涌菩萨摩诃萨所，当以何物而为供养①？然我贫匮，无有华香、泽香、散香、衣服、璎珞、宝幢、幡盖、伎乐、灯明、末尼、真珠、吠琉璃宝、颇胝迦宝、金、银、

---

① 佛教徒往往尽其所有，持以供养他们所崇奉的对象，其意在于培养自己的性灵。因此，供养的目的并非为了愉悦受者而作；诸佛菩萨对于世间财宝、音乐仪器或天仙仕女将会怎样？因此，自我奉献的行持，系为了奉献者本身而为。此举要以真正无我的精神行之，诸佛菩萨才会接纳。在德川时代，住持镰仓圆觉寺的一位著名禅师，为佛教徒的这种奉献精神做了一次颇有意义的阐示。当他所住的寺院需要动工修缮时，他的一位富商弟子奉献了一大笔资财。这位大师收下了这笔金钱，淡然地搁在一旁，连个谢字也没有说。他这位弟子见状颇为不满，向他诉述他如何忍痛挪出这笔资金，对他而言可说是一种很大的牺牲，如今送来，禅师至少要表示一下谢意才是。但这位大师冷静地问道："我必须为了你为你自己所积的功德而向你致谢吗？"因此，供养或奉献，乃是一种自我牺牲，亦即放弃或舍除自私自利的虚妄自我。

珊瑚、螺贝、璧玉，及余种种上妙供具，可以供养甚深般若波罗蜜多及说法师法涌菩萨。我定不应空手而诣法涌菩萨摩诃萨所；我若空往，自喜不生，何以表知至诚求法？我于今者，应自卖身以求价值，持用供养甚深般若波罗蜜多及说法师法涌菩萨。何以故？我于长夜诸界趣生，虚丧坏灭无边身命，无始生死，为欲因缘，堕诸地狱受无量苦，未为供养如是妙法及说法师自舍身命。故我今者，定应卖身以求财物，持用供养甚深般若波罗蜜多及说法师法涌菩萨。

"尔时，常啼菩萨摩诃萨作是念已，渐次东行，至一大城，宽广严净，多诸人众，安稳丰乐。常啼菩萨入市肆中，处处巡环，高声唱言：'我今自卖，谁欲买人？我今自卖，谁欲买人？'是时，恶魔见此事已，便作是念：常啼菩萨爱重法故欲自卖身；谓为供养甚深般若波罗蜜多及说法师法涌菩萨摩诃萨故，因斯当得如理请问甚深般若波罗蜜多方便善巧；谓作是问：云何菩萨方便修行甚深般若波罗蜜多，速证无上正等菩提？作是问已，法涌菩萨当为宣说甚深法要，令得多闻，犹如大海，魔及眷属所不能坏，渐能圆满一切功德，因斯饶益诸有情类，令得无上正等菩提；彼复能令诸有情类证得无上正等菩提，展转相承，空我境界。我当方便隐蔽其声，令此城中长者、居士、婆罗门等，咸不能闻——唯除城中一长者女，宿善根力，魔不能蔽。

"常啼菩萨由是因缘，经于久时，卖身不售，愁忧苦恼，在一处立，涕泣而言：'我有何罪？为欲供养甚深般若波罗蜜多及说法师法涌菩萨故，虽自卖身，而无买者！'

"时，天帝释见已念言：此善男子，以为供养甚深般若波罗蜜多及说法师法涌菩萨，爱重法故，自卖其身。我当试之：为实慕法？为怀谄诈、诳惑世间？如是念已，即自化作少婆罗门，诣常啼所，问言：男子，汝今何缘伫立悲涕、愁忧不乐？

"常啼菩萨答言：'儒童，我为供养甚深般若波罗蜜多及说法师法涌菩萨，然我贫乏，无诸财宝；爱重法故，欲自卖身，遍此城中，无相问者。自惟薄福，住此忧悲。'

"时，婆罗门语常啼曰：'我于今者正欲祠天，不用人身，但须人血、人髓、人心，颇能卖不？'

"常啼菩萨闻已念言：我于今者定获胜利。所以者何？彼欲买者，我皆具有，由斯价值，当得供养甚深般若波罗蜜多及说法师法涌菩萨，令我具足甚深般若波罗蜜多方便善巧，疾证无上正等菩提！作是念时，欢喜踊跃，以柔软语报婆罗门：'仁所买者，我悉能卖！'

"婆罗门言：'须几价值？'

"常啼报曰：'随意相酬！'

"尔时常啼作是语已，即伸右手执取利刀，刺己左臂，令出其血；复割右髀皮肉置地，破骨出髓，与婆罗门；复趣墙边，欲剖（亦作'割'）心出。

"有长者女处于高阁，先见常啼扬声自卖，后时复见自害其身，作是念言：'此善男子，何因缘故困苦其身？我当问之。'念已下阁，到常啼所，作是问言：'汝何因缘，先唱自卖、今出血髓，复欲剖（割）心？'

"常啼报言：'姊不知耶？我为供养甚深般若波罗蜜多及说法师法涌菩萨，然我贫乏，无诸财宝；爱重法故，先自卖身，无相买者。今卖三事与婆罗门。'

"长者女言：'汝今自卖身血、心、髓，欲持价值供养般若波罗蜜多及说法师法涌菩萨，当获何等功德胜利？'

"常啼答言：'法涌菩萨于甚深法已得自在，当为我说甚深般若波罗蜜多方便善巧，菩萨所学，菩萨所乘，菩萨所行，菩萨所作。我得闻已，如说修行，成熟有情，严净佛土，速证无上正等菩提，得金色身，具三十二大丈夫相，八十随好圆满庄严，常光一寻，余光无量，具佛十力，四无所畏，四无碍解。大慈大悲，大喜大舍，十八佛不共法，无忘失法，恒住舍性，五净眼、六神通，不可思议清净戒蕴，定蕴、慧蕴、解脱蕴、解脱知见蕴，无障智见、无上智见，得一切智、道相智、一切相智，具足一切无上法宝，布施与一切有情，与诸有情作所依止。我舍身命为供养彼，当获此等功德胜利！'

"时，长者女闻说殊胜不可思议微妙佛法，欢喜踊跃，身毛皆竖，恭敬合掌白常啼言：'大士所说，第一广大，最胜微妙，甚为希有；为获如是一一佛法，尚应舍弃如殑伽沙所重身命，况唯舍一？所以者何？若得如是微妙功德，则能利乐一切有情。大士家贫，尚为如是微妙功德不惜身命，况我家富，多有珍财，为是功德而不弃舍？大士今应勿复自害；所需供具尽当相与。所谓金银、吠琉璃宝、颇胝迦宝、末尼、真珠、杵藏、石藏、螺贝、璧玉、帝青、大青、珊瑚、琥珀及余无量异类珍财；华香、璎珞、宝幢、幡盖、伎乐、灯明、车乘、衣服并余种种上妙供具，可持供养甚深般若波罗蜜多及说法师法涌菩萨。唯愿大士勿复自害！我身亦愿随大士往法涌菩萨摩诃萨所，俱时瞻仰，共植善根，为得所说诸佛法故。'

"时，天帝释即复本形，在常啼前，曲躬而立，赞言：'大士，善哉！善哉！为法至诚，坚固乃尔！过去诸佛为菩萨时，亦如大士，以坚固愿求深般若波罗蜜多方便善巧，请问菩萨所学、所乘、所行、所作，心无厌倦，成熟有情、严净佛土，已证无上正等菩提。大士当知，我实不用人血、心、髓，但来相试。今何所愿，我当相与，以酬轻触损恼之愆。'

"常啼报言：'我本所愿，唯有无上正等菩提，天主顿能与斯愿不？'

"时，天帝释赧然有愧，白常啼言：'此非我力，唯有诸佛大圣法王，于法自在，能与斯愿。大士，今应除无上觉，更求余愿，我当与之。'

"常啼报言：'甚深般若波罗蜜多亦我所愿，颇能惠不？'

"时，天帝释倍复生惭，白常啼言：'我于此愿亦不能与。然我有力令大士身平复如故。用斯愿不？'

"常啼报言：'如是所愿，自能满足，无劳天主。所以者何？我若启告十方诸佛，发诚谛言：今自卖身，实为慕法，不怀谄诈，诳惑世间。由此因缘，定于无上正等菩提不退转者，令我身形平复如故！此言未讫，自能令我平复如故，岂假天威？'

"天帝释言：'如是，如是！佛之神力，不可思议！菩萨至诚，何

事不办？然由我故，损大士身，唯愿慈悲，许办斯事！'

"常啼菩萨便告彼言：'既尔殷勤，当随汝意。'

"时，天帝释即现天威，令常啼身平复如故，乃至不见少分疮痕；形貌端严，过于往日，遂愧谢右绕，忽然不现。

"尔时，长者女见常啼菩萨希有之事，转增爱重，恭敬合掌，白常啼言：'愿降慈悲，暂临我宅。所须供养甚深般若波罗蜜多及说法师法涌菩萨上妙供具，为白父母，一切当得；我及侍从亦辞父母，随大士俱往妙香城。为欲供养甚深般若波罗蜜多及说法师法涌菩萨摩诃萨故。'

"是时常啼随彼所愿，俱到其舍，在门外止。时，长者女即入其舍，白父母言：'愿多与我家中所有上妙华鬘、涂散等香、衣服、璎珞、宝幢、幡盖、伎乐、苏油、末尼、真珠、吠琉璃宝、颇胝迦宝、珊瑚、琥珀、螺贝、璧玉、杵藏、石藏、帝青、大青，并金银等等供具，亦听我身及先事我五百侍女，持诸供具，皆当随从常啼菩萨往妙香城，为欲供养甚深般若波罗蜜多及说法师法涌菩萨，彼当为我宣说法要。我得闻已，如说修行，定获无边微妙佛法！'

"时，彼父母闻已惊骇，即问女言：'常啼菩萨今在何处？是何等人？'

"女即白言：'今在门外。彼是大士，为欲度脱一切有情生死苦故，勤求无上正等菩提。又彼大士，爱重正法，不惜身命；为欲供养菩萨所学甚深般若波罗蜜多及说法师法涌菩萨摩诃萨故，入此城中，处处巡环，高声唱曰：'我今自卖，谁欲买人？我今自卖，谁欲买人？'经于久时，卖身不售，愁忧苦恼，在一处立，涕泪而言：'我有何罪？为欲供养甚深般若波罗蜜多及说法师法涌菩萨摩诃萨故，虽自卖身而无买者！'

"时，天帝释为欲试验，即自化少婆罗门来至其前，问言：'男子，汝何在此愁忧不乐？'时，彼大士答言：'儒童，我为供养甚深般若波罗蜜多及说法师法涌菩萨。然我贫乏，无诸财宝；爱重法故，欲自卖身，遍此城中，无相问者。自惟薄福，故此忧悲。'时婆罗门说大士曰：'我于今者正欲祠天，不用人身，但须人血、人髓、人心，颇能卖不？'大士闻已，欢喜踊跃，以柔软语报婆罗门：'仁所买者，我悉能卖！'

婆罗门言:'须几价值?'大士报曰:'随意相酬。'大士尔时作是语已,即伸右手执取利刀,刺已左臂,令出其血;复割右髀皮肉置地,破骨出髓与婆罗门;复趣墙边,欲剖(割)心出。我在高阁遥见是事,作是念言:'此善男子,何因缘故困苦其身?我当问之。'念已下阁到大士所,作是问言:'汝何因缘先唱自卖,今出血、髓,复欲剖心?'彼答我曰:'姊不知耶?我为供养甚深般若波罗蜜多及说法师法涌菩萨,然我贫乏,无诸财宝;爱重法故,先自卖身,无相买者。今卖三事与婆罗门。'我时问言:'汝今自卖身血、心、髓,欲持价值供养甚深般若波罗蜜多及说法师法涌菩萨,当获何等功德胜利?'彼答我言:'法涌菩萨于甚深法已得自在,当为我说甚深般若波罗蜜多方便善巧,菩萨所学,菩萨所乘,菩萨所行,菩萨所作。我得闻已,如说修行,成熟有情,严净佛土,速证无上正等菩提,得金色身,具三十二大丈夫相,八十随好圆满庄严,常光一寻,余光无量,具佛十力,四无所畏,四无碍解,大慈大悲,大喜大舍,十八佛不共法,无忘失法,恒住舍性,五净眼,六神通,不可思议清净戒蕴,定蕴,慧蕴,解脱蕴,解脱知见蕴,无障智见,无上智见,得一切智,道相智,一切相智,具足一切无上法宝,分布施与一切有情,与诸有情作所依止。我舍身命为供养彼,当获此等功德胜利。'我时闻说如是殊胜不可思议微妙佛法,欢喜踊跃,身毛皆竖,恭敬合掌而白彼言:'大士所说,第一广大,最胜微妙,甚为希有!为获如是——佛法,尚应弃舍如 伽沙所重身命,况唯拾一?所以者何?若得如是微妙功德,则能利乐一切有情。大士家贫,尚为如是微妙功德不惜身命,况我家富,多有珍财,为是功德而不弃舍?大士今应勿复自害;所须供具,尽当相与。所谓金银、吠琉璃宝、颇胝迦宝、末尼、真珠、杵藏、石藏、螺贝、璧玉、帝青、大青、珊瑚、琥珀及余无量异类珍财;华香、璎珞、宝幢、幡盖、伎乐、照明、车乘、衣服并余种上妙供具,可持供养甚深般若波罗蜜多及说法师法涌菩萨。唯愿大士勿复自害!我身亦愿随大士往法涌菩萨摩诃萨所,俱时瞻仰,共植善根,为得所说诸佛法故。'时,天帝释即复本形，在彼前住，曲躬合掌，赞言：'大士，善哉！善哉！为法至诚，坚固乃尔！过去诸佛为菩萨时亦如大士，以坚固愿求深般若波罗蜜多方便善巧，请问菩萨所学、所乘、所行、所作，心无厌倦，成熟有情，严净佛土，已证无上正等菩提。大士当知：我实不用人血、心、髓，但来相试。今何所愿，我当相与，以酬轻触损恼之愆。'彼即报言：'我本所愿，唯有无上正等菩提，天主颇能与斯愿不？'时，天帝释然有愧，而白彼言：'此非我力，唯有诸佛，大圣法王，于法自在，能与斯愿。大士，今应除无上觉，更求余愿，我当与之。'彼便报曰：'甚深般若波罗蜜多亦我所愿，颇能惠不？'时，天帝释倍复生惭，而白彼言：'我于此愿亦不能与，然我有力令大士身平复如故，用斯愿不？'彼复报言：'如是所愿，自能满足，无劳天主，所以者何？我若启告十方诸佛，发诚谛言：今自卖身，实为慕法，不怀谄诈，诳惑世间。由此因缘，定于无上正等菩提不退转者，令我身形平复如故。此言未讫，自能令我平复如故，岂假天威？'天帝释言：'如是，如是，佛之神力不可思议，菩萨至诚，何事不办？然由我故损大士身，唯愿慈悲，许办斯事！'时，彼大士告帝释言：'既尔殷勤，当随汝意。'时，天帝释即现天威，令彼身形平复如故，乃至不见少分疮痕，形貌端严，过于往日，愧谢右绕，忽然不现。

"我既见彼希有之事，转增爱敬，合掌白言：'愿降慈悲，暂临我宅！所须供养甚深般若波罗蜜多及说法师法涌菩萨供养之具，为白父母，一切当得；我及侍从亦辞父母，随大士俱往妙香城，为欲供养甚深般若波罗蜜多及说法师法涌菩萨摩诃萨故。'今彼大士以我至诚，不遗所愿，来至门首，唯愿父母多与珍财，及许我身并先事我五百侍女，持诸供具，咸当随从常啼菩萨住妙香城，礼敬供养甚深般若波罗蜜多及说法师法涌菩萨，为得所说诸佛法故。

"尔时，父母闻女所说，欢喜踊跃，叹未曾有，便告女言：'如汝所说，常啼菩萨甚为希有，能摄如是大功德铠，勇猛精进求诸佛法；所求佛法微妙最胜，广大清净，不可思议，能引世间诸有情类令获殊胜利益安乐。汝于是法既深爱重，欲随善友持诸供俱往妙香城，供养般若波罗蜜多及说法师法涌菩萨，为欲证得诸佛法故，我等云何不生随喜？今听汝去，我等亦欲与汝相随，汝欢喜不？'女即白言：'甚大欢喜！我尚不碍余人善法，况父母耶？'父母报言：'汝愿严办供具、侍从，速当共往！'

"时，长者女即便营办五百乘车，七宝严饰，亦令五百常随侍女恣意各取众宝严身，复取金银、吠琉璃宝、颇胝迦宝、末尼、真珠、常青、大青、螺贝、璧玉、珊瑚、琥珀、杵藏、石藏及余无量异类珍财；种种华香、衣服、璎珞、宝幢、幡盖、伎乐、苏油、上妙珍财各无量种，并余种种上妙供具。其女既办如是事已，恭敬启请常啼菩萨前乘一车，身及父母、侍女五百各乘一车，围绕侍从常啼菩萨，渐渐东去至妙香城。见城高广，七宝成就；于其城外，周匝皆有七宝所成：七重垣墙，七重楼观，七重栏楯，七重宝堑，七重行列宝多罗树；是垣墙等互相间饰，发种种光，甚可爱乐。此大宝城，面各十二踰缮那量，清净宽广，人物炽盛，安稳丰乐；中有五百街巷市廛，度量相当，端严如画；于诸衢陌各有清流，亘以宝舫，往来无拥；一一街巷，清净严饰，洒以香水，布以名华；城及垣墙皆有却敌雉堞、楼阁、紫金所成，莹以众珍，光明辉焕；于雉堞间，厕以宝树，是树根茎枝叶，及以华果，皆别宝成；城垣楼阁及诸宝树，覆以金网，连以宝绳，悬以金铃，缀以宝铎，微风吹动，发和雅音，譬如善奏五支诸乐；城外周匝，七重宝堑，八功德水弥满其中，冷暖调和，清澄皎镜；水中处处有七宝船，间饰庄严，众所乐见；诸堑水内具众妙华，色香鲜郁，遍覆水上；有五百苑，周褱大城，种种庄严，甚可喜乐；苑内有五百池。其池纵广一俱卢舍，七宝庄饰，悦可众心；于诸池内有四色华，量如车轮，映蔽于水，其华皆以七宝所成；诸池苑中多有众鸟，音声相和，聚散邀游，渐复前行，即便遥见法涌菩萨摩诃萨，正处七宝台，坐师子座，无量无数百千俱胝那庚多众，前后围绕，而为说法。

"尔时，常啼菩萨摩诃萨，最初遥见法涌菩萨摩诃萨故，身心悦乐，譬如苾刍系念一境，忽然得入第三静虑。既遥见已，作是念言：'我等不应乘车而趣法浦菩萨摩诃萨所。'作是念已，即便下车，整理衣服。时，长者女及彼父母、侍女五百亦皆下车，各以上妙众宝衣服严饰其身，持诸供具，恭敬围绕常啼菩萨，徐行而趣法涌菩萨靡诃萨所。其路边有法涌菩萨所营七宝大般若台，以赤栴檀而为涂饰，悬宝铃铎，出微妙音；周匝皆垂真珠罗网，于台四角悬四宝珠，以为灯明，昼夜常照；宝台四面有四香炉，白银所成，众宝严饰，恒时烧以黑沉水香，散众妙华而为供养；台中有座，七宝所成，其上重敷裀褥绮帊；于斯座上复有一函，四宝合成，庄严绮丽：一金，二银，三吠琉璃，四帝青宝；真金叶上销琉璃汁，书以'般若波罗蜜多'，置此函中，恒时封印；台中处处悬宝幡华，间饰庄严，甚可爱乐。常啼菩萨、长者女等，见此宝台庄严殊妙，合掌恭请，叹未曾有；复见帝释与其无量百千天众在宝台边，持天种种上妙香末及众宝屑、微妙香华、金银华等散宝台上，于虚空中奏天伎乐。常啼菩萨见是事已，问帝释言：'何缘天主与诸天众供养此台？'

"天帝释曰：'大士今者，岂不知耶？于此台中有无上法，名深般若波罗蜜多，是诸如来、应、正等觉及诸菩萨摩诃萨母，能生能摄一切如来、应、正等觉及诸菩萨摩诃萨众。若菩萨摩诃萨能于此中精勤修学，速到一切功德彼岸，速能成办一切佛法，速能证得一切智者——由是因缘，我等于此与诸眷属恭敬供养。'

"常啼菩萨闻已欢喜，寻声复问天帝释言：'如是所说甚深般若波罗蜜多，今在何处？我欲供养，唯愿示之！'

"天帝释言：'大士知不？甚深般若波罗蜜多，在此台中七宝座上四宝函内，真金为叶，吠琉璃宝以为其字。法涌菩萨以七宝印自封印之，我等不能辄开相示。'

"尔时，常啼菩萨摩诃萨及长者女，并其父母、侍女五百闻是语已，即取所持华香、珍宝、衣服、璎珞、宝幢、幡盖、伎乐、灯明及余种种供养之具，分作二分：先持一分诣宝台所供养般若波罗蜜多，复持一分俱供往诣法涌菩萨摩诃萨所。到已皆见法涌菩萨坐师子座，大众围绕，即以香华、宝幢、幡盖、衣服、璎珞、伎乐、灯明诸珍宝等，散列供养此说法师及所说法；法涌法师威神力故，即令所散种种妙华，于虚空中常其顶上，欻然合作一妙华台，众宝庄严，甚可爱乐；复合所散种种妙香，于虚空中当华台上，欻然合成一妙香盖，种种珍宝而为严饰；复令所散诸妙宝衣，于虚空中当香盖上，欻然合成一妙宝帐，亦以众宝间饰庄严；余所故列宝幢、幡盖、伎乐、灯明、诸璎珞等，自然踊在台帐盖边，周匝庄严，妙巧安布。常啼菩萨、长者女等见是事已，欢喜踊跃，异口同音，皆共称叹法涌菩萨摩诃萨言：'今我大师甚为希有，能现如是大威神力；为菩萨时尚能如此，况得无上正等菩提？'

"是时，常啼及长者女并诸眷属，深心爱重法涌菩萨摩诃萨故，皆发无上正等觉心，作是愿言：'我等由此殊胜善根，愿当来世必成如来、应、正等觉；我等由此殊胜善根，愿当来世精勤修学菩萨道时，于深法门通达无碍，如今大师法涌菩萨；我等由此殊胜善根，愿当来世精勤修学菩萨道时，能以上妙七宝台阁及余供养具供养般若波罗蜜多，如今大师法涌菩萨；我等由此殊胜善根，愿当来世精勤修学菩萨道时，处大众中坐师子座，宣说般若波罗蜜多甚深义理都无所畏，如今大师法涌菩萨；我等由此殊胜善根，愿当来世精勤修学菩萨道时，成就般若波罗蜜多善巧方便，速能成办所求无上菩提，如今大师法涌菩萨；我等由此殊胜善根，愿当来世精勤修学菩萨道时，得胜神通变化自在，利益安乐无量有情，如今大师法涌菩萨。'常啼菩萨及长者女并诸眷属，持诸供具供养般若波罗蜜多及说法师法涌菩萨摩诃萨已，顶礼双足，合掌恭敬，右绕三匝，却住一面。

"尔时，常啼菩萨摩诃萨曲躬合掌，白法涌菩萨摩诃萨言：我常乐居阿练若处，求深般若波罗蜜多，曾于一时，欻然闻空中声曰：'咄！善男子，汝可东行，决定得闻甚深般若波罗蜜多。'我闻空中声如是教已，欢喜踊跃，即便东行；未久之间，作如是念：我宁不问彼空中声：遣我东行，去当远近？至何城邑？复从谁闻甚深般若波罗蜜多？作是念已，即住其处，捶胸悲叹，愁忧啼泣，经七昼夜，不辞疲倦，不念睡眠，不思饮食，不想昼夜，不怖寒热，于内外法心不散乱，唯作是念：我于何时当闻般若波罗蜜多？我先何故不问空中声：劝我东行，去当远近？至何处所？复从谁闻甚深般若波罗蜜多？我于如是愁忧啼泣、自叹恨时，欻于我前有佛像现告我言：'善男子，汝以如是勇猛精进、爱乐、恭敬、求法之心，从此东行，过于五百踰缮那量，有大王城，名具妙香，中有菩萨，名为法涌（Dharmodgata），常为无量百千有情宣说般若波罗蜜多，汝常从彼得闻般若波罗蜜多。又，善男子，法涌菩萨是汝长夜清净善友，示现教导、赞励、庆喜，令汝速证所求无上正等菩提。法涌菩萨于过去世以勤苦行求深般若波罗蜜多，亦如汝今求之方便。汝宜速往法涌菩萨摩诃萨所，勿生疑难，莫计昼夜，不久当闻甚深般若波罗蜜多。'我时得闻如是语已，心生适悦，踊跃欢喜，作是思维：何时当见法涌菩萨、从彼得闻甚深般若波罗蜜多，闻已便能永断种种虚妄分别有所得见，疾证无上正等菩提？作是念时，于一切法即能现起无障智见；由斯智见，即得现入无量殊胜三摩地门；我住如是三摩地中，现见十方无量无数无边世界诸佛如来，为诸菩萨摩诃萨众宣说般若波罗蜜多；时，诸如来、应、正等觉咸共赞慰、殷勤教诫、教授我言：'善哉！善哉！善男子；我等本行菩萨道时，亦如汝今以勤苦行求深般若波罗蜜多；于勤苦时，亦如汝今现得如是诸三摩地。我等尔时得是无量胜三摩地，究竟修己则能办甚深般若波罗蜜多方便善巧，由斯能办一切佛法，便得住于不退转地。'时，十方佛广教慰我、令欢喜已，忽然不现。我从所证三摩地起，不见诸佛，心怀惆怅，作是思惟：我向所见十方诸佛，先从何来？今往何所？谁能为我断如是疑？复作是念：法涌菩萨久已修学甚深般若波罗蜜多方便善巧，已得无量陀罗尼门及三摩地，于诸菩萨自在神通已到究竟，已曾供养无量如来、应、正等觉，于诸佛所发弘誓愿种诸善根，于长夜中为我善友，常摄受我令获利乐。我当疾诣法涌菩萨摩诃萨所，问向所见十方诸佛，先从何来，今往何所？彼能为我断如是疑。我于尔时作是念已，勇猛精进，渐复东行，荏苒多时，入此城邑；渐复前进，遥见大师处七宝台坐师子座，大众围绕而为说法。我于是初见大师，身心悦乐，譬如苾刍忽然得入第三静虑。故我今者请问大师：我先所见十方诸佛，先从何来？今往何所？唯愿为我说彼诸佛所从至处，令我了知，知已生生常见诣佛！

"尔时，法涌菩萨摩诃萨告常啼菩萨摩诃萨言：'善男子，一切如来、应、正等觉、明行圆满、善逝、世间解、无上丈夫、调御士、天人师、佛、薄伽梵，所有法身，无所从来，亦无所去。何以故？善男子，诸法实性，皆不动故；善男子，诸法真如，无来无去，不可施设——如是真如即是如来、应、正等觉，广说乃至佛、薄伽梵；善男子，诸法法界，无来无去，不可施设——如是法界即是如来、应、正等觉，广说乃至佛、薄伽梵；善男子，诸法法性，无来无去，不可施设——如是法性，即是如来、应、正等觉。广说乃至佛、薄伽梵；善男子，不虚妄性，无来无去，不可施设——不虚妄性即是如来、应、正等觉，广说乃至佛、薄伽梵；善男子，不变异性，无来无去，不可施设——不变异性即是如来、应、正等量，广说乃至佛、薄伽梵；善男子，法平等性，无来无去，不可施设——法平等性即是如来、应、正等觉，广说乃至佛、薄伽梵；善男子，法离生性，无来无去，不可施设——法离生性即是如来、应、正等觉，广说乃至佛、薄伽梵；善男子，诸法定性，无来无去，不可施设——诸法定性即是如来、应、正等觉，广说乃至佛、薄伽梵；善男子，诸法住性，无来无去，不可施设——诸法住性即是如来、应、正等觉，广说乃至佛、薄伽梵；善男子，诸法实际，无来无去，不可施设——诸法实际即是如来、应、正等觉，广说乃至佛、薄伽梵；善男子，法虚空界，无来无去，不可施设——法虚空界即是如来、应、正等觉，广说乃至佛、薄伽梵；善男子，不思议界，无来无去，不可施设——不思议界即是如来、应、正等觉，广说乃至佛、薄伽梵；善男子，法无生性，无来无去，不可施设——法无生性即是如来、应、正等觉，广说乃至佛、薄伽梵；善男子，法无灭性，无来无去，不可施设——法无灭性即是如来、应、正等觉，广说乃至佛、薄伽梵；善男子，法如实性，无来无去，不可施设——法如实性即是如来、应、正等觉，广说乃至佛、薄伽梵；善男子，法远离性，无来无去，不可施设——法远离性即是如来、应、正等觉，广说乃至佛、薄伽梵；善男子，法寂静性，无来无去，不可施设——法寂静性即是如来、应、正等觉，广说乃至佛、薄伽梵；善男子，无染净界，无来无去，不可施设——无染净界即是如来、应、正等觉，广说乃至佛、薄伽梵；善男子，诸法空性，无来无去，不可施设——诸法空性即是如来、应、正等觉，广说乃至佛、薄伽梵；善男子，一切如来、应、正等觉，广说乃至佛、薄伽梵，非即诸法，非离诸法；善男子，诸法真如，如来真如，一而非二；善男子，诸法真如，非合非散，唯有一相，所谓无相；善男子，诸法真如，非一、非二、非三、非四，广说乃至非百千等，何以故？善男子，诣法真如，离数量故，非有性故。复次，善男子，譬如有人，热际后分游于旷野，日中渴乏，见阳焰动，作是念言：我于今时定当得水！作是念已，遂便往趣，所见阳焰渐去甚远，即奔逐之，转复见远；种种方便，求水不得。善男子，于意云何？是焰中水，从何山谷泉池中来？今何所去？为入东海？为入西海、南北海耶？'

"常啼答言：'阳焰中水尚不可得，况当可说有所从来及有所至？'

"法涌菩萨语常啼言：'如是，如是，如汝所说。如彼渴人愚痴无智，为热所逼，见动阳焰，于无水中妄生水想：若谓如来、应、正等觉有来有去，亦复如是，当知是人愚痴无智。何以故？善男子，一切如来、应、正等觉，不可以色身见；夫如来者，即是法身。善男子，如来法身，即是诸法真如、法界：真如、法界既不可说有来有去，如来法身亦复如是，无来无去。复次，善男子，譬如幻师或彼弟子，幻作种种象军、马军、车军、步军，及牛羊等，经须臾顷忽然不现。善男子，于意云何？是幻所作，从何而来？去何所至？'

"常啼答言：'幻事非实，如何可说有来去处？'

"法涌菩萨语常啼言：'如是，如是，如汝所说。若执幻事有来去者，当知彼人愚痴无智；若谓如来、应、正等觉有来有去，亦复如是，当知是人愚痴无智。何以故？善男子，一切如来、应、正等觉，不可以色身见；夫如来者，即是法身。善男子，如来法身，即是诸法真如、法界：真如、法界既不可说有来有去，如来法身亦复如是，无来无去。复次，善男子，如镜中有诸像现，如是诸像，暂有还无。善男子，于意云何？是镜等像，为从何来？去何所至？'

"常啼答言：'诸像非实，如何可说有来有去？'

"法涌菩萨语常啼言：'如是，如是，如汝所说。若执诸像有来有去者，当知彼人愚痴无智；若谓如来、应、正等觉有来有去，亦复如是，当知是人愚痴无智。何以故？善男子，一切如来、应、正等觉，不可以色身见；夫如来者，即是法身。善男子，如来法身即是真如、法界：真如、法界既不可说有来有去，如来法身亦复如是，无来无去。复次，善男子，如谷等中有诸响现，如是诸响，暂有还无。善男子，于意云何？是谷等响，为从何来？去何所至？'

"常啼答言：'诸响非实，如何可说有来有去？'

"法涌菩萨语常啼言：'如是，如是，如汝所说。若执诸响有来有去者，当知彼人愚痴无智；若谓如来、应、正等觉有来有去，亦复如是，当知足人愚痴无智。何以故？善男子，一切如来、应、正等觉，不可以色身见；夫如来者，即是法身。善男子，如来法身即是诸法真如、法界：真如、法界既不可说有来有去，如来法身亦复如是，无来无去。复次，善男子，譬如光影种种形象，现有动摇转变差别。善男子，于意云何？如是光影为从何来？去何所至？'

"常啼答言：'光影非实，如何可说有来去处？'

"法涌菩萨语常啼言：'如是，如是，如汝所说。若执光影有去来者，当知彼人愚痴无智；若谓如来、应、正等觉有来有去，亦复如是，当知是人愚痴无智。何以故？善男子，一切如来、应、正等觉，不可以色身见；夫如来者，即是法身。善男子，如来法身即是诸法真如、法界；

真如、法界既不可说有来有去，如来法身亦复如是，无来无去。复次，善男子，如寻香城现有物类，如是物类，暂有还无。善男子，于意云何？是寻香城所有物类，为从何来？去何所至？'

"常啼答言：'是寻香城所有物类皆非实有，云何可说有所从来，去有所至？'

"法涌菩萨语常啼言：'如是，如是，如汝所说。执寻香城所有物类有来去者，当知彼人愚痴无智；若谓如来、应、正等觉有来有去，亦复如来，当知是人愚痴无智。何以故？善男子，一切如来、应、正等觉，不可以色身见；夫如来者，即是法身。善男子，如来法身即是诸法真如、法界：真如、法界既不可说有来有去，如来法身亦复如是，无来无去。复次，善男子，如诣如来、应、正等觉所变化事，暂有还无。善男子，于意云何？诸变化事为从何来？去何所至？'

"常啼答言：'诸变化事，皆非实有，如何可说有所从来，去有所至？'

"法涌菩萨语常啼言：'如是，如是，如汝所说。执变化事有来去者，当知彼人愚痴无智；若谓如来、应、正等觉有来有去，亦复如是，当知是人愚痴无智。何以故？善男子，一切如来、应、正等觉，不可以色身见；夫如来者，即是法身。善男子，如来法身，即是诸法真如、法界，真如、法界既不可说有来有去，如来法身亦复如是，无来无去。复次，善男子，如人梦中见有诸佛，若一、若十、若百、若千、乃至无数，彼梦觉已，所见皆无。善男子，于意云何？梦所见佛，为从何来？去何所至？'

"常啼答言：'梦中所见，皆是虚妄，都非实有，如何可说有来去处？'

"法涌菩萨语常啼言：'如是，如是，如汝所说。执梦所见有来去者，当知彼人愚痴无智；若谓如来、应、正等觉有来有去，亦复如是，当知是人愚痴无智。何以故？善男子，一切如来、应、正等觉，不可以色身见；夫如来者，即是法身。善男子，如来法身即是诸法真如、法界：真如、法界既不可说有来有去，如来法身亦复如是，无来无去。又，善男子，一切如来、应、正等觉，说一切法，如梦所见，如变化事，如寻香城、光影、响、像、幻事、阳焰，皆非实有；若于如是诸佛所说甚深法义不如实知，执如来身是名是色、有来有去，当知彼人迷法性故，愚痴无智，流转诸趣，受生死苦，远离般若波罗蜜多，亦复远离一切佛法。若于如是诸佛所说甚深法义能如实知，不执佛身是名是色，亦不谓佛有来有去，当知彼人于佛所说甚深法义如实解了，不执诸法有来有去、有生有灭、有染有净；由不执故，能行般若波罗蜜多，亦能勤修一切佛法，则为邻近所求无上正等菩提，亦名如来真净弟子，终不虚受国人信施，能与一切作良福田，应受世间人天供养。复次，善男子，如大海中有诸珍宝，如是珍宝非十方来，亦非有情于中造作，亦非此宝无因缘生，然诸有情善根力故，令大海内有诸宝生；是宝生时，依因缘力和合故有，无所从来；是宝灭时，于十方面亦无所去，但由有情善根力尽，令彼灭没。所以者何？诸有为法，缘合故生，缘离故灭，于中都无生者灭者。是故诸法无来无去，诸如来身亦复如是，于十方面无所从来，亦非于中有造作者，亦不可说无因缘生。然依本修净行圆满，为因缘故，及依有情先修见佛业成熟故，有如来身出现于世；佛身灭时，于十方面亦无所去，但由因缘和合力尽，即便灭没。是故诸佛无来无去。

"复次，善男子，譬如箜篌，依止种种因缘和合而有声生。是声因缘，所谓槽、颈、绳、棍、弦等人功作意；如是——不能生声，要和合时其声方起；是声生时无所从来，于息灭时无所至去。善男子，诸如来身亦复如是，依止种种因缘而生，是身因缘，所谓无量福德、智慧，及诸有情所修见佛善根成熟；如是——不能生身，要和合时其身方起。是身生时无所从来，于灭没时无所至去。善男子，汝于如来、应、正等觉无来去相，应如是知，随此道理于一切无来去相，亦如是知。善男子，汝于如来、应、正等觉及一切法，能如实知无来无去、无生无灭、无染无净，定能修行甚深般若波罗蜜多善巧方便，必得无上正等菩提。'

"法涌菩萨摩诃萨为常啼菩萨摩诃萨说诸如来应正等觉，广说乃至佛、薄伽梵无来无去相时，令彼三千大千世界一切大地、诸山、大海及诸天宫六种变动，诸魔宫殿皆失威光，魔及魔军皆悉惊怖；时，彼三千大千世界一切所有草木、丛林、生非、时华，悉皆倾向法涌菩萨摩诃萨；空中亦雨种种香华。时，天帝释、四大天王及诸天众，于虚空中即以种种天妙香华，奉散供养法诵菩萨摩诃萨已，复持种种天妙香华，奉散供养常啼菩萨，而作是言：'我因大士得闻如是胜义之教，一切世间住身见者，闻是法已能舍执着，皆悉住于难伏之地。'

"尔时，常啼菩萨摩诃萨白法涌菩萨摩诃萨言：'何因何缘令此世界一切大地、诸山、大海六种变动，及现种种希有之相？'

"法涌菩萨告常啼言：'由我答汝所问如来、应、正等觉无来去相，于此会中，八千众生皆悉证得无生法忍，复有八千那庾多众生，皆发无上正等觉心，复有八万四千众生远离尘垢，于诸法中生净法眼——由是因缘，令此世界一切大地、诸山、大海六种变动，及现种种希有之相。'

"常啼菩萨闻是语已，踊跃欢喜，作是念言：'我今已为获大善利，谓因我问法涌菩萨，令诸有情得闻如是甚深般若波罗蜜多，说诸如来、应、正等觉无来去相，令尔所获重大饶益；我由如是殊胜善根，足能成办所求无上正等菩提。我于无上正等菩提无复疑虑；我于来世定成如来、应、正等觉，利益安乐无量有情！'作是念已，欢喜踊跃，上升虚空七多罗树，复作是念：'当以何等供养大师法涌菩萨，用酬为我说法之恩？'

"时，天帝释知其所念，化作无量微妙香华，欲持施与常啼菩萨，而作是言：'大士，今者哀愍我故，可爱此华，持以供养法涌菩萨。大士，应受我等供养，我今助成大士功德。所以者何？因大士故，我等无量百千有情获大饶益，谓必当证所求无上正等菩提。大士，当知诸有能为一切有情，经于无量无数大劫受诸勤苦，如大士者，甚为难得。是故，今应受我所施！'

"尔时，常啼菩萨摩诃萨受天帝释微妙香华，奉散供养法涌菩萨摩诃萨已，从虚空下，顶礼双足，合掌恭敬，白言：'大师！我从今日愿以身命奉属大师，以充给使。'作是语已，在法涌菩萨摩诃萨前合掌而住。

"时，长者女及诸眷属，合掌恭敬白常，啼言：'我等从今，亦以身命奉属供侍，愿垂纳受；以此善根，愿当获得如是胜法，同尊所证。愿当来世恒亲近尊，常随从尊供养诸佛及诸菩萨，同修梵行！'

"常啼菩萨即报彼言：'汝等至诚随属我者，当从我教，我当受汝。'

"长者女等白常啼言：'诚心属尊，当随尊教！'

"时，常啼菩萨即令长者女及诸眷属，各以种种妙庄严具而自严饰，及持五百七宝妙车并诸供具，俱时奉上法涌菩萨，白言：'大师，我以如是长者女等奉施大师，唯愿慈悲，为我纳受！'

"时，天帝释赞常啼言：'善哉！善哉！大士乃能如是施舍！诸菩萨摩诃萨法，应舍施一切所有；若菩萨摩诃萨能学如是舍施一切，疾证无上正等菩提；若于法师能作如是恭敬供养无所吝者，决定得闻甚深般若波罗蜜多方便善巧。过去如来、应、正等觉精勤修学菩萨道时，亦为请问甚深般若波罗蜜多方便善巧，舍诸所有，由斯已证所求无上正等菩提。'

"是时，法涌菩萨欲令常啼菩萨所种善根得圆满故，受长者女及诸眷属五百宝车并诸供具，受已还施常啼菩萨。

"法涌菩萨说法既久，日将欲没，知众疲倦，下师子座，还入宫中。

"尔时，常啼菩萨摩诃萨既见法涌菩萨摩诃萨还入宫中，便作是念：我为法故而来至此，未闻正法，不应坐卧；我应唯住行、立威仪，以待大师法涌菩萨，当从宫出宣说法要。

"法涌菩萨既入宫已，时经七年，一心不乱，游戏菩萨无量无数三摩地门，安住菩萨无量无数甚深般若波罗蜜多方便善巧。

"常啼菩萨于七岁中，不坐不卧，唯行唯立；不念睡眠，不想昼夜，不辞疲倦，不思饮食，不怖寒热，不缘内外，曾不发起欲恚害等及余一切烦恼缠垢，但作是念：法涌菩萨何时当从三摩地起？我等眷属应敷法座，扫洒其地，散诸香华。法涌菩萨当升此座，宣说般若波罗蜜多方便善巧及余法要。时，长者女及诸眷属，亦七岁中唯行唯立，所舍所念皆学常啼，进止相随，曾无暂舍。

"尔时，常啼菩萨摩诃萨，如是精勤过七岁已，欻然闻有空中声言：

'咄！善男子，却后七日，法涌菩萨当从定起，于此城中宣说正法。'

"常啼菩萨闻空中声已，踊跃欢喜，作是念言：我今常为法涌菩萨敷设、严饰师子之座，扫洒其地，散妙香华。令我大师当升此座，为众宣说甚深般若波罗蜜多方便善巧及余法要。常啼作是念已，与长者女及诸眷属，敷设七宝师子之座。时，长者女及诸眷属，各脱身上一净妙衣，为说法师重敷座上。常啼菩萨既敷座已，求水洒地竟不能得，所以者何？恶魔隐蔽城内外水，皆令不现。

"魔作是念：'常啼菩萨求水不得，愁忧苦恼，疲倦羸劣，心惑变异，便于无上正等菩提，善根不增，智慧不照，于一切智而有稽留，则不能空我之境界。'

"常啼菩萨种种方便求水不得，作是念言：我应刺身出血洒地，勿令尘起坌我大师。今我此身必当败坏，何用如是虚伪身为？我无始来流转生死，数为五欲丧失身命，而未曾为正法舍身。是故今应刺身出血！作是念已，即执利刀，周遍刺身，出血洒地。时，长者女及诸眷属，亦学常啼刺血洒地。

"常啼菩萨、长者女等各为法故刺身出血，乃至不起一念异心。时，诸恶魔不能得便，亦不能碍所修善品，以常啼等心勇决故。

"时，天帝释见此事已，作是念言：常啼菩萨、长者女等，甚为希有，而由爱法、重法因缘，乃至遍体皆刺出血，为说法师周洒其地，曾不发起一念异心。令诸恶魔求不得便，亦不能碍所修善品，奇哉！大士，乃能擐被如是坚固弘誓铠甲，为欲利乐一切有情，以清净心不顾身命，求于无上正等菩提，恒发誓言：我为拔济沉沦生死一切有情无量无边身心大苦而求无上正等菩提，事若未成，终无懈废！时，天帝释作是念已，变常啼等所出身血，一切皆成栴檀香水，令所洒地绕座四边，面各百踰缮那量，皆有天上不可思议最胜甚奇栴檀香气。时，天帝释作此事已，赞常啼曰：'善哉！善哉！大士志愿坚固难动，精进勇猛，不可思议；爱重求法，最为无上。过去如来、应、正等觉，亦由如是坚固志愿，勇猛精进，爱重求法，修行菩萨清净梵行，已证无上正等菩提。大士

今者，志愿精进，爱重求法，亦定当证所求无上正等菩提！'

"尔时，常啼复作是念：我今已为法涌菩提敷设七宝师子之座，扫洒其地，令极香洁。云何当得诸妙香华，绕座四边，庄严其他，大师升座将说法时，我等亦应持散供养。时，天帝释知其所念，即便化作微妙香华，如摩揭陀千斛之量，恭敬奉施常啼菩萨，令其眷属持以供养。于是常啼受天帝释所施华已，分作二分：先持一分，供诸眷属绕座四边，严布其地；留余一分，以拟大师升法座时当持奉敬。

"尔时，法涌菩萨摩诃萨，过七日已，从所游戏三摩地门安详而起，为说般若波罗蜜多；无量百千眷属围绕，从内宫出，升师子座，处大众中，俨然而坐。常啼菩萨重得瞻仰法涌菩萨摩诃萨时，踊跃欢喜，身心悦乐，譬如苾刍系念一境，忽然得入第三静虑，便与眷属持先所留微妙香华奉敬供养；既供养已，顶礼双足，右绕三匝，退坐一面。

"尔时，法涌菩萨摩诃萨告常啼菩萨摩诃萨言：'善男子，谛听！谛听！善思念之！吾当为汝宣说般若波罗蜜多。'

"常啼白言：'唯然愿说，我等乐闻！'

"法涌菩萨告常啼言：'善男子，一切法平等故，当知般若波罗蜜多亦平等；一切法远离故，当知般若波罗蜜多亦远离；一切法不动故，当知般若波罗蜜多亦不动；一切法无念故，当知般若波罗蜜多亦无念；一切法无畏故，当知般若波罗蜜多亦无畏；一切法无惧故，当知般若波罗蜜多亦无惧；一切法一味故，当知般若波罗蜜多亦一味；一切法无际故，当知般若波罗蜜多亦无际；一切法无生故，当知般若波罗蜜多亦无生；一切无灭故，当知般若波罗蜜多亦无灭；太虚空无边故，当知般若波罗蜜多亦无边；大海水无边故，当知般若波罗蜜多亦无边；妙高山无边故，当知般若波罗蜜多亦无边；妙高山严好故，当知般若波罗蜜多亦严好；如太虚空无分别故，当知般若波罗蜜多亦无分别。

"'善男子，色无边故，当知般若波罗蜜多亦无边；受、想、行、识无边故，当知般若波罗蜜多亦无边；眼处无边故，当知般若波罗蜜多亦无边；耳、鼻、舌、身、意处无边故，当知般若波罗蜜多亦无边；

色处无边故，当知般若波罗蜜多亦无边；声、香、味、触、法处无边故，当知般若波罗蜜多亦无边；眼界无边故，当知般若波罗蜜多亦无边；耳、鼻、舌、身、意界无边故，当知般若波罗蜜多亦无边；色界无边故，当知般若波罗蜜多亦无边；声、香、味、触、法界无边故，当知般若波罗蜜多亦无边；眼识界无边故，当知般若波罗蜜多亦无边；耳、鼻、舌、身、意识界无边故，当知般若波罗蜜多亦无边；眼触无边故，当知般若波罗蜜多亦无边；耳、鼻、舌、身、意触无边故，当知般若波罗蜜多亦无边；眼触为缘所生诸受无边故，当知般若波罗蜜多亦无边；耳、鼻、舌、身、意触为缘所生诸受无边故，当知般若波罗蜜多亦无边；地界无边故，当知般若波罗蜜多亦无边；水、火、风、空、识界无边故，当知般若波罗蜜多亦无边；因缘无边故，当知般若波罗蜜多亦无边；等无间缘、所缘缘、增上缘无边故，当知般若波罗蜜多亦无边；从缘所生诸法无边故，当知般若波罗蜜多亦无边；无明无边故，当知般若波罗蜜多亦无边；行、识、名、色、六处、触、受、爱、取、有、生、老、死、愁、叹、苦、忧、恼无边故，当知般若波罗蜜多亦无边。

"'善男子，布施般若波罗蜜多无边故，当知般若波罗蜜多亦无边；净戒、安忍、精进、静虑、方便善巧、妙愿、力、智般若波罗蜜多无边故，当知般若波罗蜜多亦无边；内空无边故，当知般若波罗蜜多亦无边；外空、内外空、空空、大空、胜义空、有为空、无为空、毕竟空、无际空、散空、无变异空、本性空、自相空、共相空、一切法空、不可得空、无性空、自性空、无性自性空无边故，当知般若波罗蜜多亦无边；真如无边故，当知般若波罗蜜多亦无边；法界、法性、不虚妄性、不变异性、平等性、离生性、法定、法住、实际、虚空界，不思议界无边故，当知般若波罗蜜多亦无边；四念住无边故，当知般若波罗蜜多亦无边；四正断、四神足、五根、五力、七等觉支、八圣道支无边故，当知般若波罗蜜多亦无边；苦圣谛无边故，当知般若波罗蜜多亦无边；集、灭、道圣谛无边故，当知般若波罗蜜多亦无边；十善业道无边故，当知般若波罗蜜多亦无边；施、戒、修无边故，当知般若波罗蜜多亦无边；四静虑无边故，当知般若波罗蜜多

亦无边；四热量、四无色定无边故，当知般若波罗蜜多亦无边；八解脱无

边故，当知般若波罗蜜多亦无边；八胜处、九次第定、十遍处无边故，当

知般若波罗蜜多亦无边；空解脱门无边故，当知般若波罗蜜多亦无边；无

相、无愿解脱门无边故，当知般若波罗蜜多亦无边；陀罗尼无边故，当知

般若波罗蜜多亦无边；三摩地门无边故，当知般若波罗蜜多亦无边；菩萨

十地无边故，当知般若波罗蜜多亦无边。

　　"'善男子，五眼无边故，当知般若波罗蜜多亦无边；六神通无边

故，当知般若波罗蜜多亦无边；佛十力无边故，当知般若波罗蜜多亦无

边；四无所畏、四无碍解、大慈大悲、大喜大舍，十八佛不共法无边

故，当知般若波罗蜜多亦无边；无忘失法无边故，当知般若波罗蜜多亦

无边；恒住舍性无边故，当知般若波罗蜜多亦无边；一切智无边故，当

知般若波罗蜜多亦无边；道相智、一切相智无边故，当知般若波罗蜜多

亦无边；三十二大士相无边故，当知般若波罗蜜多亦无边；八十随好无

边故，当知般若波罗蜜多亦无边；预流果无边故，当知般若波罗蜜多亦

无边；一来、不还、阿罗汉果、独觉菩提无边故，当知般若波罗蜜多亦

无边；一切菩萨摩诃萨行无边故，当知般若波罗蜜多亦无边；诸佛无上

正等菩提无边故，当知般若波罗蜜多亦无边；一切有漏法无边故，当知

般若波罗蜜多亦无边；一切无漏法无边故，当知般若波罗蜜多亦无边；

一切有为法无边故，当知般若波罗蜜多亦无边；一切无为法无边故，当

知般若波罗蜜多亦无边；金刚喻平等故，当知般若波罗蜜多亦平等；一

切法无坏故，当知般若波罗蜜多亦无坏；一切法无杂故，当知般若波罗

蜜多亦无杂；一切法无差别故，当知般若波罗蜜多亦无差别；诸法自性

不可得故，当知般若波罗蜜多自性亦不可得；诸法无所有平等故，当知

般若波罗蜜多无所有亦平等；诸法无所作故，当知般若波罗蜜多亦无所

作；诸法不可思议故，当知般若波罗蜜多亦不思议。'

　　"尔时，常啼菩萨摩诃萨闻说般若波罗蜜多差别句义，即于座前得

六十亿三摩地门，所谓诸法平等三摩地，诸法远离三摩地，诸法不动三

摩地，诸法无念三摩地，诸法无畏三摩地，诸法无惧三摩地，诸法一味

三摩地，诸法无际三摩地，诸法无生三摩地，诸法无灭三摩地，虚空无边三摩地，大海无边三摩地，妙高山无边三摩地，妙高山严好三摩地，如虚空无分别三摩地，色等诸蕴无边三摩地，眼等诸处无边三摩地，色等诸处无边三摩地，眼等诸界无边三摩地，色等诸界无边三摩地，眼识等诸界无边三摩地，眼触等无边三摩地，眼触为缘所生诸受等无边三摩地，地界等无边三摩地，因缘等无边三摩地，从缘所生诸法无边三摩地，诸缘起支无边三摩地，诸波罗蜜多无边三摩地，一切空无边三摩地，诸法真如等无边三摩地，菩提分法无边三摩地，诸圣谛无边三摩地，诸善业道无边三摩地，施、戒、修无边三摩地，静虑无量无色无边三摩地，解脱胜处等至遍处无边三摩地，空无相、无愿解脱门无边三摩地，总持、等持门无边三摩地，菩萨诸地无边三摩地，五眼、六神通无边三摩地，诸力无畏、无碍解大慈悲喜舍佛不共法无边三摩地，无忘失法恒住舍性无边三摩地，一切智、道相智、一切相智无边三摩地，诸相、随好无边三摩地，声闻乘无边三摩地，独觉乘无边三摩地，无上乘无边三摩地，有漏、无漏法无边三摩地，有为、无为法无边三摩地，金刚喻平等三摩地，诸法无坏三摩地，诸法无杂三摩地，诸法无差别三摩地，诸法自性不可得三摩地，诸法无所有平等三摩地，诸法无所作三摩地，诸法不可思议三摩地，得如是等六十百千三摩地门。

"常啼菩萨既得如是六十百千三摩地门，即时现见东、西、南、北、四维、上下各如殑伽沙数三千大千世界现在如来、应、正等觉，声闻、菩萨、大众围绕，以如是名、如是句、如是字、如是理趣，为诸菩萨摩诃萨众宣说般若波罗蜜多。如我今者于此三千大千世界，声闻、菩萨、大众围绕，以如是名、如是句、如是字、如是理趣，为诸菩萨摩诃萨众宣说般若波罗蜜乡，等无差别。

"常啼菩萨从是已后，多闻智慧，不可思议，犹如大海；随所生处，恒见诸佛；常生诸佛净妙国土，乃至梦中亦常见佛，为说般若波罗蜜多；亲近供养，曾无暂舍；离无暇法，具足有暇……"

五、祈祷与念佛

基督教唤起被动情感的办法是祈祷。"你祷告的时候，要进你的内屋，把门关上，祷告你在暗中的父；你父在暗中察看，必会当众报答你。"① 这是基督教创立人所举的一个例子，表明了如何导入行使"您的意旨"而非行使"我的意志"的意境的方法。而《效法基督》(*The Imitation of Christ*)一书的作者亦引申此意说："如果你要追求真实的心境，那就进入你的密室，将世间的纷乱关在门外，就像经上所写的一样，'在你的室中与你自己灵交，须要安静。'你将可在你的房中发现你常在外面失去的一切。"(详见该书第一册第二十章第五节。)

退避静处，专心祈祷，(倘是基督徒的话)，或一心打坐，(倘是佛教徒的话)，乃是一切追求究竟实相并与之相融的宗教心灵所必备的条件之一。

下面所引三个僧侣的故事，节自哈巴德 (H.L.Hubard) 为罗尔的《生活的改善》所写的一篇序言：这三位僧侣"各以不同的方式尝试行使他们的圣职：一个担任人与人之间的调解人，一个采视为病所困的患者，一个隐居荒漠之中。结果发现，前面两位无法完成他们自选的任务，因此去见第三位，将他们的失败情形说了一遍。后者要他俩各以一只容器盛水，倒入一面水盆之中，并要他们立即注视水盆，然后将看到的东西报告出来。两人照做了，但他们的报告却是：什么也没有看到。待盆中的水静下来之后，他要两人再看一次。他们又照做了，但这回的报告却是：他们看到了自己的面孔清晰地映在水中。于是，这位隐者说道：'这事对你们和对我一样；你们在人间因了人事的扰动而无所见，我独自隐居因了心静而得明见上帝和人类。'"

显而易见的是，上帝不将祂的影像投射在扰动的浑水上面。运用佛教的话说，一个人在以"自力"体验自心的时候，他的心中便没有空间可以容纳上帝的"他力"，更别说融而入之了。有一位名叫铁梭 (Tissot) 的神父在他所著的《内在生命》(*Interior Life*) 中写道："上帝希望他自己作为

① 详见《马太福音》第六章第六节以下。

我的生命的生命，作为我的灵魂的灵魂，作为我的存在的一切；他希望在我里面荣耀他自己，在我里面美化他自己。"① 欲求达到此种灵的境界，"我的"心必须像一面刚刚擦过的镜子一样，没有一丝"自我尘垢"的污迹，上帝才能让它自己反映其中，而"我"始可"面面相觑"地看到它。

说到训练心灵，使其终于能够在与神交往中体验到被动的情境，较之新教，天主教似乎拥有更为充分的文献。这是非常自然的事，因为，在救度的设想中，后者重视信心，甚于任何形式的心灵修炼。天主教容或含有形式主义和仪式主义的倾向，但它的"精神操练"（spiritual exercises），在心理学上是一种很有效果的方法，可将信徒导入想要进入的境地——只要他们在听受教理方面没有理智上的难题就行。信徒欲求得到被他们视为特别神恩的此种神秘经验，不用说，当然需有一些基本步骤，亦即他们所称的"预备"（preparation），"净化"（purgation），"省察"（consideration），"冥想"（meditation）或"沉思"（contemplation）。

在佛教中，净土的真宗，跟基督教的新教一样。特别强调信心的重要性，因此，它的追随者也没有什么特殊的心理方法，用以加强信心的主观力量——除了谛听法师的开示和请示若干疑点之外。实在说来，在佛教各宗中，真宗是最为重视"他力"或此经验之被动面的一派，始终如一。就以教导而言，它教我们不存任何含有"自我"意味的念头，只可谛听法师所教导的一切，并依而行之；这也就是说，他的信息系由释迦牟尼传持下来，而释迦牟尼则是第一个将弥陀本愿介绍给我们的人。实在说来，真是一种始终一贯的或被动的宗教。

作为真宗母宗的净土宗，则有它的特殊文法，为了体验最后的"安心"境界而做心理的准备。这就是所说的"念佛"，亦念诵弥陀的名号："南无阿弥陀佛"（Namu Amida Butsu，梵语 Namo'mitābhāya），意思是"归依无量光佛"。这个名号或片语，只以中文或日语的形式（Na-mo-o-mi-to-fu or na-mu a-mi-da-bu-tsu）反复称颂，而不以原文梵语或任何其他译语唱念。

① 节自布朗（W.A.Brown）所著《祈祷生活》（*The Life of prayer*）第一五七页。

据说，某些精勤的信徒，例如昙鸾（476—542）、法然（1132—1212）等人，一天可念十万遍之多。

不用说，念佛的明显目的，自然是以反复持诵佛名的办法而得阿弥陀佛的慈恩加被，但从心理学上来讲，则系为了成熟心灵而作准备，使其撇开所有一切的表面意识作用，而从其无意识源头唤起一种比经验上的自我更为伟大的能力。从神学或玄学上来说，其中含意也许有很多，但从心理学的观点来看，念佛好似一种祈祷[①]，尝试为似已达到顶点的心灵打开一道新的生命之流。因此，念佛的意思便是竭尽一种有限的心力，在其到达此种窄路死巷的时候，将它投向非它所能确知的无限实相的脚下。

坐禅现被动

禅里面显然没有被动的迹象可求。正如禅者所宣称的一样，它是东方大乘佛教强而有力的"自力"的一翼，并且，究其所重视的知性意义而言，也是指将整个的重点完全置于直观直悟真理的上面。但就心理学的一面而言，禅的意识亦不能自外于其他的宗教意识；它在吾人的经验中作用的方式，跟其他宗教经验中的作用方式并无二致。对于它的经验，不论我们给它什么样的玄学解释和内容，它里面总也免不了有一种被动之感。超越有限知性作用的境界，其法并非运用知性本身的力量；这种力量来自超于知性或不只是知性的东西，既有超于心识的东西而其作用又须在心灵里面透过心识显示出来，心识就不得不扮演被动的角色了；除此之外，别无他途可循。

---

① 《祈祷的恩典》（*Des Grâes d'oraison*）一书的作者，将祈祷分为两大类：一为通常的祈祷，一为超常的或神秘的祈祷。对超自然的神秘祈祷而言，平常的祈祷不妨称之为自然的祈祷，此盖由于天主教的神学家们要为绝非人力单独可以达到、他们称之为超自然的祈祷境界保留"神秘"一词。毫无疑问的是，从心理学上来说，此处所谓的"超自然的祈祷"，当系由"自然的祈祷"延伸而来，但从神学的观点来说，天主教徒自然要为"超自然的祈祷"保留一个特别的余地。平常的祈祷约有四个层次：一、作为一种背诵的有声祈祷；二、含有系列观想或论证的沉思；三、以感情表达为主的情感祈祷；四、以直观代替推理的朴素祈祷，此中感情依旧，但少用或不用语言表示。借用天主教的用语来说，念佛有时是有声的祈祷，有时是朴素的祈祷，有时甚至是神秘的祈祷——当信徒得到阿弥陀佛的本愿摄受之时。念佛的性质不但可因行人的个性不同而有差异，亦可因对于当时所持的心态不同而有差别。

"自力"的意识在禅者的心中虽然显著，但这却不能推翻唯以心灵体验超越心灵本身能力之境的经验原理。所谓"被动的主动"或"主动的被动"这两个名称究该如何选择，取决于个人的心理甚于事实的本身，因为事实总是可作左右逢源的解释。若要了解禅对此点所取的立场，对于禅那（Dhyāna）[①]或中、日所称的"坐禅"（Tso ch'an or Zazen）[②] 必须先有一番相当的认识。中国和日本所称的"禅"（Ch'anor Zen）与印度的"禅那"含意不尽相同——尽管"禅"这个字原是梵文"禅那"（Dhyāna，日本读作 Zenna）的略称；但是在实际修习上，身体所取的姿势，却也没有多大差别。下面所引一位禅师所述的"坐禅仪"[③]，可使我们看出禅对此点所持的态度。

夫学般若菩萨，起大悲心，发弘誓愿，精修三昧，誓度众生，不为一身独求解脱。

放舍诸缘，休息万念；身心一如，动静无间；量其饮食，调其睡眠。于闲静处厚敷坐，结跏趺坐，或半跏趺；以左掌安右掌上，两大拇指相拄。

正身端坐，鼻与脐对，舌拄上腭，唇齿相着。目须微开，免致昏睡；若得禅定，其力最胜。古习定高僧，坐常开目。法云圆通禅师呵人闭目坐禅，谓"黑山鬼窟"，有深旨矣。

一切善、恶都莫思量；念起即觉，常觉不昧，不昏、不散；万年一念，非断非常。此坐禅之要术也。

坐禅乃安乐法门，而人多致病者，盖不得其要：得其要则自然四大轻安，精神爽利；法味资神，寂而常照；寤寐一致，生死一如。但办

---

① Dhyāna 一词通常被译为 meditation（译按：这个英文字在基督教中含有"冥想""默想""沉思"或"默思"之意），但实际说来，它所指的乃是一种心灵集中的方法——排除知性的推理作用以及其他所有一切的观念——除了作为观照的主题之外——以使意识保持灵明的一种方法。

② 释文详见本论丛第一系列第二九三页附注。

③ 这篇"坐禅仪"的作者已无可考，但一般皆认为出自百丈大师（720—814）所编的《丛林清规》。原本已随唐室的衰亡而散失，到了宋代，复由宗颐加以重编（1103年）。此书现名《百丈清规》，系由元朝的太祖皇帝下令编造（1265 年）。这里所录的"坐禅仪"就是出自此书，文中述及了法云圆通禅师，可见宗颐本人也插入了一些东西，因为圆通曾是他的老师。

肯心，必不相赚！

然恐道高魔盛，逆顺万端。若能正念现前，一切不能留碍。如《楞严经》，天台止观，圭峯"修证仪"，具明魔事，皆自心生，非由外有；定、慧力胜，魔障自消矣。

若要出定，徐徐动身，安详而起，不得卒暴。出定之后，常作方便，护持定力。

诸修行中，禅定为最。若不安禅静虑，三界流转，触境茫然！所以道："探珠宜静浪，动水取应难。"定水澄清，心珠自现。故《圆觉经》云："无碍清静慧，皆依禅定生。"《法华经》云："在于闲处，修摄其心；安住不动，如须弥山。"

是知超凡越圣，必假静缘；坐脱立亡，须凭定力。一生取办，尚恐蹉跎，况乃迁延，将何敌业？幸诸禅友，三役斯文！自利利他，同成正觉！

禅宗公案的功用

我们说，佛教——不论大乘和小乘，悉皆富于知性的要素，但这话的意思并不是说，佛教在开发宗教意识方面，完全将重点放在逻辑或哲学的推理上面，而是说，对于究极的宗教真理提倡一种直觉或直观的体悟，而不只是纯然地接受救主的言教。因此，它教人修习坐禅的法门，就是作为达到此种直观体悟目的的有效手段，上节所录的"坐禅仪"，这样得到一切佛教徒（印度的佛教徒，中国的佛教徒，以及日本的佛教徒）的遵行——除了净土宗的信徒。因为他们深信坐禅功夫一旦成熟，这种直观的体悟即可自动自发地从内部产生出来，正如经中所说的一样，般若自会在清净的静水上面反映出来。

不过，禅宗随着历史的发展，到了公案制度流行的时候，为了将直观的体悟再向前面推进一步，便将所谓的坐禅或打坐推到后台去了。一代宗师大慧宗杲（1089—1163）曾经大胆地宣称："他人先定（禅定）而后慧（般若），某甲先慧而后定。"在中国，他是提倡公案参究的大力禅师之一，与他同代的宏智大师（1091—1157）针锋相对。正如我在本论丛第一系列曾经解释过的一样，参究公案的学者，对于宗教经验被动面的体究，悉皆采取近乎暴烈的攻击态度①。

在禅者的修行中，似乎没有任何被动的痕迹可寻，但此处所指的，乃是知性上的被动，而不是情感上的被动，就像基督教的神秘家和佛教的净土行人所表现的一样。但从另一方面来说，公案参究法的运用，目的在于使用纯粹的意志力消除一切知性作用的推理行迹，以使举者的意识有适当的余地而使直观的体悟爆地而出。他们勇往直前，穿过一道观念的稠林，深入他们的自心之中；而当他们挣扎到精疲力竭的时候忽然放下一切，于是，从心理学上来说，他们一直精勤但盲目追求的那个意境，便不期然地脱颖而出了。

这最后的放下，便是我要指陈的宗教经验之中的一种被动状态。一般而言，如果没有这种放下——不论是知识上的，还是智性上的、情感上的放下，抑或是可被我们指为此种心理作用的什么，便不会体验到究竟的实相。且让我在此处从袾宏（1531—1615）所编的一本叫作《禅关策进》的书中引用一些东西，作为具体的说明；这本书不妨意译为《突破禅关》(*The Breaking Through the Frontier Gate of Zen*)，广为禅者所爱读，因其对于疲乏的精神颇具激励和鼓舞的效用。

须将"生""死"二字贴在额头上，讨取个分晓。如只随群作队、打哄过日，他时阎老子打算饭钱，莫道我不曾与你说来！

若是做工夫，须要时时检点，刻刻提撕：那里是得力处？那里是不得力处？那里是打失处？那里是不打失处？

有一等（人），才上蒲团，便打瞌睡；及至醒来，胡思乱想；才下蒲团，便说杂话！如此办道，直至弥勒下生，也未得入手！

须是猛着精彩，提个话头，昼参夜参，与他厮挨；不可坐在无事甲里，又不可蒲团上死坐。若杂念转斗转多，轻轻放下，下地走一遭，

---

① 例如身为白隐禅师高足的东岭圆慈，在他重刻的《禅关策进》后序中所写的"狮子不食鸦残，猛虎不食伏肉"所指的，就是不赞成"他力"教柔弱女性的禅门行者的豪情。

再上蒲团。开两眼，捏两拳，竖起脊梁，依前提起话头（公案），便觉清凉，如一锅沸汤，挽一勺冷水相似。如此做工夫，定有到家时节！[①]

下面所引的另一位禅师则提出了如下的忠告：

今时有自眼不明，只管教人死獦狙地休去歇去[②]；又教人随缘管带，忘情默照；又教人是事莫管——如是诸病，枉用功夫，无有了期。但只存心一处，无有不得者；时节因缘到来，自然触着、磕着，喷地醒去。

把自家心识缘世间尘劳的回来抵在般若上，纵今生打未彻。临命终时定不为恶业所牵，来生出头，定在般若中现成受用。此是决定的事，无可疑者。

但自时时提撕，妄心起时，亦不可将心止遏。只看个话头，行也提撕，坐也提撕；提撕来，提撕去，没滋味。那时便是好处，不得放舍；忽然心华发明，照十方刹，便能于一毛端现宝王刹，坐微尘里转大法轮。[③]

这种充满热情和奋勉精神、用以进行自我省察（self-inspection）的禅宗修法，看来似与被动恰好相反。但我们必须明白的是，被动的心境既不会自动出现，亦不可与纯像植物一般冷漠的心态混为一谈。所谓被动，以其最高的宗教含意而言，系指突破自我主义而成相对主义的硬壳，溶化于无限的法界之中。这种溶化，从心理上的感受来说，便是一种接纳的心情；从神学的解释上来看，便是绝对倚靠的情感，这就是我在本文中所指的被动。

对于禅门行者而言，这就是所谓的"全归般若"或"体现般若"。一般而

---

① 这是五祖山法演禅师为他的一个即将行脚的弟子所作的训示。

② 在此提醒读者注意大慈指资"一味空去"（"死獦狙地休去歇去"）之处，也许不无意义。禅不但时常受到外人的批评，亦常受到若干佛徒的攻击，指其以断空之说或绝对被动之境教人，尽其所能地抹除意志主义或主志主义（voluntarism）的痕迹。有关"疑情"的问题，已在前面所述的"公案参究"一文中讨论过，不妨参阅。禅宗行人如果缺乏此种怀疑的精神，便会产生一种错误的被动观念。

③ 以上出自大意宗杲给弟子的一封信。

言，大乘经典不仅归于诸佛和菩萨，同时也归于般若波罗蜜多。大凡禅门的颂赞，总是赞颂"摩诃般若波罗蜜多"，就如它是一位像过去、现在以及未来三世诸佛和菩萨一样的圣人一般。并且，般若亦被比作如实地映现万象世界的大圆镜。运用此处所采的术语来说，这就是被动的大圆镜（the perfect mirror of passivity）。我想在下面一节要做的工作，是将此点说得更为明白一些。①

六、被动或受动在佛徒生活中的圆成

对于佛教徒而言，上一节所述的宗教经验一旦成熟之后，亦即随着德行同时圆满之时，便可达到"无功用行"（anābhogacaryā）②的境地，而这也是他们的微妙成就，这在《十地经》（The Daśābhūmika Sūtra）中作有详细的描述；此经表示，此种情形得在菩萨（大乘佛教的理想人物）的生活之中出现。我们不妨说，这种无功用行的生活就是被动或受动的圆成。

依据《十地经》所说，此种"无功用行"的生活境地，系在菩萨从七地到八地的阶段中，证得名为"无生法忍"（anutpatika-dharma-ksānti）③的境界时达到。兹引此经说明如下：④

尔时金刚藏菩萨，告众菩萨言："唯诸佛子，若是菩萨，于七地中善修抉择，以慧方便善净诸道，善集资粮，善结大愿，善蒙安住如来加持，得自善根力所特性，随顺如来力无所畏、不共佛法、作意而行，善净增上、意乐思察，由福智力之所涌起，以大慈悲于诸有情，不舍加行，随于无量智道而行，入一切法本来无生，无起，无相，无成，无坏，无

① 见本文末后所附的附录，其中含有禅师和净土导师的语句。
② 此一观念非常重要，读者欲求详解，请看拙著"禅学论丛"第一系列第七十一页附注及第八十六页；《楞伽研究》（英文本）第四十三页及三七八页，拙译英文本《楞伽经》第七十八页，等处。
③ 此系常被西方佛教学者误解的大乘佛教用语之一。问题在于他们未能抓住大乘佛教的中心观念：一切法（sarvadharma），无生（anutpanna），不可得（anupalabdha），故说为空（sunya）。
④ 英译详见雷德尔（Radher）所编的本子，第六十三页以下。

断尽，无流转，无止息，无自性，初、中、后位，皆悉平等，以真如中无分别故，入一切智，即此菩萨，远离一切心意及识分别妄想，无所执着，与虚空等显然入性，名为已得无生法忍。

"佛子菩萨成就如是无生法忍，才证菩萨不动地，故得甚深住，难可了知，同无差别，离一切相，止息一切想之执着，无量无边，以诸声闻及以独觉不可映夺，寂静一切，寂静现前。

"佛子，譬如苾刍，具足神通，得心自在，渐入第九想受灭定，一切动乱、忆想、分别、悉皆止息。佛子，菩萨才得不动地已，亦复如是，离诸功用，任运至得无功用性，远离一切身、语、意业，安住异熟。

"佛子，譬如有人梦见自身堕在大海，为欲度故，发大勇猛，起大精勤；以大勇猛起大精勤故，即便觉寤；既觉寤已，所作一切勇猛，遽务皆悉休息。佛子，菩萨亦复如是，见有情堕在烦恼四大瀑流，为欲救度故，发大勇猛，起大精勤；由以发起大精进故，才至菩萨不动地，一切功用靡不皆息；即此菩萨所有一切二取现行或相现行，不复影现。

"佛子，譬如天仙，生在梵世，欲界烦恼，终不现行。佛子，菩萨住此不动地时，亦复如是，一切心意及识现行不复现起。又，此乃至诸佛现行，菩提现行，涅槃现行，尚不现起，况复发起世间现行？

"复次，佛子，菩萨如是行至第八不动地时，安住本愿力所持已，即于如是法门驶流，蒙诸如来觉悟劝导，是时诸佛授与，引发如来妙智，作如是言：'善哉，善哉，善男子！此即随顺一切佛法胜义之忍。然，善男子，我等诸佛，所有十力、四无所畏、十八不共佛法自在，汝今未得，当为成就佛法自在，应起精进，于此忍门，勿复弃舍！

"'又，善男子，汝虽得是寂灭解脱，然彼一切异生种类，未能寂静，未能寂灭，常顺异异烦恼现行，种种寻伺之所侵害，汝当愍念！

"'又，善男子，汝当忆念本所誓愿，谓令有情，皆得义利及不思议智慧之门。

"'又，善男子，一切诸法，法性如是，若佛出世或不出世，法界常住，终无变易；非但以此诸佛得现，一切声闻及诸独觉，亦证此法无分别法性。

"'又，善男子，汝观我等佛身无量，智慧无量，刹土无量，光轮无量，智所引无量，清净音韵亦无有量，汝今亦应引发此事。

"'又，善男子，汝今唯得此一法明，谓无法中无分别慧。然，善男子，如是法明，诸佛如来无边所行，无边所作，无边所系，为欲证彼，当起引发。

"'又，善男子，汝观十方无量刹土，无量有情、无量诸法，种种差别，应是一切如理通达。'

"佛子，如是诸佛世尊，觉悟劝导此地菩萨，授与此等无量无边引发智门，令其无智差别故，能成如是引发之业。

"佛子，我今告汝：得解脱时，诸佛不垂诲示，令此菩萨入于如是引发门者，当时即入究竟涅槃，休息一切利有情业。以是诸佛授与如是引发无量智慧业故，此地菩萨于一念顷所引智业，此比于前，从初发心，乃至七地所修诸行，百倍为胜，千倍、百千倍，俱胝倍、百俱胝倍、千俱胝倍、百千俱胝倍，百千俱胝那庚他多倍为胜，算数计喻，乃至乌波尼杀昙倍，亦复为胜。所以者何？

"佛子，菩萨先以一身引发诸行，今乘此地，以依无量分身差别，修菩萨行，以能引发无量音声，以能引发无量智慧，以能引发无量受生，以能严净无量佛刹，以能成熟无量有情，以悉承事无量诸佛，以悟无量法之理趣，以起无量神通势力，以依无量众会差别，以无量行、身、语、意业，一切菩萨正行之力，皆悉成满，以不动故。

"佛子，譬如海船，未至大海，以有功用排牵而去；若至海已，则无功用任运而行，以于大海风轮飘泛，一日所行，此比于前有功用时，设经百岁，不能尔所无量而至。

"佛子，菩萨亦复如是，已善积集善根资粮，修证大乘，随至菩萨证行大海一须臾顷，以无功用智入一切智智，此比于前有功用业，经百千劫不能尔所无量而至……"①

---

① 此下详述菩萨进入第八不动地的生活情况，文长不录，但由此上所引，亦足以使我们明白菩萨进入无功用行境地时的精神生活大概如何了。

当我们说《十地经》中所铺叙的情况就是佛徒的被动生活时,我们也许会认为,这与一般所知,尤其是基督教所说的被动,醉心于神,乃至完全听命于"意旨"或者"他力",很不一样。但实际说来,佛教含有高度的主智主义色彩,这可从经常用到"般若"或"智慧"一词看出大概——虽然此处所谓的"知"或"智"并不是相对意义的"知"或"智",而是直观的"知"或超于知识的"智"。纵使是在宗教生活情感面非常显著的佛教净土宗中,将自己完全交给如来的不思议智,与信赖阿弥陀佛的同体大悲,也是并行不悖的。诚然,真宗的信徒跟其他各宗的佛徒一样,最终的目标也是求得无上正等正觉——虽然,他们的雄心大志要在阿弥陀佛亲自主持的净土佛国之中完成,因而,为了得以进入佛的净土而毫无条件地使自己完全置于他的慈悲保护之下。

就实际而言,宗教经验上的这两个方面——感情与理智——并皆混合于真宗信徒的心灵之中:知罪是它的情感的一面,而求悟则是它理智的一面。尽管被动的情况显见于情感的一面,但也并非完全不见于理智的一面——当理智不得不放弃它的逻辑推理,以便证得佛陀所证的无上正觉或者去过无目的、无功用,以及超于有目的努力的菩萨生活之时。

为了举示基督徒与佛教徒在解释宗教经验时对于被动的根本观念所持看法之间的差别,且从《德国神学》(*Theologia Germanica*)中引用一节与佛徒情感虽有密切关系,但未得要点的文字:

> 你要问的是:"那时基督心里曾有一个'原因'么?"我要答的是:假如你问太阳:"你为何照耀?"他将答云:"我必须照耀,不照不行,因为这是我的本性,而我所发的光并不是我的,因此,我也不能说它是我的。"同样的,上帝和基督,以及一切信神和属神的人,亦复如此。他们里面既无意志,亦无作用,更无意欲,只有以善为善、为善而善为其目的,除此之外,没有别的"理由"。[1]

---

[1] 详见苏珊娜·文克华斯(Susanna Winkworth)的译本第九十六页。

毫无疑问，佛教徒对此亦有同感，但此中所述"善"之一字，不仅基督教的气味太浓了，亦且没有触着万法皆"空"的根本基础。因此，庞蕴居士吟出了如下的一首偈子：

> 无有报庞大，空空无处坐；
> 家内空空空，空空无有货。
> 日在空里行，日没空里卧；
> 空坐空吟诗，诗空空相和。
> 莫怪纯用空，空是诸佛座；
> 世人不别空，空即是实货；
> 若嫌无有空，自是诸佛过。[①]

空与禅的生活

"性空"（Śūnyata）不仅是《般若经》的福音——同时也是各种大乘哲学和实际修行的源头。实在说来，这个宇宙之所以能有逻辑、伦理、哲学以及宗教的建立，就是由于有这个"空"作为存在的依据。此处所谓的"空"，并不是一般佛教学者有时解说的相对的空；它是超于相对而使相对成为可能的"空"；"空"是一种直观的真理，我们之所以能将存在说作相对和万有，即基于此；而佛教徒的被动生活亦由此种直观的作用而来，此在《般若经》中名为"般若波罗蜜多"，在《楞伽经》中称为"自觉圣智"（Pratyātmāryajñāna）。此种直观的作用，就佛徒修行的极致而言是觉悟，就菩萨生活的展开而言，也是觉悟。因此，我们可在《维摩诘经》（*The Vimalakirtinirdeśa Sūtra*）读到万法本于"无住"（apratishthiti）的话，因为"无住"即是"性空"，而《金刚经》中所说的"应无所住而生其心"，其意亦然。

一个东西一旦建立（有住）之后，便成了决定的固定之物，而此决定

---

① 庞蕴居士，唐元和（806—821）时代人，与马祖道一禅师为同代人，年龄稍次。

便是秩序同时也是混乱的开端。假如上帝是万物的究极根据的话，它必须是此种空性的本身才行 ①。它一旦以善或恶、直或曲、净或秽的方式得到决定之后，它只能听从相对原理的支配了；这也就是说，它就不再为上帝了，而是一个跟我们本身一样无常且感痛苦的种只了。因此，"无住"便是"空"，便是"无着"，便是"彻底的被动"，便是"完全信从他力"，如此等等。

佛教或禅家的这种性空生活，可以从下列三种方式加以阐示，而此三种方式因其各自描述生活的某一层面而各有其本身的意义。

（一）须菩提岩中宴坐，天神雨花赞叹，须菩提问："空中雨花赞叹，复是何人？"

天神答云："我是天帝释。"

"汝何赞叹？"

"我重尊者善说般若。"

"我于般若未曾说一字，汝云何赞叹？"

"如是，尊者无说，我乃无闻——无说无闻，是真般若。"天神如此答已，更两雨花赞叹。

对于这个公案，雪宝禅师以颂吟云：

---

① 此处再从《德国神学》（第一八四页）略引数语："因为上帝是大一（One），且不得不是大一，而上帝又是大全（All），且不得不是大全。尤有进者，凡是大一者，便不是大一，便不是上帝；因此，凡是大全者，便不是大全而超于大全，也不是上帝，因为上帝是大一而又超于大一，是大全而又超于大全……因此，一个人无法在上帝里面求得完全的满足——除非万物对他是个大一，而大一即是大全，因此，有与无没有两样。但是，倘果如此的话，便有真正的满足，别则别无所有。"不错，这果然很好，但为何忽然挡开上帝呢？假如上帝是"大一而又超于大一、是大全而又超于大全"的话，这岂不是"空"吗？上帝本身必得居住其中。我们一旦以上帝为止而不再前进，上帝本身便失去了住处，甚至连停止在它被安置的地方也不可能了。他不是与大全同时并进，就是完全与大全分手，而不能像神学家所想的一样成为"大全而又超于大全"，否则的话，便是谋杀它了，如果要想将它从这种困境之中解救出来，那就必须将它置于可以使它成为"大全而又超于大全"的"空"中。如果将它置于任何别的地方，它就不再是它自己了，而基督徒这样热切追求的那种"真正的满足"也就不再可得了。佛教学者如果不能参透性空的真意，只以将它解作相对或空无为满足的话，怎么也不会有了解大乘的指望。又，只有在"空"的里面才有参透"有无不二"（有与无没有两样）的可能。用佛教的术语来说，所谓"有"就是 asti，"无"即是 nasti，因此，真正的般若智慧只有在有、无两边悉皆超越之时才可证得。毫无疑问的是，就这些方面而言，佛教的哲学和经验当不止此——当有更深的透视和契入。

> 雨过云凝晓半开，数峰如画碧崔嵬。
>
> 空生不解岩中坐，惹得天花动地来！

这首偈颂生动地描述了内在的性空生活，由此可见，佛教所说的"空"，既非相对的空，亦非空无的空。尽管或许因为须菩提有所"不解"，但天神却照常以雨花赞叹，而数峰仍然如画一般美丽，凡是明悟的人都可欣赏。

（二）维摩诘居士与文殊师利等大众说法时，维摩室内有一天女，见诸大人，阅所说法，便现其身，即以天花散于大众身上。说也奇怪，这些花散到菩萨身上"即皆坠落"；但散到声闻身上，"便着不坠'，使尽神力，也去它不掉。于是，天女向声闻中最善辩论的舍利佛问道："何故去华（花)？"

舍利佛答云："此华不如法（别本作'不如法分别')，是以去之。"

天女对他说道："勿谓此华不如法，所以者何？是华无所分别，仁者自生分别想耳！若于佛法出家，有所分别，为不如法；若无所分别，是则如法。观诸菩萨华不着者，已断一切分别想故。譬如人畏时，非人得其便；如是弟子（声闻）畏生死故，色、声、香、味、触得其便也。已离畏者，一切五欲无能为也——结习未尽，华着身耳；结习尽者，华不着也。"（这也就是说，我们一旦体悟了性空之义，即得无拘无束，自由自在；无论是花卉还是污秽，悉皆无处可着了。）

由此可知，性空的生活就是无分别的生活，善与不善，太阳悉皆照临；正与不正，雨水悉皆降临。此处所说的"分别"，系指吾人之相对个体生命所活动的殊象世界，但是，假如我们希望进入超于这个世界的境界而得真正的宁静的话，我们就得将一直附着在我们心上而使我们受尽折磨的相对分别的尘垢完全抖掉。对于这个"空"，我们实在没有恐惧的理由，这是《般若经》一再提出的忠告。

> 一切既作既说了，
>
> 到头你将发现到：
>
> 心定意澄的人，

通身浴在幸福里。①

到哪里去追求这种"心定意澄"的境界？这是宗教上的一个大问题，而究竟决定的大乘佛教的答案则是：在"空"中。

（三）据道原的《传灯录》所载，牛头法融（594—657）②在见四祖道信之前，曾有鸟类衔花到他打坐的岩中供养他。尽管历史对这件事只字未提，但后来的传说却有了这样的发展：法融见了四祖之后，飞行天空的那些敬慕者就不再向他献花了。其后，有人请问一位禅师："法融未见四祖时如何？"又问："见后如何？"法融原是一位精究"般若"的学者，对于性空之说颇有心得。众鸟衔花供养他，是因为他为人神圣，心境很空吗？而他见了四祖之后，因了某种原因失去了他的圣性，以致鸟类不尊敬他了吗？圣性与空性一样吗？空性的里面仍有可以称为神圣的东西吗？一个人一旦彻底悟空之后，圣性、神性或其他任何东西，不会消失吗？这不是一种没有影像的境界吗？

僧问五祖法演禅师："牛头未见四祖时为什么百鸟衔花献？"

法演答云："富与贵是人之所欲。"

又问："见后为什么不衔花献？"

答云："贫与贱是人之所恶。"

法演的答语，是不是说法融未见四祖之前富而且贵，故而为此世的一切众生所爱戴？而见后便一贫如洗，空空如也，故而不再受到世间任何众生的敬重呢？

但文益（885—958）的弟子道潜，却给这两个问题做了同样的答复。

"未见之前为什么百鸟献花？"

"牛头。"

"见后为什么不献？"

牛头是法融潜修的山名。这个答语的意思，是不是说不论法融有了怎

---

① 汤玛斯（Lord Vaux Thomas，1510—1566）作。

② 关于法融会见四祖的故事，本论丛第一系列曾有所述，见于"禅的历史"第三节下面。不妨参阅。

样的经历，仍然是那个潜修的老僧呢？他的意思是不是指：万法的究极根源，不论显得如何分歧杂多，仍然如故，永远空寂呢？禅究要我们怎样去过一种被动或性空的生活，就像这位佛教徒所过的一样，可从须菩提和天女的陈述，以及有关百鸟衔花的问答之中窥见一斑。①

---

① 关于法融会见道信的公案，下面再举数例：

僧问德山缘密："牛头未见四祖时如何？"

"秋来黄叶落。"

"见后如何？"

"春来草自青。"

天柱禅师答第一个问题云："路僻人稀到，山深客少行。"

答第二个问题云："满径松风秋飒飒，画堂明月夜依依。"

象田禅师答第一问云："醯酸蚋聚。"

答第二问云："家破人亡。"

宝峰清答一问云："京三、下四。"

答第问云："灰头土面。"

大凡想明白什么是大乘佛教或性空的真意何在者，如将古代禅对于牛头会见四祖的要旨所做的这些评述下一番参究的功夫，当可获得满意的答案。

译者添足：读者如能细细体会下引古德所作之偈颂，对于这个问题也许不难得一些理解上的认识：

牛头峰顶锁重云，独坐寥寥寄此身。百鸟不来春又去，不知谁是到庵人！

——雪窦重禅师

紫气氤氲透白云，因逢宗匠指迷津。衔花百鸟空惆怅，不见庵中旧主人！

——杨无为居士

花落花开百鸟悲，庵前物是主人非。桃源咫尺无寻处，一棹渔蓑寂寞归！

——张无尽居士

一榻萧然傍翠荫，画扃松户冷沉沉。懒融得到平常地，百鸟衔花无处寻！

——祖印明禅师

寥寥风月卧烟霞，百鸟从兹不献花。仁义尽从贫处断，世情偏向有钱家！

——梦庵信禅师

水因有月方知静，天为无云始觉高。独坐孤峰休更问，此时难着一丝毫！

——别峰印禅师

雨前不见花间叶，雨后浑无叶底花。蝴蝶纷纷过墙去，不知春色属谁家！

——孤峰深禅师

月满陂池翠满山，寻常来往百花间。一回蹋断来时路，岭上无云松自闲！

——懒牧成禅师

着鞭骑马去，空手步行归。寂寞庵前路，衔花鸟不飞！

——铁山仁禅师

第四篇

十牛图、颂

禅

众所周知，禅学坚持顿悟说，认为见性成佛是发生在一瞬间的事情。但这并不是说，见性与顿悟中不含有渐进的体会和性灵的逐渐进步。为了清晰地表明其中的关系，宋代清居禅师画成牧牛图，其经后人完善，成为著名的十牛图。

一、见性成佛与十牛图、颂

证得佛果或大彻大悟，是一切真正佛教徒所希望达到的目标——虽然，不一定是一个人的一生一世所可达到的目标；但作为大乘佛徒各宗之一的禅宗，却教我们以全副力量趋向这个最高的目标。其他各宗大都将吾人的精神发展分为许多阶段，坚持学者必须一一通过这些阶段，始可达到佛教修行的此一顶点，但禅不仅不理这些阶段，而且大胆地宣称：一个人一旦澈见了自己的根本自性，当下就成了一位大觉佛陀，不必经过无有了期的生死轮回，逐一去攀那止于至善的阶梯。这个宣言，打从菩提达摩于六世纪自印度东来之后，一直都是禅最为特别的教义之一。所谓"见性成佛"，早已变成禅宗的口号了。而这里面的"见"字，既非来自博学或冥想，亦非出于佛陀施于苦行弟子的恩赐，而是出于禅师为学者开出的特殊心灵陶冶。因此之故，禅大可不必承认成佛需经任何种类的梯级。"见性"乃是当下完成的一种事情，不可能容许任何含有进展阶级位次的历程存在其间。

但从事实的观点来说，在有时间要素当政的时候，情形就不尽然了。只要吾人的相对心识以渐次连续的办法而非以直下和同时的方式去认知每一个对象，我们就不能没有某种进展的层次了。纵使是可以某种方式举示为"顿"的禅，亦不能忽视时间的限域。这也就是说，在习禅的当中，不但可说有进展的层次可见，而且可说愈进展愈深入，愈深入愈透彻——对于体会禅的真理而言。这个真理的本身也许可以超越各式各样的限制，但当其在人类的心灵中受到体会时，它的心理学的法则就不得不予遵守了。"见性"不能没有程度上的层次。从超越的观点来说，我们本来是佛——尽管无明未消而罪业未净；但当我们向下谈到此种实际生活时，一味的唯心主义就不得不让位于一种比较可触可感的殊象世界了。禅的这一面叫作"建立"面，与它的"扫荡"面相对。而禅完全承认其在学者的心灵进展中可有不同的层次，就在这里，因为，禅的真理系在学者的心中逐渐展示，直到彻底"见性"而后已。

专门一点说，就佛教的教理而言，禅属于与"渐"派相对的"顿"派[1]；因此，依照禅的说法，开悟是一种顿然发生的事情，而不是步步皆可追迹、皆可分析的逐渐发展的结果。开悟之事不同于逐渐照亮万物的日出，而有点像水之结冰，一到冰点即行凝结。在心灵澈见实相之前，没有中间或黎明状态，没有中立地带或理智冷淡的境地。正如我们已在开悟的例子之中所见的一样，从无明或未悟到开悟之间的转变，乃是一种非常突然的情况，好比一头普通的癞狗忽然变成了金毛狮子。禅是佛教中主张顿越的一派。但这话的意思，只有在我们述及禅的真理本身、撇开与它从中揭示的人心之间的关系时，才能成立。只有在我们从它启示心灵的观点来看，而不想完全独立于后者之外时，我们始可谈到它在我们心中逐渐呈现的情形。此种心理学的法则，就在此处，跟在别处一样。因此，菩提达摩准备离华返印时，始说道副得皮、总持得肉、道育得骨，而慧可得髓（或禅的本身）。

六祖慧能的法嗣南岳怀让，曾有六个开悟的弟子，而这六个人的悟境亦有深浅不同的程度。他将他们的悟处比作他全身的各个部分："汝等六人，同证吾身，各契其一：一人得吾眉，善威义（常浩）；一人得吾眼，善顾盼

---

[1] 参见第一系列"禅的历史"一文，彼处述及禅到五祖弘忍手下分为"南顿"与"北渐"两派的情形。

（智达）；一人得吾耳，善听理（坦然）；一人得吾鼻，善知气（神照）；一人得吾舌，善谈说（严峻）；一人得吾心，善古今（道一）。"此种渐次，如果禅从"见性"来说，便说它不通，因为"见"是一种不可分割的活动，不容转变的梯级存在其间。但是，我们如果说，"见"的当中确有一种渐进的体会，逐渐深入禅的真理，最后终于达到与它完全合一的极致，这与开悟的原理也没有什么矛盾可言，关于此点，我们已经反复申述多遍了。

中国的道家哲人列子，在下面所引的一段文字中描述了若干修道的显然阶段：

列子师老商氏，友伯高子。进二子之道，乘风而归。（注云："庄子云：'列子御风而行，泠然善也，旬五日而后反。'盖神人，御寇称之也。"）尹生闻之，从列子居，数月不省舍，因间请蕲其术者，十反而十不告。尹生怼而请辞，列子又不命。尹生退数月，意不已，又往从之。列子曰："汝何去来之频？"尹生曰："曩（昔）章戴（尹生之名）有请于子，子不我告，因有憾于子。今复脱然，是以又来。"

列子曰："曩吾以汝为达，曩者，昔也。今汝之鄙至此乎！姬（居，坐），将告汝，所学于夫子者矣！自吾之事夫子（指老商），友若人（指伯高）也。三年之后，心不敢念是非，口不敢言利害，始得夫子一眄而已。（注云："实怀利害而不敢言，此匿怨藏情者也，故'眄'之而已。"）五年之后，心庚（复，更）念是非，口庚言利害。夫子始一解颜而笑。（注云："是非利害，世间之常理，任心之所念，任口之所言，而无矜吝于胸怀，内外如一，不犹蹢于匿而不愿哉。欣其一致，聊寄'笑'焉。"）七年之后，从心之所念，庚无是非；从口之所言，庚无利害。夫子始一引吾并席而坐。（注云："夫心者何？寂然而无意想也。口者何？默然而自吐纳也。若顺心之极，则无是非；任口之理，则无利害。道契师友，同位比肩，故其宜耳。"）九年之后，横心之所念，横口之所言，亦不知我之是非利害欤？亦不知彼之是非利害欤？亦不知夫子之为我师，若人之为我友。内外进矣。（注云："心既无念，口既无违，故能恣其所念，纵其所言，体道穷宗，为世津梁，终日念而非我念，终日言而非我言。若以无念为念，无言为言，未造于极也。所谓'无为而无不为'者如斯，则彼此之异于何而求？师资之异将何所施？故曰'内外尽矣'。") 而后眼如耳，耳如鼻，鼻如口，无不同也。心凝形释，骨肉都融；不觉形之所倚，足之所履，随风东西，犹木叶干壳，竟不知风乘我邪？我乘风乎？（注云："夫眼、耳、口、鼻，各有攸司，令神凝形废，无待于外，则视听不资眼耳，臭味不赖鼻口；故六藏七孔，四肢百节，块然尸居，同为一物，则形奚所倚？足奚所履？我之乘风，风之乘我，孰能辨也！"）今汝居先生之门，曾来决时，而怼憾者三。汝之片体，将气所不受；汝之一节，将地所不载。（注云："用其情，有其身，则肌骨不能相容，一体将无所寄，岂二仪之所能覆载？"）履虚乘风，其可几乎？"

尹生甚怍（愧），屏息良久，不敢复言。

基督教和伊斯兰教的神秘学家亦划有灵性发展的阶段。有些苏菲教徒（Sufis），说有"七谷"（the seven valleys），必须一一历过，才能到达新宝院（the court of Simburgh），亦即神秘的"鸟们"（birds）光荣地消灭本身而完全反映于可敬的存在之中的境地。此处所说的"七谷"是：一、寻求之谷；二、博爱之谷；三、知识之谷；四、独立之谷；五、纯朴的合一之谷；六、惊奇之谷；以及七、贫穷与灭绝之谷，此系最高的境域。[1] 据圣泰丽莎（St.Teresa）说，神秘生活有四个阶段：一、默想；二、寂静；三、一种没有量数的中间程度；四、统合祈祷；而对维克多的雨果（Hugo of St.Victor）亦有他自己的四个层次：一、冥想；二、自语；三、思量；四、狂喜。此外，一些基督教神秘学家，亦有他们自己的三或四个步骤的"热爱"或"沉思"的历程[2]。

尼柯逊教授（Professor R.A. Nicholson）在他所著的《回教神秘学研究》（*Studies in Islamic Mysticism*）一书中，译出了埃佛瑞（Ibnu'I-Fárid）的"神

---

[1] 此据波斯可拉桑的阿泰尔（Fariduddin Attar, A.D.1119—1229 of Khorassan, Persia）。参见费尔德（Field）所著的《伊斯兰教的神秘家与圣者》（*Mystics and Saits of Islam*）第一二三页以下。

[2] 参见安德希尔（Underhill）的《神秘教》（*Mysticism*）一书第三六九页。

秘学家的心路历程"(the Mystic'progress，Tá'iyya）一诗，其中有若干部分与佛教的神秘学十分相似，使得我们情不自禁地以为这位波斯诗人简直是在回应禅的意趣。每当我们碰到这样一件神秘家的作品时，对于在人类心灵深处共鸣的思想与感情的那种内在和谐，总是禁不住感到一阵讶异之情——不论外在的偶然差异如何。这首诗的第三二六与三二七节写道：

> 我从"我是她"登上那无"上"的上界，
> 而后我以我的返回香化（现象的）存在：
> （我）又从"我是我"（回来），为了
> 神秘智慧和规定我可招呼（上帝子民）的法律。

上面所引文字，在此所表示的意义，看来不甚明白，但我们只要读一读译者所做的解释，对于波斯思想的流动之道，也许即可了然：

所谓合一（ittihád），在此分为三个阶段：一、"我是她"，亦即没有真正分离（tafriga）的结合（jam）——尽管分离的表象仍然保持着。这是阿尔哈拉杰（al-Halláj）说"我是上帝"（Ana'I-Haqq）的阶段。二、"我是我"，亦即没有任何分离（特色、个性）迹象的纯净结合。这个阶段有个专门术语，叫作"结合的沉醉"（sukru'I-jam）。三、"结合的清醒"（sahwu'I-jam），到了这个阶段，神秘学家便从第二个阶段的纯净结合返回一中之多、合中之分以及真理中的法则，以便在继续与神合一的时候像奴隶侍奉主人一般地服侍上帝，并将处于完美状态之中的神圣生命（the Divine Life）显示给人类。

"无'上'的上界"，亦即"我是我"的阶段，过此便无法再进——除了以退为进。到了这个阶段，神秘学家便完全沉浸于没有分化的合一之中了。只有到他"返回"之后，亦即踏上第三阶段（一中之多）之时，他才能将他所经历的某种经验的香味（暗示）传达给他的同修。"神秘智慧"，亦即由宗教法则显示出来的神意。与神"结合"的神秘学家一旦恢复意识之后，便可依法担任精神指导者了。

我们如将上面所引的各个阶段，与下面所引以图、颂诠释的禅者的发展历程做个比较研究，我们便会有一种感觉：此等解说好像是为禅宗而写的一般。

宋代有一位名叫清居的禅师，画出了性灵进步的各种阶段，使牛逐渐净化或白化，直到完全消失。但这一套只有六幅图画[①]，如今已经散失了。至今仍然流传，以一种更为彻底、更有系统的方式绘出禅修宗旨的一组牧牛图，出于临济宗下的一位禅师廓庵之手。实际说来，廓庵所绘的这组图画，系由修正和充实前面所述一组而成。这组牧牛图共有十幅，每一幅的前面皆有一个小序，接着是一首带有评解性质的偈颂，此二者皆已附录于后。除了此处所录的这一组偈颂之外，后来的禅师依照此颂的音韵写出唱和牧牛图的作品，亦不在少数，其中部分可在《十牛图》这本书的普及版中读到。

印度人自有历史以来就崇拜牛类，佛经中亦有很多与牛有关的比喻。有一部名叫《放牛经》[②]的小乘经典，描述了十一种牧牛的方法。与此相类的是，作为一名僧侣，亦应违行这十一条事项，才能成为一位优秀的佛教徒，否则的话，便应如疏忽职守的牛童一样受到责难。僧侣牧牛的十一种方法是：一、知色（譬知四大及四大所造之色）；二、知相（譬知行善行恶之相）；三、知摩刷（譬离恶念）；四、知护疮（譬持五根）；五、知起烟（譬多间说法）；六、知良田茂草（譬八正道）；七、知所爱（譬爱法宝）；八、知择道行（譬行十二部经）；九、知渡所（譬四意止）；十、知止足（譬不贪

---

① 本书交印之际，我碰见一种古本牧牛图，最后一幅画的是一个圆相，相当于本书所选《十牛图》中的第八幅。这件作品莫非就是廓庵在他的序言中所述及的那一种吗？此处所选十牛图中的牛系以愈来愈白的方式表示修行的进度。

② 《增一阿含经》（The Anguttara Āgama），亦有一部与此相同的经名《牧牛品》，显然是同一经文的异译。希拉卡拉比丘（Bhikkhu Silācāra）所造之《瞿昙佛陀最初五十次说法》（The First Fifty Discourses of Gotama the Buddha，Leipzig，1913）第一卷，有一篇"我是牧者"（The Herdsman, I），亦可用来做一个比较的研究。此系巴利文三藏中的《中部集经》（The Majjhima Nikaya）的选译，其中所列的十一个项目与中文译本大同小异，而本质上亦无二致。有一部名叫《大乘法数》（Daizo Hossu）的佛学辞典述及此点，将它归于龙树大士的一部伟大作品《大智度论》（the Mahāprajñāpāramitā-Sūtra），但我对这节文字直到现在还未查证。

食）；十一、知时宜（譬恭奉长老比丘）。上述各项，部分条目的含意不甚明白。（以上括弧内所譬事项，系译者查填。）

《妙法莲华经》第三品中有一个"寓言"，是佛陀所说的一个著名的"三车之喻"——牛车、羊车以及鹿车；一位家主对他的孩子们说，只要他们背出"火宅"（世间的生死轮回），他就将这些车子给他们。在这三种车辆之中，最好的一种是用牛（goratha）拉的一种，代表菩萨行菩萨道的菩萨乘，为各乘之中最为伟大、最有意义的一乘，可使他们直达最高的悟境。经中描写此车（乘）云："其车高广，众宝庄校；周匝栏楯，四面悬铃，又于其上张设幡盖，亦以珍奇杂宝而严饰之；宝绳交络，垂诸华璎；重敷绽綖，安置丹枕；驾以白牛，肤色充洁；形体姝好，有大筋力；行步平正，其疾如风；又多仆从而侍卫之。"

就这样，禅宗文学中，不时述及村野白牛或一般水牛。例如，福州长庆大安禅师，造百丈室，礼而问曰："学人欲求识佛，何者即是？"百丈答云："大似骑牛觅牛！"大安又问："识得后如何？"丈云："如人骑牛至家。"又问："未审始终如何保任？"丈云："如牧牛人执杖视之，不分犯人苗稼。"

毫无疑问，此处介绍的"十牛图、颂"，亦是精神陶冶的一例，比之前面所述的一种，不但较为精密，亦且较有系统。

二、十牛图、颂——牧灵的十个阶段[①]

（一）寻牛

序云：从来不失，何用追寻？由背觉以成疏，在向尘而遂失。家山渐远，歧路俄差；得失炽然，是非锋起！（译白：这头牛从来不曾失去，那么，我

---

① 这十幅画系京都天龙寺（日本的主要历史禅寺之一）的方丈石法师（Reverend Seisetsu Seki）特别为本书作者准备，谨在此致谢。（编按：原作为水墨画，翻印效果不佳，敢用廓庵禅师所作版画，读者谅之！）

们又何必去追寻呢？由于背离觉道、背离本性的结果，我们遂与它疏远了；由于我们受着感官的错误引导，使我们走上了岔路，因此，我们与它失去连系了。于是，我们距离老家越来越远了；而歧路、十字路又多，每一条路都会发生差错；因此患得患失之心犹如火烧一般，而孰是孰非之念像许许多多刀锋一般升起！）

寻　牛

颂曰：茫茫拔草去追寻，水阔山遥路更深。

力尽神疲无觅处，但闻枫树晚蝉吟！

（二）见迹

序云：依经解义，阅教知踪；明众器为一金，体万物为自己。正邪不辨，真伪奚分？未入斯门，权为见迹。（译白：依照经典解释了知经义，阅览经教了知踪迹；明白金钗、金缑，以及金镯等等器饰皆属同样的金子，体会万物皆出一体，皆与自己一体——皆是我的反映。如果不把正与邪看个清楚，又怎能看出真伪之分呢？为了方便尚未进入禅门的人，权且以经典文字的形象作为"心"的见道之迹。）

见　迹

颂曰：水边林下迹偏多，

芳草离披见也么？

纵是深山更深处，

辽天鼻孔怎藏它？

（三）见牛

序云：从声入得，见处逢源；六
根门着着无差，动用中头头显露。水
中盐味，色里胶青；眨上眉毛，非是
他物。（译白：从音声方面入道，两
目所视，皆可悟见万物的根源或道
体；眼、耳、鼻、舌、身、意六根，所知所觉，皆无差误；动作、施为、运
用里头，无不显示。此事犹如水中的盐味，色里的胶青，虽然不见其有，
但绝不是无；开眼所见，皆不是别的东西——无非是"牛"或"道"。）

见　牛

颂曰：黄莺枝上一声声，

日暖风和岸柳青。

只此更无回避处，

森森头角画难成！

（四）得牛

序云：久埋荒郊，今日逢渠；由
境胜以难追，恋芳丛而不已。顽心尚
勇，野性犹存；欲得纯和，必加鞭挞。
（译白：埋没荒郊已久，今日终于与它
相逢了；但因现实世界的诱惑太大了，
故而仍然难以追着它，何况它正在贪

得　牛

恋着色、声、香、味、触、法等等外境而未歇心？因此，它的顽心仍在，野性尚未消除；如欲使它变得纯纯和和，必须加以鞭挞和管带才行。）

颂曰：竭尽精神获得渠，
　　　心强力壮卒难除。
　　　有时才到高原上，
　　　又入烟云深处居！

牧　牛

（五）牧牛

序云：前思才起，后念相随；由觉故以成真，在迷故而为妄。不由境有，惟自心生；鼻索牢牵，不容拟议。[译白：前面一个思想刚刚生起，后面一个念头就跟踪而至，如此便成一种没有止境的意识列车，永无了期。由于觉悟的关系，便见到真实的境地，由于处于迷惘的状态，所见、所想、所作，一切悉皆虚妄不实。此等虚妄情形，并非由于外境才有，只是自己的妄心所生而已。因此，必须抓紧笼头（鼻索），怎么说都不放松。]

颂曰：鞭索时时不离身，
　　　恐伊纵步入埃尘。
　　　相将牧得纯和也，
　　　羁锁无拘自逐人。

骑牛归家

（六）骑牛归家

序云：干戈已罢，得失还无；唱樵子之村歌，吹儿童之野曲。横身牛上，目视云霄；呼唤不同，牢笼不住。（译白：驯牛的矛盾冲突既已过去，得失之心也就像本来一样复归于无了，自然也就不加系心了；如此，则唱樵夫的村歌，吹儿童的野曲，虽然无甚规矩而自然合拍。于是，躺在"牛"的身上，仰视浮云晴空，逍遥而又自在；不论有什么诱惑都不屑一顾，名缰利锁皆笼络、拘系不着。）

忘牛存人

颂曰：骑牛迤逦欲还家，羌笛声声送晚霞。

一拍一歌无限意，知音何必鼓唇牙。

（七）忘牛存人

序云：法无二法，牛且为宗；喻蹄觅之异名，显筌鱼之差别。如金出矿，似月离云；一道寒光，威音劫外。[译白：万法一如。没有二法，以牛（心）为其旨归；此处姑且以蹄兔与筌鱼之喻说明诠释的形象与被诠释的道体。此事好像淘去了矿渣的纯金，犹如离开了云翳的明月一般，只以一道没有情识夹杂其中的寒光，照澈威音王佛以前，或未有世界人我之分之时的实际理地。]

颂曰：骑牛已得到家山，

牛也空兮人也闲。

红日三竿犹作梦，

鞭绳空顿草堂间。

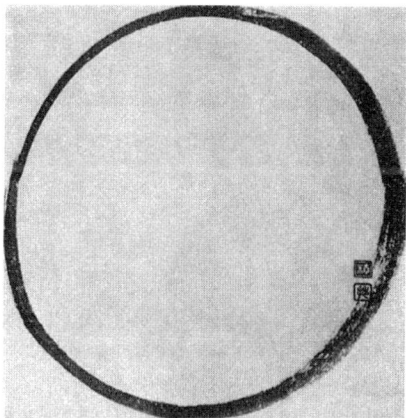

人牛俱忘

（八）人牛俱忘

序云：凡情脱落，圣意皆空；有佛处不用邀游，无佛处急须走过。两头不着，千眼难窥；百鸟衔花，一场憀慄[1]！（译白：凡夫的情见既已消除，圣人的意旨亦都空了；既不在有佛的地方流连，亦不在无佛的地方徘徊。美与丑、好与坏、生与死、主与客，所有这些世间哲理上的二分之

返本还原

法，任何一边皆不执着，至此，纵使有一千只眼睛，也看不透这种境界究系什么；倘使用心修行，感得百鸟衔花、天女献食，仍会被鬼神鸟兽看出形迹，彼识者取笑，岂不难堪！）

颂曰：鞭锁人牛尽属空，碧天辽阔信难通。

红炉焰上争容雪？到此方能合祖宗。

（九）返本还原

序云：本来清净，不受一尘；观有相之荣枯，处无为之凝寂。不同幻化，岂假修治？水绿山青，坐观成败。（译白：自始以来就清清净净，就不被污染；静观有形之物的盛衰，处身于无为无作的虚凝寂静之中。既然不同于虚幻变化，那还用得着修持整治？水绿山青，本来如此，何用劳心？那就

---

① 关于此点，如果我们听听一位神秘学家所说的话，也许不无趣味："一个人不但要变得名副其实的贫穷，而且要不受他的造物意志所拘才行。因此，我凭永恒的真理对你说：只要你有一天有心完成上帝的意旨，只要你有任何追求永恒和上帝的意欲，你就还没有到达真正贫穷的地步。只有毫无意愿、毫无所知、毫无所欲的人，才是真正的精神或性灵上的贫穷。"——节自艾卡特的遗作，殷奇（Inge）引用于他所著的《光明，生命，以及爱心》（*Light，Life，and Love*）之中。

坐观成败吧！）

入廛垂手

颂曰：返本还原已费功，

　　　争如直下若盲聋？

　　　庵中不见庵前物，

　　　水自茫茫花自红！

（十）入廛垂手

序云：柴门独掩，千圣不知；埋
自己之风光，负前贤之途辙。提瓢入市，策杖还家；酒肆鱼行，化合成佛！
（译白：既然歇心在家，不去钻营，纵然是智者圣哲，也不知究竟；和光同
尘，不作贤者之状。提着布袋到市区布施，事毕还策杖回家；不论是卖酒
卖肉的，还是卖声卖色的，悉皆化度，令其开悟成佛！）

颂曰：露胸跣足入廛来，抹土涂灰笑满腮。

　　　不用神仙真秘诀，直教枯木放花开！

　　　上录"十牛图、颂"，是禅家名著。为了方便国学程度较低的读者，
不避画蛇之识，特在本永颜白的"序云"之下附加"译白"；国文程度
高者不妨略而不顾。至于"颂曰"部分，似乎只可"吟味"，不直译白；
读者若需查看字面意义，不妨参阅《禅的故事》一书所附"十牛图"，
其中"序云"（著语）和偈颂部分皆有不少附注，因了某种原因，不能、
也不便抄录于此，读者谅之！——译者